"以爱育爱"教育丛书

丛书主编：李烈　　丛书副主编：芦咏莉　冯红

行走在数学与儿童之间

施银燕◎著

科学出版社

北京

内 容 简 介

作为儿童数学学习的守护者和引导者，小学数学教师自己应该是开放的学习者、独立的思考者和积极的行动者。本书从成长历程、学习感悟、教学实录、行动研究等方面立体再现了作者数十年行走在数学与儿童之间的心路历程，从中可以追寻作者的数学观和儿童观的变化轨迹，以及教育智慧和教育人格的形成过程。

本书可供基础教育工作者，尤其是小学数学教师阅读。对有志于从事儿童教育的师范院校学生，研究数学教育、教师专业发展的理论工作者，本书也有一定的参考价值。

图书在版编目（CIP）数据

行走在数学与儿童之间/ 施银燕著. —北京：科学出版社，2017.5
（"以爱育爱"教育丛书/李烈主编）
ISBN 978-7-03-052687-8

Ⅰ.①行… Ⅱ.①施… Ⅲ.①小学数学课-教学研究 Ⅳ.①G623.502

中国版本图书馆 CIP 数据核字（2017）第 099660 号

责任编辑：乔宇尚 / 责任校对：赵桂芬
责任印制：张 倩 / 封面设计：润一文化

科 学 出 版 社 出版
北京东黄城根北街 16 号
邮政编码：100717
http://www.sciencep.com
新科印刷有限公司印刷
科学出版社发行 各地新华书店经销

*

2017 年 5 月第 一 版 开本：720×1000 1/16
2017 年 5 月第一次印刷 印张：14 3/4 插页：2
字数：300 000
定价：49.80 元
（如有印装质量问题，我社负责调换）

"以爱育爱"教育丛书编委会

主　编　李　烈

副主编　芦咏莉　冯　红

编　委　华应龙　马丽英　孙津涛　王春伟　胡　兵

　　　　张　建　田颖红　黄利华　王冬梅

以爱育爱，使教育梦想扬帆起航

　　教育之发展，首先是思想之发展。名校之特征，首推鲜明、先进且鲜活的教育思想或办学思想。唯有此，才能被世人传颂，才可能在教育史上留下浓墨重彩，被后辈传承与发展。

　　北京第二实验小学，一直都是首都小学教育的一面旗帜。1997 年，我接任北京第二实验小学校长一职。如何站在前辈深厚积淀的基础上，集当时教育研究之大成，提出学校发展的新思路、新思考，是我当时面临的首要课题。最终，以己推人，我提出"双主体育人"办学思路，将教师之"教育主体"与学生之"学习主体"齐肩并存，并强调两个主体在教学相长过程中的"互育"以及对己负责过程中的"自育"，即双主体共同成长。"以爱育爱"，和"以学论教""以参与求体验""以创新求发展"一起被提出，成为"双主体育人"办学思路的四大支柱，贯穿学校教育的全过程、全方位。

　　先进的教育思想，源自于历史积淀中的不断传承与发展。作为百年老校，"爱"始终是北京第二实验小学教育的主旋律。在百年校史中，大家熟悉的各位教育前辈，如陶淑范先生、霍懋征先生、关敏卿先生、马英贞先生、姚尚志先生等，都一再提出爱在教育中不可替代的重要地位。如"不爱教师的校长，不算好校长""没有爱，就没有教育""不爱学生的老师，不算好老师"……以爱育爱，再次强调了爱在教育中的重要性，不仅明确了爱是教育手段——即教师的"爱"应贯穿教育的全过程，渗透在教育的全方位；而且突出了爱是教育目的——育出学生的"爱"，是教育的首责。

2003 年 9 月，时任总理温家宝来我校参观，听取汇报之后，在感慨之余挥毫题写了"以爱育爱"四个大字。自此，"以爱育爱"成为北京第二实验小学的品牌与标志。

随着学校"以爱育爱"教育实践的不断深入，"以爱育爱"已经从教育过程中"教师—学生"之间爱的激发、培育，逐步引申到学校管理中"管理者—教师"之间爱的激发、培育，再扩展到学校发展环境与系统中"学校—社会（家长）""家长—孩子"之间爱的激发、培育。由此可见，"以爱育爱"对各教育要素之间相互作用的关系，对宏观、中观、微观等不同层级的教育系统健康发展，产生了广泛而深远的影响。

与此同时，随着"全人"发展的深入解读，在北京第二实验小学，"爱"被明析为两部分：一是以"爱探索、爱思考、爱研究"等行为特征为代表，"爱"成为学生认知发展的核心内容与动力，并以"人"字的左撇来标示；一是以"爱他人、爱社会、爱国家、爱世界、爱自己"等行为特征为代表，"爱"成为学生社会情感发展的核心内容与动力，并以"人"字的右捺来标示。也就是说，借着"人"字的结构，其一撇（认知发展）一捺（品德发展）共同撑起学校教育中的全"人"发展，构建出"以爱育爱"的两大领域与核心内容。

近 20 载"以爱育爱"教育实践的不懈探索，北京第二实验小学创造出新的佳绩，迈入新的辉煌。

首先，塑造出一批优秀名师和一个以"美丽、智慧、快乐"著称的和谐教师团队。通过以爱育爱，改变教师的心智模式、加强和谐团队建设，培养教师的归属感。通过以爱育爱，提升教师的教学策略、促进学生有效成长，培养教师的效能感。归属感和效能感相辅相成，共同构成了北京第二实验小学激发教师主动发展的"∞教师成长模型"。一批名师就在这样的充满爱和研究的和谐氛围中不断探索、实践，逐步成长、成熟，形成了对教育教学的独特认识。参与本丛书编写的施银燕老师《行走在数学与儿童之间》)、周晓超老师（《游走在自我发展与成就学生之间：青年教师掬水留香的教学生活》)、许颜老师（《心的成长：心智能力的培养与发展》）是其中的代表。教师及其团队的成长与成熟，正是"以爱育爱"教育思想（《爱的智慧：北京第二实验小学爱的教育故事》)、"双主体育人"办学思路（《以爱育爱：双主体育人实施手册》）最具代表性的成果。

其次，打造出一系列彰显学生主体的参与式特色课程体系。遵循"爱"的左撇，学校在特色课程建设中，充分关注探索任务的真实性与趣味性，充分关注探索过程的参与性与挑战性，充分关注探索结果的价值性与推广性，以最大程度地调动学生探索、思考和研究的欲望。遵循"爱"的右捺，学校在特色课程建设中，充分关注自主与选择、统筹与规划、分工与执行、冲突与合作、责任与担当等各种核心品质的培养，基于现实情境展开人格的塑造与社会情感的培养。于是一系列广受师生、家长喜爱的特色课程诞生，如低年级的主题板块、中高年级的主题研究课，学科平行选修课，国学"思与行"课程，立体的书等等。本丛书采撷了其中两束[《研之趣：北京第二实验小学主题研究课案例集（上、下册）》《数之乐：玩着游戏学数学》]，与大家分享。

另外，还构建出凸显"目中有人"的学校系列文化。随着学校双主体之主体作用的不断激发，学校逐步走向从制度到文化的转型。围绕教师、学生两大主体，首先构建出教师文化、学生文化，同时分别衍生出了教师群体中的党员文化、学生背后的家长文化。遵循以爱育爱，围绕教师、学生之间的互动，创生出了学校的课程文化与课堂文化。同样，遵循以爱育爱，基于学校管理中"教师第一"的思考，又构建出学校的管理文化和制度文化。最终和校园文化一起，形成了凸显目中有"人"的北京第二实验小学九大文化体系。这其中，对于同行而言，最具有特色的当属学校"生本、对话、求真、累加"的课堂文化。尤其关于对话，在长达 5 个学年之久的科研月中，呈现的都是学校教师团队不断探索的内容，最终围绕"教师勇敢地退，适时地进"，围绕"课前参与—课中研讨—课后延伸"总结出了系列的教学策略包。在本丛书中，我们以语文、数学学科为例，提供出近年来或者受到大家好评，或者颇有研究价值的课例（《徜徉在语言文字间：北京第二实验小学语文案例集》《有滋有味的数学：北京第二实验小学优秀数学研究课荟萃》），供读者批评指正。

不愿意当将军的士兵，不是好士兵。这句话推崇的是理想、信念在专业成长中的意义和价值。我深感认同。有鉴于此，我想说：真正爱教育的人，一定有一个教育梦想。作为一位从教 40 余年的老教育工作者，我以为：以爱育爱，使教育梦想扬帆起航。

最后，诚挚地感谢科学出版社的领导、同仁，尤其是付艳、孙文影等编辑，是她们的全情投入，使本丛书几经周折，终于顺利出版。在此代表所有沐浴在"以爱育爱"旗帜下、成长于"以爱育爱"沃土的二小教师们，对科学出版社的工作团队，和历年来关心、支持北京第二实验小学成长、发展的各界朋友，表示衷心的感谢！

2016 年 12 月

于新文化街 111 号酬勤堂

灯下提笔，仿佛银燕就坐在我身旁，这一次，她没有酣畅淋漓地陈述自己的教学设想，没有迫不及待地进行听课评点，没有不容置喙地为同事陈情。她戴目倾耳，满含期许。我不禁再一次端详着她，感受着她。

银燕走进北京第二实验小学，走进我的教育生命中，一晃就是 13 年。13 年来，她给我最突出的感受，莫过于一个字——真。

做 真 人

已入不惑之年的银燕，身上丝毫不着世故的痕迹，反而时时散发出一种善良、阳光、如孩童般的纯真的光芒。用她自己的话说，这些年来，她一直在"简单快乐地做自己"。这种特质造就了她难得的独特，也成为她做真人的特别宝贵的根基。

她做人真实。她实在，没有虚伪，没有客套，不会盲目从众，更不会奉承谄媚。有一说一，有二说二，怎么想就怎么说，怎么看就怎么谈，始终如一地坚守自己的人生信条，真实做人。甚至真实得不知分场合，不懂顾后果。喜欢或不喜欢，赞成或有意见，都不善于也不愿意藏着掖着，褒贬分明，直言己见地一吐为快。她的坦荡、她的敞亮，会给人一种感觉，好似你一眼就能看到她的心——一颗透明的"水晶心"。

她做人真诚。她诚恳，没有心计，没有"小九九"，以诚待每一个人、以诚论每一件事。她以诚作为发表任何观点的前提和基础。哪怕明知自己的观点可能不入流，可能会被批评甚至排斥，但只要她认为是对的，或认为于公于你都是有价值的，那么她就会毫无隐瞒、毫无保留地说出来，做下去。她有坚持，有自信，但绝无自负，更无狂妄。当她自己出现一些问题或意识到"错了"，哪怕被当众批评，她都同样会毫不掩饰地承认与修正，不会给自己留面子，更不会为自己解释与开脱。她的纯粹，她的诚意，会让你由衷地体会到这样一句话"自然者，道其真也"。

她做人真性情。她义重情真，个性鲜明，是个有着浓烈感情色彩的性情中人。她重朋友爱家人，厚待同仁珍视学生。无论是带徒弟还是有教师来求教，无论是校内教研还是校外研讨，她不分对象不计层次，都会毫无保留地敞开胸怀倾囊相授；她可以每学期自己出钱给孩子们购置图书作为奖励；她可以在身边同伴遇到困难或工作需要时，不必领导指示，没有豪言壮语即时补位，不分分内分外尽其所能；她可以在年轻人失误或犯错时首先自责，把责任全部揽给自己；她可以随心而动，不思个人利益得失，勇敢地追求自己的理想……她的率真、她的重情，让人欣赏之余还常会有一份深深的感动：无私者无怨无畏大气也。

求　真　知

儿时的银燕即是一个极爱问问题的不安分的女孩，这一点直至现在没有改变。无论是学习还是工作，她一直都没有停止过对真问题的探究。经过这样长期的追求和历练，"凡事求真且思考角度与众不同"渐渐成了银燕做学问的一个突出特点。

她求真知——关注问题。有人说，发现问题、提出问题比解决问题更有价值。银燕习惯于对问题的关注。选择的往往是更有价值同时也更费周折的那条路：在实践和思考中不断地生成新问题。而她提出这些问题不是为提问题而提问题，更不是哗众取宠，或为了有借口止步不前。她提出问题，最终的目的是为了解决问题。这是典型的成长型思维模式。在我的印象中，我们在一起单独交流的次数并不是很多，然而每次交流的时间却很长，即使是周日通电话只为一节课的设计，也会说上一个多钟头。不仅因为她提的问题新且广，更因为她从来不会单纯地全盘接受。无论是带着研究中的问题来找我探讨，还是追着我再细致评说她刚刚上过的课，甚至包括我找她谈某一项工作或某一个问题，她都是要么在交流的过程中不断追问，要么在我讲后她又有了新思考或新问题。有碰撞有互动的交流总会让彼此都受益，用时虽长却常常不觉察，她那种倾心关注的自然迸发，那种深度思考的自然呈现，带给你的是心的愉悦脑的补充及进一步的领悟——问题的价值所在。

她求真知——目中有人。作为在小学一线已经奋斗了 20 多年、教学功底深厚的数学老师，她没有故步自封，更没有把自己禁锢在数学学科领域。她在教学实践中不断研究探索，不断尝试新的方法，即使是已获奖的成功教案，她也不会重复使用，总会顺应时代和学生需要超越融新。与此同时，她关注学生的"全人"发展。儿时的成长经历和感悟、当下的现状和情境，都会变成她与孩子们沟通时的话题和资源；她在课堂上倾听孩子们的"数学普通话"，尊重每个孩子对数学的朴素理解，捕捉每个孩子的生长点，实施"以学论教"；她了解并分析每个孩子的知识短板，有针对性地布置个性化作业，践行"因材施教"；她将每学期自己出钱购置的图书由"赠阅"改为"借阅"，变奖励为激励，以此培养学生的阅读兴趣……太多活生生的例子，鲜为人知，有些是书稿中例子的折射，有些是她身边同事不经意间的获知。不为名利，不是任务，仅仅是一种生命的自然流淌，且"独立不改，周行不殆"。

她求真知——乐此不疲。银燕有着极强的学习力，这种学习力源于她学习的自觉性、思维的灵活性、对新事物的敏感性，更源于她不懈的追求、坚持和对学问的爱好。这种学习力的形成，也绝非一朝一夕之功。我们从她的成长故事里或可窥一斑。家庭教育的耳濡目染，成长道路上师长们的引领，自身的不断求索，多年实践经验的累积，还有她进行"滚雪球式"的阅读，在读书时不断延伸思考，帮同事备课时日夜不停地琢磨，抓住任何一个学习机会与同好交流、向专家求教，等等。更有潜心教学的同时的苦心孤诣，读数学博士的寒来暑往日日夜夜……孔子读易，韦编三绝，那是何等的勤勉与艰辛！然而，没见过银燕因不堪重负而狼狈、忙乱，没见过她按捺不住而焦虑、抱怨，她有的只是始终如一的乐此不疲。在如此繁重的工作与学习中自得其乐，那是能力、是爱好，更是心情。

正是这些或"无心插柳"的做真人，或"精诚修持"的求真知，彰显出银燕作为教师的天职与操守，濡养出她的思想洞见学问功底，成就她今天出类拔萃的特别与深度。

运笔至此，行知先生的那句话浮现在我的脑海，"千教万教，教人求真；千学万学，学做真人"。我的理解，这句话之所以广为流传，甚至被许多教育工作者奉为座右铭，很大程度上正是因为它的"真"、它的朴实无华。教育，某种意义上就是要摒弃虚假伪善，求是存真。"行走在数学和儿童之间"，银燕正是在"做真人、求真知"的实践中，追求着自己的教育理想，抒发着自己的教育情怀。

李 烈

2016 年 11 月 2 日

行走在数学与儿童之间

作为一名小学数学教师，数学和儿童必定是终生需要关注的课题。

我庆幸，很早，我就喜欢上了数学。

然而，刚工作那几年，我悲哀地发现，对数学的这份酷爱，对我教数学好像没有一点儿帮助：我不会写教案，十分钟就能上完一节课；我的理所当然，成了学生的莫名其妙；面对学生的不懂不会，我一筹莫展。看着同龄老师在课堂里如鱼得水，我自叹不如、心生焦虑。

于是，我三天两头往同年级一位老教师的课堂上跑，教学杂志上的各种案例都成了我模仿学习的典范，我还把自己教学中的点滴感悟偷偷寄往自己心仪的杂志社。老教师无意中的聊天、备课笔记中偶尔的一个小点子、传达室的一封退稿信……就是这些极不起眼的细节，得到了张兴华老师的关注。很幸运地，我成了张老师的弟子。

在师父的引领下，我亲近了心理学。

一直记得师父带着我们啃邵瑞珍、皮连生老师的《学与教的心理学》和朱智贤的《儿童心理学》的情景。真的是在啃啊，有时候我们一晚上研讨或争论的，仅仅是其中的某一句定义，甚至是某一个语词。争论的内容早已淡忘，但那种仿佛为我量身定做的重解释和质疑而不是无条件接受的学习方式，强化了我做学生和教师，乃至做人的主基调。在实验二小对外开放的教研活动中，我"不合时宜"地就学校理念和大家争论；在王尚志老师的数学讨论班上，我不觉羞愧地说"没听懂"；我甚至无所顾忌地撰文"与张奠宙教授讨论"。无一例外，我的迷惘和怀疑，没有遭到任何指责或嘲笑，而是被无条件地包容甚至欣赏。我也因此有了更多与专家深入对话的机会。认识深刻之后，有时接受也变得更为彻底。同样，学生的种种不同观点和质疑，在我这儿都能得到十二分的欢迎。

多年以后，当我凭着那时的底子以江苏省联考总分第一的成绩被南京师范大学录取，攻读教育硕士。当我和同事一同备课，利用心理学原理给出让大家眼前一亮的教学设计时，当我即兴结合教学中的例子滔滔不绝地谈论"同化"与"顺应"时，我意识到，那时的学习已融入我的血液。教育真的是缓慢释放的。

然而当年，我除了能教出不错的分数，能带数学竞赛之外，教学上却始终没能表现出多少灵气。年龄在增长，跟在师哥师姐后面的我总显得格外青涩。直到工作第六年，刚毕业一个多月的师弟执教的市研究课让我只有膜拜的份，我顿时心灰意冷：当好老师是需要多方面综合天赋的，我不擅长和人打交道，大庭广众之下说话都会脸红，除了数学学习之外几乎找不到聊天的话题。显然这些都是我作为教师的严重短板，我想，我再努力也成不了一流教师吧。

如今回头再看，当时的自知之明导致的灰心丧气未免有些可笑。我的归因有失偏颇：天赋固然是一个因素，但不足以致命。致命的问题其实是——我的眼里没有儿童，甚至可以说，我的眼里没有人。尽管随师父学了不少儿童学习心理学，可那个阶段我眼里能看到的儿童，并非一个个具体而又真实的儿童，而只是理论上的"从具体运算阶段向形式运算阶段过渡的"抽象的儿童。在我眼里，他们似乎只是为数学学习而存在的单一维度的人，他们的爱好、情感，他们的过往经历、家庭背景等我一概漠不关心。即便就数学而言，我也从不实际调查他们究竟拥有哪些数学经验，仅凭教材体系判断他们应该具备的逻辑起点。

我的这一问题，来到实验二小后，显得更为突出。

2004 年 10 月，学校的调研课，我上的是"天平中的数学问题"。课刚开始，我的手一抖动，托盘里的粉笔撒了一地，面对满满一教室的领导和同事，我顿感羞窘。坐在第一排的小桐跑上前来，帮我全部捡了起来。我如释重负，接过他递上来的粉笔，继续上课。课后，华应龙校长摇摇头："至少，该说一声谢谢啊！"（《我就是数学》一书中《那一声谢谢里》的"反面典型"就是我）

2005 年 10 月，学校科研月的研究课，我上的是"中括号"。评课时，李烈校长先对我的设计和课堂表现做了点评，肯定并给出完善建议。随后，她话锋一转，针对我拖堂 2 分钟的行为，从学校的规定谈到学生的权利，乃至对生命的尊重，进行了十多分钟温和又不失严厉的批评教育。

2007 年 5 月，学校"凌空杯"引领课，我以"寻找数据的代表"为题教学中位数和众数，遭到了学校老师的一致"炮轰"："设计环环相扣很是精妙，可学生呢？自始至终都好似蒙着眼睛被牵着走，不知所往、不明所以，他们的主体地位何以体现？"

像这样一次又一次的激烈碰撞使我内心产生了震动：我开始反思原来不在意

的问题，试着去走进、读懂每一个孩子。我的儿童观、教育观乃至人生观，也在悄悄地转变。在这个漫长又艰难的改变过程中，对我影响最深的，当属"三个一"：一本书、一个课题、一个人。

卢梭的《爱弥儿》让我激动万分，句句都写在我的心坎里。书中的许多句子"早熟的果子既不丰满也不甜美""大自然希望它在未成熟时保持未成熟时的样子"至今耳熟能详。书里描述的"有着学习的天性，拥有原始稚嫩的语言与宽广敏捷的思维"的活泼真实的孩子模样让我很是心动。

跟随华应龙校长做"化错教育"课题研究，我的硕士学位论文选题便是"课堂学习错误资源化"。随着研究的深入，面对学生，我渐渐多了份耐心和从容。

早早给自己的未来发展下了定论的我，遇到李烈校长后，慢慢接受自己的不完美。不愚蠢地去和别的优秀教师做无谓的比较，遇到问题不再怨天尤人，坚信"办法总比问题多"，从而立到不惑，始终感觉自己年轻而充满力量，未来依然有无限可能。亲身经历让我深切体会到什么才是能"给人生长的力量"的真正的爱，"尊重生命的独特性，鼓励每个孩子做最好的我"于我而言不再是口号，成了根植于内心的信念。我不再暗地里根据学生的数学潜质对他们进行线性排列，我的眼里有了一个个立体的学生，我走进了一个丰富多彩的新世界。

我开始有事没事地寻找机会和学生聊天。我的手机铃声，是一位学生演奏的钢琴曲；我的桌上，摆的是一位学生给我画的极度夸张的漫画；我让学困生给我在微信里讲一个小时的题，不着痕迹地给予指点，让他感觉都是自己学会的，之后再发给他一个小小的红包，感谢他带给我的快乐。学生从躲着我到追着我，带给我更多的快乐；我也会毫无障碍地放下我的小脾气，和挑剔蛮横的家长耐心而又真诚地交流，把她提出的问题变成学生们研究的课题，孩子令人欣喜的变化使原本观望、怀疑的家长成了我的铁杆支持者……观念改变之后，招数自然层出不穷！如果说一开始我走近儿童，是为了更好地教数学；如今我走近儿童，则是因为发自内心的热爱。

我一直自负地认为，我拥有的数学知识教小学应该绰绰有余。直到有一天在数学工作室遇到了王尚志老师。王老师对问题的思考方式带给我强烈的震撼，提出的问题让我陷入了久久的思考：加减乘除，可以先教哪一个？应该先教哪一个？一定要按这样的顺序学吗？大家认为的乘除法竖式中的难点"因数中间有0、末尾有0的乘法，商中间有0、末尾有0的除法"是本就这么难，还是不当

教学造成的？为什么不强调通性通法而一味地要简便？快是第一重要的吗？……发现有许多自己乐于思考却始终想不明白的问题，我有了重新学习数学的渴望。李烈校长不仅竭力支持我，还亲自去找首都师范大学的校长，谈论培养理论和实践相结合的教育人才的意义。背负着期望，我不敢懈怠，第二年，我又一次走进了大学校园。

有人说，作为小学数学教师，如果忠实了儿童背叛了数学，是教育的放纵；忠实了数学背叛了儿童，是教育的灾难。也因此，儿童与数学，是我备课、上课过程中始终思索与考量的两个维度，我也一直努力在这两者之间来回穿行，寻找着最佳平衡点。本书便是我数十年在数学与儿童之间行走的心路历程的真实再现。多年的学习和实践又让我认识到，儿童和数学绝对不是矛盾的，甚至某种程度上说，它们之间有着天然的联系。老师首先要做的不是把数学教给儿童，而是听懂儿童的"数学普通话"。当我不再割裂地看待儿童和数学时，我的行走也更加自如！

施银燕

目 录
Contents

丛书序

序言

前言

第一篇 我 的 成 长

我与数学的相遇 ……………………………………… 3

人啊，人 …………………………………………… 6

随心，随性 ………………………………………… 9

你们的影子 ………………………………………… 11

我的老师 …………………………………………… 13

是师，是父 ………………………………………… 17

引导者 ……………………………………………… 20

爱，给我生长的力量 ……………………………… 22

第二篇 我 的 感 悟

关于小学数学的数学味

　　——王尚志教授访谈录 ………………………… 29

尽早概括，适时抽象，打开儿童的代数之门

　　——Luis Radford 报告中的课例给我的启示 ………… 35

由"1倍"引起的思考
　　——兼请教张奠宙先生 ················ 40

强调基本，重在结构
　　——加州数学"立体图形"内容的特点与启示 ········ 43

饥饿点燃阅读热情
　　——兼谈儿童数学读物的选择 ··········· 48

教师需要"怎样的知道"？
　　——"循环小数化成分数"问题访谈前后的思考 ······ 51

学生需要"怎样的知道"？
　　——有感于愈来愈火的课外班 ············ 54

真正的教育高于一切想象
　　——有感于"爸爸是鸟" ·············· 56

第三篇　我　的　课　堂

苏格拉底方法的现代演绎
　　——"中括号"教学实录 ·············· 61

直面学生潜在的错误观念
　　——"游戏公平"教学实录 ············· 76

教学，如何更好关注潜能？
　　——"鸡兔同笼"教学实录 ············· 86

数学，让学生学会讲道理
　　——"确定位置"教学实录 ············· 100

经验的重组与改造
　　——"认识负数"教学实录 ············· 111

如何上出统计的数学味
　　——"条形统计图"教学实录 ············ 121

知识的价值如何凸显
　　——"比的认识"教学实录 ············· 135

自主前习，聚焦问题
　　——"圆的认识"教学实录 ············· 147

应景的一课
　　——"打电话"教学实录 ···························· 157

第四篇　我的研究

对算术思维和代数思维的再认识 ···················· 171

除法竖式中是否需要教学"下蛋法"？ ············· 180

"所有的判断都是统计学"
　　——关于小学数学统计与概率教学的判断 ········· 187

关注学生课堂出错的体验 ························· 192

寻找每个孩子的最近发展区
　　——我与小蒋"战斗"的这两年 ·················· 204

参考文献 ······························· 216

第一篇

我的成长

　　人的成长从来就不是线性的。往往是那些能触及人灵魂深处的关键事件，如同函数的拐点或驻点一般，决定了一个人的发展方向和发展速度。

我与数学的相遇

我学的数学不多，但对数学一直充满热情。因着这份热情，父母反而心存愧疚。他们后悔没有及早发现我的"天赋"，后悔在我没有能力做出决定的年纪，任由我稀里糊涂地上了师范。人生路不能假设和重来，但我想说，许是一路的放任自由，才让我内在的渴望与动力更为长久。

（一）

记忆里，最早发生的我与数学的故事，有些好笑，也有些尴尬。

入学前的一天，我发现自己突然会算一些很大数目的计算了，很是兴奋。那天下午，卖冰棍的伯伯像往常一样准时来到了村里。妈妈给了我一张两角"大钱"，正好让我大显身手！我飞奔过去，特别自豪地喊着："伯伯，我要买一根冰棍。20-4=14，您要找我一角四分钱！"围在周围的小伙伴们都很崇拜地看着我，伯伯也夸了我，笑眯眯地找给了我——一角六分钱。我诧异极了，细细一想，20-4该是16啊，顿时又羞又窘。

三年级的一次考试我至今记忆犹新。试卷上的题目都是那么奇怪，1+2+3+4+5+6+7+8+9+10+11+12+⋯+99+100，从来没见过一道题里有那么多的加号，关键是——"那些点点点是怎么回事？"大概是印试卷时不小心粘上的油墨吧？我寻思着，以前所未有的细致把这些数一个一个地加在一起。老师们是想通过这样的经典题目来挖掘高斯那样的数学神童吧，他们大概不会想到竟有学生根本看不懂！

对于我上学前算不对"20-4"，小学三年级看不懂"一加到一百"的算式，身为中学数学老师的父母，一点儿也没觉得要为此做点什么，并且这些一点儿也不影响他们认为我能学好数学的信念。

（二）

喜欢上数学，是从四年级开始的。

在此之前，因为那些一不小心就会出错的计算，我对数学都有点儿厌恶。父母却成竹在胸，总是不容置疑地说："我们都是数学强，你早晚会喜欢数学的！"

教四年级数学的王老师上课超有激情，放学后常把他认为有潜力的一批学生留下来，探讨超出课本的问题。就在一题多变、举一反三的解题过程中，我感受到了数学的有趣。我们上课时，班主任老师就在后边计时。一下课，班主任老师就会进班宣布我们上课的时间。每每得知，我们的课一上就是 120 多分钟，我打心里觉得不可思议，时间未免过得太快了些！

上中学后发生的一切仿佛都在印证着父母的预言。随着我粗心问题的减少，数学获得高分变得越来越容易；没有任何准备去参加省数学竞赛，得的 37 分虽然轮不上任何奖次，但已是全区最高。父母对此既不过分激动也不觉得遗憾。我的整个学习生涯，几乎就在这种毫无压力的状态下度过。

（三）

唯一一次我因数学被父母批评，是在大家眼里已捧上"铁饭碗""60 分万岁"的师范时。

那是师范一年级结束的暑假，学校寄来了成绩册。父亲看完只说了一句话："数学 82，好像有点低！"我脸上有些挂不住："试卷特别难！"父亲说："你们这个班，照理比重点高中的学生还要强一些，无论试卷有多难，90 分以上，保守点说，七八个总会有！"我压着自己的心虚，再次找理由："公式太多了，记不住！"父亲洞察一切："师范一年级相当于高一，高一能有几个公式要记？不就是三角函数的和差化积、积化和差那几个嘛，何况公式之间还有联系！"我哑口无言，父亲也没再说什么。

尽管嘴上辩解，我心里清楚自己有多松懈。刚上师范时，父母再三告诫我，大专班一个县里只录取一两个，同学们个个都是百里挑一的佼佼者，不用功就会落后。可学了一阵，我发现我的各科成绩都在表扬的行列，便彻底放松了。

父亲的那一句"好像有点低"触动了我，我陷入了深深的自责中。

说来真的有点不可思议，师范二年级开学后，数学大大小小测验，我竟然次次都得满分，期末我是全校唯一一个数学免考的学生。随后无论是数学分析、概率统计，还是小学数学教材教法，不管是老师单纯讲解还是放开自学，每节课都能吸引我的全部注意力。就算是大家眼里枯燥而艰涩的教育统计课，我也从不闷头记下一个又一个公式，总是尝试自己去推导，当我理解了公式的来源，它们在我眼里便格外可爱。没有高考压力，师范生学的知识少且基本，可以自己慢慢去琢磨，倒也能生下根来。

（四）

如果说，分数能满足我小小的"虚荣心"的话，那么通过自己独立思考成功解决问题，带来的则是持久的快乐。像这样的一个个例子已永久地留在我的记忆里。

读师范时，教小学数学教材教法的徐老师问我们一个问题：质数的个数是有限的还是无限的？我的直觉告诉我一定是无限的。否则如果质数只有有限个，那么哥德巴赫猜想不就自动证伪了？可理由呢？……假如是有限个，那么全部质数的乘积再加上 1，它不能被任何一个已知的质数整除，这个数不就是在有限个质数之外的一个新质数了？我已忘了当我激动地陈述完想法之后徐老师是怎么称赞的，但当我第一次看到欧几里得的经典反证法，发现我的想法竟与数学家不谋而合时，我的内心再一次激动不已。

工作多年后，听一节市研究课，执教者很机智地把书本一道练习题"长 18 厘米，宽 13 厘米的长方形纸，四个角上各剪去一个边长 4 厘米的正方形，围成一个无盖的长方体。求这个长方体纸盒的容积。"改编为"四个角上各剪去一个边长为多少厘米的正方形，能使长方体容积最大？"课堂里当学生兴味盎然地研究时，我用多年前学过的微积分很快求得了结果。评课时，听到教研员老师说："备课时许多老师都对这个问题着了迷，几个晚上不睡用计算器算到小数点后第四位，仍然找不到结果。我们猜测着答案是否和黄金分割数有关系。"我感叹大学教育，进而警醒自己，不要让自己的教学也似这般"多年后什么都留不下"，内心对自己的数学素养还是有些骄傲的。

我常常反思：我对数学的热爱，是基因决定？是老师引导所致？抑或是父母话语中传达的信念使然？或许，都有。作为教育者，我更愿意相信，基因提供了某种可能，而外在巧妙的引导是促使这些可能变成现实的关键因素。

（五）

工作后第二年，我在全校数学教师参加的"下水题"测试中获得唯一满分，顺理成章地带了学校的数学兴趣小组。那个阶段接触了不少数学科普读物，知道了一些大家：单墫、张景中、李毓佩、谈祥柏……，他们的文章或者以题说法，让人拍案叫绝；或者通过引人入胜的童话故事，解决一个个棘手的问题，让人感叹数学的力量；或者就最日常的生活讲着数学的哲理，让人体会数学引发的最广泛而深刻的联想。与大师对话，是我和学生每天的必修课。感受着那份智与美的满足的同时，我对数学的认识和情感也在悄悄地改变。

2003 年初，我来到了北京第二实验小学，正是新课程改革落地的开始。课程改革也赋予教师更多的自主权。我原先关于数学的积累有了用武之地。二小学生的见多识广挑战着我的权威，危机感让我开启了"滚雪球"模式的阅读。无论是原来知道并崇拜的大师，像上面提到的张景中、谈祥柏等，还是偶尔一个机会听到的名家的报告，如史宁中、王尚志、刘坚等，我都通过网络检索找到他们的著作，系统地学习。每周一次王尚志老师的数学讨论班，年近不惑的我和一群二十来岁的年轻人坐在一个教室里，积极发言、不懂便问，很是惬意。

"教然后知困，学然后知不足"。越是学得深入，越发觉得小学数学里有大学问。教了小学数学，数学便是我一辈子的缘。

【链接】[1]

《数学与哲学》《数学家的眼光》等，张景中著，中国少年儿童出版社。

《乐在其中的数学》，谈祥柏著，科学出版社。

《教育与数学教育》《数学思想概论》系列，史宁中著，东北师范大学出版社。

《走进高中数学新课程》，王尚志著，华东师范大学出版社。

《数学教学研究与案例》，王尚志著，高等教育出版社。

《数学之美》，吴军著，人民邮电出版社。

人啊，人

卢梭说：人类的各种知识中，最有用而又最不完备的，就是关于"人"的知识。关于"人"的知识复杂而难以捉摸，让我本能地想逃避。可作为与人打交道的教师，无处可逃。直面它、琢磨它后，我渐渐接受并喜欢上了它。

（一）

不知是上学早以致各方面太幼稚，还是父母对我的教育与众不同，抑或是一些天生的因素，小时候我在许多方面和周围的孩子表现得不太一样。

一年级要选班长，老师询问谁在幼儿园里曾经当过。班里大部分同学来自同一个幼儿园，他们推荐了几位曾经的班长。但不知为什么，每个被推荐的同学，都扭扭捏捏地表示自己还不够优秀，难以胜任。班长不就是上课喊"起立"嘛，幼儿园时我当副班长，口令可比班长喊得还要响亮呢！没人认识我，我毛遂自荐："我在幼儿园里当过副班长！"老师看了我一眼，没做声，随后指定了呼声最高的霞。霞勉为其难地答应了。我转过头看了霞一眼，那么多同学推荐她，她一定十分优秀！爸爸让我交些新朋友，就从她开始！打定主意，一下课我就走到她

---

[1]　"你现在的气质里，藏着你走过的路、读过的书和爱过的人。"很认同这句话。【链接】中的书目，不同于参考文献，本书未必直接引用了书中文字，但那些书对作者影响至深，可以说是作者拿起了就放不下，反复阅读，并总能带来愉悦的案头书。

面前。"你好！我想和你交朋友，能告诉我你的全名吗？""好啊，你先说你的名字。""我叫施银燕！"我认认真真地把名字一笔一画地写在她手心里："该你了！""哈哈，我不告诉你！"霞狡黠地一笑。发现自己上当了，我给自己找台阶下："好吧，不说就不说，反正我早晚会知道的！""我在幼儿园里当过副班长的！"围在霞身边的一位同学一句阴阳怪气的模仿，让全班同学笑得肆无忌惮。笑的当然是我，可我说的是事实，有什么好笑的！

放学后走出校门，没有老师在，我还是严格按照规定走在马路的右边，看着同学们都涌到了马路的左边，我很着急："快回来，走路要靠右，要不然不安全！"没人理会我的喊叫，一位高个子同学很笃定地说："我们这么多人都在左边，车来了肯定要让着我们，而右边只有你一个，不安全的是你，还是你过来吧。"我只会坚持客观的对错标准，从来不懂少数服从多数。不一会儿，对面过来的一辆自行车，摇着铃铛竟直奔我而来。我已无处避让，骑车的阿姨只好下车，不满地瞪了我一眼。我的坚持再一次遭到了嘲笑。

二年级学一篇课文《我是什么》，老师让大家猜猜"我"究竟是什么。我始终不认可"我"是水，坚持认为"我"是孙悟空。说"我"是水，可水怎么能有时穿白衣服，有时穿黑衣服，又能睡觉、散步，又能奔跑、跳舞、唱歌？反过来用孙悟空来解释，每一个都能说得通。我的无知加固执让老师无可奈何，发动全班同学和我辩论。那个年代孩子们的科学知识都很贫乏，大家试图说服我的最有力的论据不过是书后的答案。辩论达不成共识，只好投票表决。我的那一票还是投给了"孙悟空"。

回忆我的童年，不禁想起那只叫"豆豆"的企鹅。因为我的不一样，遭受过不少捉弄和嘲笑。幸运的是，不管在大家眼里我是"开心果"还是"受气包"，我都不太在意，一直用自己的简单直接去横冲直撞、勇往直前。

随着年级的升高，特别是到了初中，我因为学习好越来越受到老师的器重。期中、期末考试后的表彰会上，我总是最风光的一个。全校同学没有不认识我的，我没做什么就拥有了一大批追随者。每个课间，我的身边聚满了同学，我的任何观点，大家都会点头称是。一节课纪律不好，老师可能想着"擒贼先擒王"拿我开刀，结果为了我，全班同学和老师对着干让他下不了台。

表面上的风光掩盖了我交往上的障碍。而从小到大冰火两重天的遭遇也传达给了我一个有失偏颇的信息：人与人的交往，既不需要努力付出也不需要智慧参与，没实力就一边儿待着去，有实力朋友主动来。

（二）

上师范后的很多年，我似乎一直处于"一边儿待着"的状态。

没有升学的压力，多年来老师和同学们都看重的学习成绩到了师范突然就分文不值了，能吸引众人目光的是活泼外向的性格和各种可以展示的才艺。和来自苏南城市的同学相比，我能看到自己从头到脚冒出的土气。标准的突变，曾经的风云人物瞬间又成了丑小鸭。我一边应母校邀请给学弟学妹们写公开信介绍着自己的新生活，一边又在为自己的平庸而暗暗生气。巨大的落差让我失落、迷惘。

我不屑于外部来包装自己，暗暗努力改变自己的内在。既然是未来的教师，一口标准的普通话、一手漂亮的粉笔字是必备技能。我模仿着班里最漂亮的字天天练，一份汉语拼音小报从不离手。最后，刚入学时连平翘舌、前后鼻音都分不清楚、写字歪歪扭扭的我，在二年级时各项基本功（包括朗读、拼读、即兴说话、粉笔字等）全部首批过关，老师和同学们都很惊奇。那个难度还是不小的，印象中首批过关的全班不超过五位。那天，我成了班主任嘴里励志的典型。但是，又有什么用呢？就算是我最擅长的数学，能起的作用也就是考前三两天让我突变成受欢迎人物，之后一切照旧。

自卑和自傲交织着，我变得封闭又敏感。我恐惧在人前说话，一旦被众人注视，立刻觉得有许多上千瓦的灯照射过来，浑身不自在。课上朗读《孤儿行》，在全班同学的注视下，我一紧张竟把"头多虮虱"读成了"头多鸡屎"。那次媒体采访，需要拍摄全班练琴的画面。音乐老师再三动员，前两排座位还是空着。觉察到老师的无奈，一向自觉靠边站的我，鼓起勇气走到了第一排。没想到老师以我"衣服颜色不够鲜艳"为由婉拒了我的好意。像极了小学一年级时选班长的情景，但是，此时的我却变得极度脆弱，我又羞又窘地回到了原来的座位，悔恨着自己的"自作多情"。因为这个小插曲，师范四年级音乐和美术二选一时，我坚决放弃了相对强一些的音乐。

本是些别人未必在意的小事，在我自己的一再放大下，失败受挫的体验却异常强烈。我渐渐用冷漠孤傲把自己保护了起来。

（三）

很长时间以来，我没意识到我在与人交往中有什么问题，直到我调入北京第二实验小学，几件小事让我深受触动。

李烈校长陪同教育局长听一节社会随堂课。社会老师是学校公认的才子，我坐在教室后面饶有兴趣地听课，听完后一言不发扭头便走。之后，校长他们就近在我们办公室评课，其他同事见了，端茶送水热情招呼，而离得最近的我全程视而不见专注地判着作业。李校长注意到这个细节，当天找了我。那么多人对领导笑脸相迎，我有必要非得往上贴吗？她对我的想法哭笑不得："小施，如果你家里来了客人，你也会这般冷漠吗？反过来，如果你是客人，主人如此对你，你会作何感想？"

新接班，还没见学生，就听说有些家长因为我来自外地而对我有看法。那时的我真像一只刺猬，我为家长没有看到我的优点而生气。开家长会时，我有意不进班晾着他们，"你们不想让我带班，我还不乐意和你们讲呢"。班主任三请四邀之后，我面无表情地进了班，"我根本就不想来，我也没什么要说的的"。空气里充满了一触即发的火药味，班主任不停地打圆场救火。后来，家长对我的傲慢无礼也没怎样，为此我还颇为得意。过了许久，李校长和我谈起此事："你真以为是你的下马威治服了家长？""难道不是吗？"我有瞬间的迷茫。校长嘱咐执迷不悟的我，多站在他人的角度换位思考，少一些冲动。

年过三十，我才开始补"学会交往"这一课。原来人与人，并非一定是竞争、敌对的关系！当我用更为宽容、理解的态度对待他人、发现美好，敞开心灵，表达我的善意时，我整个人也有了变化。与此同时，我在大的场合讲课，也不那么紧张了；与学生交流的话题不局限于数学，我们走得更近了。与人交往，其乐无穷！

随心，随性

世上有一类人，他们有明确的人生目标，有坚强的意志，并能付出百倍于常人的努力。我大概不属于这一类。从小到大为人做事我基本随心而为：因喜欢而亲近，因讨厌而拒绝。像我这样，不好的是容易因懒散而一事无成，好处是没有额外附加的目的，一心做喜欢的事，不仅过程愉快，也更容易投入。

（一）

记得初中时，做物理作业，老师要求我们先抄题再解答。在我看来，抄题纯属纸笔的机械摩擦而没有脑力的参与，毫无意义。当我怀疑抄题价值的时候，抄起来也格外痛苦。于是，我找老师理论去了。老师认为，做物理作业先抄题天经地义，没得商量。耐不住我三番五次地上门，物理老师最后提出了一个方案："不抄题可以，你要在做题前先写思路分析。"于是，我的思路分析从初二上学期一直写到毕业。从来没有训练过思路分析，每次都要先思考，把想法用语言组织起来颇费脑筋，写的字数常常比本来的题目多得多，为了让老师弄清楚我的想法，我的字迹还格外工整（事实上老师不一定有时间看，纯属我自娱自乐）。付出了更多，但我觉得有意义，心甘情愿，乐在其中。

年近而立，我有机会报考教育硕士。入学考试最让我担心的是英语，师范里跟玩儿似地学了两年，多年过去也忘得差不多了。有经验的学长们建议我刷刷四六级的阅读题。我看了几套，不知是难度太大还是对其中的话题不感兴趣，反正一晚上苦战却收获甚微。我果断抛开了那些模拟题，重新拾起了故事性极强的《循序渐进美国英语》。有趣的故事情节深深吸引着我，我和每个主人公同呼吸共命运，读到动情处，或欢呼雀跃，或潸然泪下。我问自己：我快乐吗？收获大吗？答案是肯定的。我便毫不犹豫地坚持下去。不知不觉，我从原来只能看懂第四册，到一个月后毫不费力地读完难度最大的第七册。没错，比起未来的考试，我更在意当下的感受。事实是，注重了过程，结果往往出人意料地美好。

（二）

当老师这么多年，和同事们一起备课、听课、评课，一直是我特别喜欢做的事，如果有专家指导或高手参与，那就更妙了！别人上课，我都当成自己上一样，日思夜想，反复琢磨，只有这样，才会有些许灵感，也才觉得有意义；各级比赛课、研究课，我往往是除领导和授课老师之外参与最多的；北京市教学基本功大赛，提前24小时告知课题，参赛教师都是一晚不休，不参赛的我帮着老师们出主意、写教案，两个日夜不眠不休；组里5位青年教师参加凌空杯，每人准备一个小课题演讲，我从选题、方案、文字全方位给予帮助；同事的课件需要某个动画效果，我一定要绞尽脑汁把它做出来。无论亲疏远近、不管得奖是否和我有关，我都发自内心地全身心投入。曾有人说我是典型的"老好人"，我觉得并不准确。因为，我这么做的初心和别人没什么关系。我只是为我自己，我的快乐源于这种挑战自我、感受自身价值的过程。也许像我这样随性的人，恰恰是抓住了一次次这样的机会，才让自己不断成长吧。

想来儿童都是随心随性，也都是快乐的；随着长大后的社会化，人总会有些言不由衷、身不由己的痛苦。几十年来，我能一直简单快乐地做自己，真的很幸运。这一切，和我一路走来的环境分不开。我的父母用言传身教，让我有了亲近美好的本能；求学路上老师的悉心教导，让我始终保持着对真知的渴求；工作以后的良师益友把我带到了研究的幸福之路上。感谢有您们！

你们的影子

（一）

那天，王尚志老师和我谈论文，中途接了一位家长的电话。孩子期末考试不太理想，想找家教补补课，特向我咨询。家长还说，她自己的数学一向不好，是不是孩子也缺少天赋。在我看来，孩子知识上并没有缺漏，只是少一些方法，而最大的问题是缺少自信。自信是挺复杂的东西，明着补绝对没有暗着帮有效。接听家长电话后，我觉得树立家长的信心是当务之急，她对数学的恐惧和对孩子的担忧会摧毁孩子的信心。我把握十足地告知她不用额外补课，孩子没有任何问题，抓住课堂一定能学得很好。几句平常无奇的话语得到了王老师的肯定，他说我敢于担当。还真是，我好像从来不怕担责任。

每学期，我都有两到三次给学生布置个性化的作业。根据学生作业、考试中的错误深入分析，寻找可能的症结所在，再针对问题举一反三。就是错同样一道题，可能原因各不相同，相应地，布置的作业也有所不同。对于问题特别多的孩子，我会抓大放小，先解决涉及基本概念理解、影响未来学习的大问题；对于学得特别好的学生，根据他们的能力和兴趣，提一些超出课本知识、明显不会考到的问题让他们思考。我还会针对性地给每个学生写几句评语。两个班八十多名学生的作业，通常需要心无旁骛地端坐电脑前敲击四五天才能完成。当然，批改作业也更费时。针对性极强、作用在最近发展区的作业让学生负担不重却很有效果。每次新接班，家长都会对此感慨不已。在我，早已习以为常，非做不可了。

我相信，我的这些特质，确保我走在成为好老师的路上。我知道，这些特质，都是从小到大耳濡目染的结果。

（二）

我的父母都是六六届高中毕业生，因为历史原因，阴差阳错地成了教师。

父亲对人热心仗义。那时生活在农村，父亲下班回来，不是帮不认字的东家爷爷给当兵的儿子写信，就是给西家吵架的兄弟们说理、劝和，从来不论是别人的田还是自己的地。或许在父亲眼里，这些都是他分内的事。

20 世纪 80 年代，父亲班级的一名学生想考高中。看到她理科偏弱，放学后父亲便数理化三科齐补。同事们嘲笑父亲做无用功，物理老师甚至公开打赌说："那个学生要是能考上高中，我就绕地球爬三圈。"在父亲的执着努力下，大家认为最不可能发生的事发生了。

上高中后分文理科，那个学生文科好的优势开始显现，遗憾的是，高考中她以一分之差与大学失之交臂。第二年继续考，结果差得更多。看到孩子不吃不喝情绪低落，她的父母焦急万分，再次求助于作为她初中班主任的父亲："孩子一门心思还想考，我们真怕她受不了打击想劝她放弃。我们就信您，您说一句，她能考上吗？"看着几近崩溃的学生和束手无策的家长，父亲打了包票："一定能！"那年，父亲多了一个身份——"心理医生"。他定期去学生家聊天，给全家人疏导减压。第二年，那个学生以优异的成绩考上了南京师范大学。她对父亲说："我只想当老师，像您这样的老师！"

父亲的包票，与其说是出于对学生能力的信任，不如说是因为对学生梦想的理解。能为学生实现梦想助一臂之力，对他而言责无旁贷，至于自己要承担的什么样的后果都不重要。多年后，那个学生在回忆录中，表达了对父亲深深的感激，更多的是对自己能力和品质的肯定。父亲当年背负的巨大压力，那个学生丝毫未察。这大概也是父亲最想看到的结果吧。

（三）

母亲近 30 岁到村办中学代课，55 岁从乡镇中学退休。她当老师 20 多年，从没出过小小的乡镇，可她教书教得好却是全市闻名的。慕名而来的学生太多，她的班级有七八十位学生是常事；全市的中考状元和探花都出自她的班级；中考阅卷室里，让阅卷老师争相传阅、啧啧称奇、尽是满分或接近满分的数学试卷，常出自母亲的学生之手。对母亲教师生涯中引以为豪的成绩，我一直不太以为然：分数，是我刚刚工作、不太懂教育时所看重的，我的眼光要长远得多，对眼前的考试分数早就不在意了！

一个偶然的机会，我改变了对母亲的看法。

我的一个学生的妈妈先后两次患了重病，对这个孩子我自是多了份心疼和关照。孩子对我很是信任，上中学后还找我请教数学问题。有一次恰巧母亲来京，看到后立刻凑了上来，用不太标准的普通话进行讲解。没想到，半天下来，孩子就赖上了她，因为"姥姥讲得清楚"。为了再听姥姥讲数学，寒假里孩子不远千里跟随我回到了江苏老家。前后不过一周，每天也就三四个小时的交流。新的学期，孩子的数学居然突飞猛进，听着孩子妈妈电话里兴奋的声音，我对母亲有了更多好奇。"我记得她的每一个错误。"母亲的语气颇为平静。可是，一个孩子行，全班几十个孩子呢？"我的本上记录了全班每个学生的所有错误，无论是提出新问题让学生发言，还是课后的单独辅导，我一定要确认每个学生都彻底理解才行。"母亲的绝招竟如此简单！在那个技术不太发达、出份试卷都要自己编制题目、用铁笔刻钢板的年代，母亲的工作量之大可想而知。我想，这样的分数，不以牺牲学生健康或思考力为代价的分数，无论什么时候都不会被拒绝吧。对教育，母亲没有多么高深的见解，她只是因为自己的经历而格外珍视每个学生学习的机会，热切盼望每个农家子弟能够通过知识改变命运。我理解了昔日母亲为什么总是一路小跑，为什么总是忙得连衣服上的粉尘都没时间掸一下。对母亲，我更多了一份敬重！

父亲母亲用自己的一举一动、一言一行，把好老师必备的一些特质，注射在了我的血液里，让我的身上，有了他们的影子。

我的老师

教育专家曾发现一个普遍现象，教师往往会在不知不觉中重复自己学生时代遇见的老师的教育行为，并认为这可能是阻碍教师发展的一个因素。我认为，学生时代对老师的切身体验，如果加上自觉的反思，而不是不加思考地复制，对教育者而言，是宝贵而独特的财富。

（一）

严格地说，坐在教室里听父亲上课，只有一回。但我当老师的第一课，确确实实是父亲教的。

在我很小的时候，无论遇到什么问题，父亲都会很平等地和我讨论，我的幼稚可笑的想法在父亲那儿都能得到十二分的尊重。

幼儿园点名时，我突然发现周围孩子的姓名都是两个字，除了我。小孩子大概最怕与人不同而不被集体接纳吧，我一回家就吵着要改名。父亲询问了我的想法后，居然无条件地和我站在一起，一晚上都饶有兴趣地和我探讨改成什么名字，全然不管当初给我起名时付出多少心血、带有多少期望。

"我要把中间的银字去掉，叫施燕！""施燕，我想想，好像沈家有个孩子叫沈燕，那就和她重名了！"父亲一提醒，我眼前浮现了沈燕的身影，是呀，我怎么没想到这一点？"爸爸，叫施玲怎么样？""嗯，不错！不对，失灵，刹车失灵了，容易起外号，不好！"……四五岁的孩子不认识一个字，绞尽脑汁能想到的名字，不是有这个问题就是有那个问题。在我垂头丧气之际，父亲突然话锋一转，"银燕，你看大家都是两个字的，就你的名字是三个字的，最特别，别人一下子就记住了！是不是也很好啊！"

好像挺有道理的，有个特别的名字也很好！一句话让我茅塞顿开。也正源于此，做个有个性、和别人不一样的人，渐渐地成了我的追求。

父母无法照看我，我早早地上了小学。因离规定入学年龄差得多，手续办得不太顺利。等我进班的时候，别的同学都已上课好几天了。

父亲扛着一把凳子，把我送到一年级一班的教室，当时同学们都在早读，教室里没有老师。父亲发现没有空的课桌，便找课桌去了。

我一人站在教室前面，满眼全是不认识的同学，很是孤独无助。突然，背后传来了熟悉的声音："施银燕，快到这儿来！"我转身看到黑板旁边的小窗户里探出了几个小脑袋，是我幼儿园的朋友，他们都分在隔壁的一年级二班。一边是陌生同学的无动于衷，另一边却是老朋友的热情呼唤，我毫不犹豫地搬着凳子来到了二班教室。

父亲搬着课桌回来时，我和老朋友们聊得正欢，父亲让我回一班。

"我就待在二班了！"

"为什么呢？"

"因为二班全是我的朋友，一班我谁都不认识！"

"银燕看重朋友，爸爸很高兴！如果你上二班，你的朋友还是原来的朋友；可如果你上一班，一个月之后，一班同学你也全认识了。这样，一班的同学都是你的新朋友，二班的老朋友还是你的朋友，你就有两个班的朋友了！"真的是哎，我高高兴兴地重新回到了一班。要是父亲声色俱厉："你的学籍在一班，就必须呆在一班。"或晓以利害："大家都知道一班老师教得好！"估计五岁多的孩子是听不懂也不想听的。

父亲非教育科班出身，但他仿佛天然拥有对儿童心理的敏锐感觉，他用自己的言行无声地告诉我：要想教好小孩，教师首先要把自己变成小孩。

（二）

我喜欢数学，就是从四年级换了王老师开始的。谁会料到，我和王老师之间会发生那么激烈的冲突。

一次周末作业，王老师布置了8道脱式计算题，我错了4道。本来，计算就不是我喜欢和擅长的，做题时再少了些认真，这样的结果也算正常，我一点也不惊讶。

那次作业普遍不太好，王老师批评了大家之后，又额外狠狠地批评了我。他说从书写上就能看出我极不用心，并责令我写一份书面检查。年幼的我丝毫不理解"爱之深，责之切"的道理，满脑子想的就是书面检查是我根本接受不了的奇耻大辱，心里刚冒出的一点儿自责也因这份待遇而消失殆尽。下课后，两个好朋友很同情地围在我身边，我强硬地表态："检查，我是坚决不会写的。不就错了几道题吗？谁没错过？王老师自己在课上不也有写错的时候吗？""对对对，他昨天还说错了一个数，要写检查的话，老师先写！"好朋友为了劝慰我，便一桩桩地说起王老师课堂上的几次无心之失，竭力表达着对我的支持。我们越聊越解气，越聊越痛快。后来，我们的谈话内容被王老师知道了，错误顿时升级。

　　放学后，我们仨都被留了下来。王老师还没开口，胆小的她俩都哭了起来。事情是因我而起，不能连累她们！我把心一横，大声说道："所有这些话都是我一个人说的，和她俩没有关系！"于是，她们回家了，而我遭到了史上最严厉的训斥。但我始终认为，我的那点错不至于写检查，而说老师课堂上出错也是事实，我没啥错。一直到天黑，舅舅来接我，王老师陈述了事情的经过。舅舅让我向王老师道歉，受了委屈的我依然一声不吭。气头上的王老师对我舅舅下了通牒："回去告诉你姐，让她好好管管这孩子。她要是还不知错的话，明天也不用来上学了！"王老师使出的这一招够狠，我妈对我的严厉是出了名的。事实是，舅舅怕我受到惩罚，到家后没敢在我妈面前提一个字。

　　王老师一向说话算话，我知道拒不认错的严重后果，但倔强的我还是没有写一个字的检查也不准备低头认错。没想到第二天并没有意料中的疾风暴雨，王老师正常地上课下课，正常地带我们放学后讨论，还让我发了言，好像什么事都没发生一样。似乎王老师被我的强硬吓住了。王老师这次的"说话不算话"没有第三人知道，因此在同学中的威信全无影响，我对王老师的崇拜和尊敬也丝毫不减。从王老师之后对我一如既往的关爱中我知道，后来的"不了了之"绝不是"欺软怕硬"，而是他冷静思考后，完全洞悉了我的心理之后的转变。

　　王老师的故事提醒我，一个好教师，不见得任一时刻的行为都是最为正确或最有成效的，但好教师一定是善于反思的。只有当教师对自己的教学能力和人格魅力有足够的自信，才不至于把学生的出格行为看成是对自己的宣战，因而更容易表现出宽容和理解。

（三）

　　朱老师是我初一时的班主任兼语文老师。五十多岁的朱老师多才多艺、爱好广泛，吹拉弹唱、种花养鱼，样样精通。初一的半大孩子正值叛逆期，我们班68位同学中男生有50人，他们无论在课上还是课下，都表现得能量惊人。只要班里出了状况，朱老师一定会在当天放学前把全班同学留下来进行教育。没有语惊四座，也没有声色俱厉，苦口婆心、娓娓道来的全是我们大家都明白的道理。说来也奇怪，他的讲话很平常，从来没让我们觉得水平有多高，但是时间一长，我们班整体变得越来越守纪向上。大概是朱老师水滴石穿的坚持，感动了同学们吧！

朱老师对我十分器重，我能感受到老师的那份偏爱。每次期中期末考试后，我都能得到朱老师买的奖品；放学后，同学们来到朱老师的花房，缠着老师要一些花苗，朱老师会率先拿出两株递给站在一旁的我："因为你好学上进又乐于助人！"就是我不太擅长的方面，朱老师都会为我争取机会，并悉心辅导。国庆文艺会演主持、老山前线英模报告会上的发言、升旗仪式的护旗手……因为朱老师，我得到了不少锻炼。

初一下学期学校要建新的教学楼，原来的教室都拆了，我们班 68 个学生挤在临时的小教室里。那时我个子矮，坐第一排，离黑板也就一米的距离。坐中间时没问题，座位换到边上时，就觉得黑板上的字反光得厉害，看得吃力。

我立刻去找朱老师说了我的困难，想都没想就提了要求："我想调到中间坐！"朱老师当时没说什么。我相信，凭我在朱老师心中的"地位"，这点要求朱老师肯定会满足的！第二天一早，朱老师进班后，猜测着朱老师就要给我换座位了，我高兴之余内心突然涌上一丝不安：我是不是过分了？我换到中间去了，不就有同学换到边上了吗？抬眼望去，看着坐中间有几个天天捣乱不学习的淘气包，我恢复了镇定。

没承想，朱老师给我安排的新座位，竟然是在——第"零"排！朱老师撤了讲台，换成课桌，让我和老师共用。这样的安排不影响其他任何同学。原来，在朱老师眼里，再不爱学习的学生都有享有公平的权利，绝不可以随意侵犯！一个人孤零零地坐在"讲台"边，我自己都觉得别扭，同学们看我的眼光也有些异样了。朱老师察觉到了我的尴尬，没两天，又让我回到了原来的座位。至于朱老师凭经验判断我应该是近视了，又主动联系我的父母，让他们带我到医院去检查，那是后话了。

朱老师用他的行动教会我，真正的好教师是不会偏爱"某一个"学生的，好教师会偏爱"每一个"学生，并让每一个学生都能感受到！

（四）

师范学校原本是不学高等数学的，我上的南通师范大专班是当时全国率先试点的五年制师范，学校给我们班选理科的 13 名同学增开了线性代数、数学分析、概率统计等课程。教数学分析的赵老师是学校的副校长，用他自己的话说，

"我这是赶鸭子上架，大学毕业之后，20多年没有碰过数学分析。"他的备课笔记本就像刚工作的年轻教师那样，各种颜色的笔迹工工整整密密麻麻。课上，一个问题抛出后，他往往会用"求助"的眼神看着我们大家，我们开始自己想办法，再讨论解决。同学们争论不休时，充满自信的我常常站出来给出定论并讲解，把赵老师完全晾在一旁。有时我也意识到有些过分而愧疚，赵老师却总是笑眯眯地看着大家争吵，从来不在意我们的表现是否挑战了他的权威，一副很享受"被后浪拍在沙滩上"的样子。多年以后，当我发现我能自觉调动记忆中的那点微积分顺利解决一些新问题时，心底里充满了对赵老师的感激和尊敬。

脑海里珍藏着当年的画面，对比自己当教师被逼着退下讲台不说话的痛苦，我更理解了李烈校长带领全体教师进行"课堂上的退与进"研究的意义，理解了为什么一定要把"退"放在"进"的前面。实在是退比进更难啊！不露痕迹地藏起自己的会和懂，需要学科和心理的双重素养，很难；坦白承认自己确实懂得不多会得不精，需要胸襟和气度，更难。教师退得越彻底、越坚决，学生才会越强大、越精彩！

我的老师，大多一辈子生活在小城或乡村。平凡如他们，几乎在任何网页上都找不到他们的名字，可这些发生在我和老师之间的难忘故事，都成了我当老师最初的营养。

是师，是父

因为工作调动，我无法和师父朝夕相处已有数年，电话、短信成了最主要的联系方式。每次发短信，打出"师"，屏幕上立刻出现"傅"这个字，每一次，我都是十分执著地用大拇指敲动七八次，向后翻寻我心目中的"父"。我怎么可以用一个对陌生人都可以随便称呼的"师傅"来称呼我那既是师又是父、在我生命中如此重要的人？

（一）

还在南通师范就读的时候，看学校橱窗里陈列的优秀校友的照片，我就记住了这个名字：张兴华，南通市唯一的小学数学特级教师。然后是有一次南通市优课评比，作为南通师范理科大专班的学生，我们有幸可以听课。随着周围人的指点，我看到了一位十分儒雅的学者——张兴华老师，旁边坐着的就是他的徒弟王庆念。有点羡慕，但自己有朝一日也能成为张兴华的徒弟，我却从不敢想。当时我隐隐约约觉得，当老师我肯定不能像当学生那般成功。被同学唤作"考试机器"的我，没有表现出一丁点儿当老师的天赋或潜力：实习时我都不会写教案，十分钟就能讲完一节课。随着毕业的临近，我的心情越发灰暗，对未来的茫然和缺乏自信甚至令我放声大哭。那时毕业分配似乎有个不成文的规矩，海门每年两个大专生，都是实验小学、附属小学各一个。当时我的同班同学还有普师班几位挺优秀的学生，出于对张兴华老师的崇拜，不约而同填了实小，我明知没有竞争力，但是真的不甘心啊。面试我表现得很一般，最终竟然发生了奇迹，实小竟然把我们几个都留下了！（事隔多年我才知道，是师父再三去局里请求的，理由很简单：他认为第一届理科大专班的学生一定有其过人之处）

工作了，我依然有许多困惑。在一群充满活力与灵气的同龄人之中，我一直是毫不起眼的一个。但是，我真的幸运极了！工作两年以后，也就是1993年，张兴华老师要收我为徒！在以后和师父的交往中，我才慢慢知道了所谓幸运并非来自命运女神的垂青，而是师父两年来默默的关注。

刚工作时教学上真的有许许多多问题，于是同年级的一位老教师就成了我的救星，我三天两头往她教室里跑，这事只有我知她知，但是师父却不知怎么知道了；自己的文字能变成铅字让大家读是多让人骄傲的事啊！我便把我教学中的点滴感悟写下来并投了稿。这事没人知道，但是传达室偶尔的一封退稿信让师父推断出了；学生时代的学习成绩早就是遥远的历史了，也无关老师是否当得成功，所以没有人会关心这事，在我自己都快忘记的时候，师父却突然对我说："我知道你师范时数学学得很好！我还知道你曾经是全校唯一免考的！"

……

于是，随着师父的叙述，我看到的再也不是那个一无是处的我，我竟然有这么多没被发现的优点，我改变了一贯的"我再努力也只能当一个二流的教师"的想法，重新找回了一些信心。

（二）

和其他师父带徒弟一样，上课、听课、评课是主要的方式。但是又有些不一样。首先师父关注的焦点不是公开课而是每天都进行的随堂课。"每节随堂课都要像公开课那样去上"，这是师父30年教学生涯的结晶，也是对我们弟子的要求。于是，有时当我踩着铃声走进教室，师父已坐在后面了；有时，已经上了好几分钟，师父又夹着听课本从后门悄悄地进来。评课就更不一样了，有人从纯理论的角度出发，高高在上头头是道，但是如何操作仍然是个难题；有人则源于经验或拍脑袋得来的灵感，没有什么理由，让你拍手称好的同时却无法学习。如果说前者是天，后者是地，那么师父因为长期对数学教学心理学的潜心研究，他的评课从来都是行走在天地之间。有"是什么"，有"为什么"，有"怎么办"，并且还加上他的示范。那种豁然开朗、悠然心会的感受真的无法用语言形容。最享受的是听他的"现场直播"——一位老师在上课，我们其他人都围坐在师父身边，听师父小声地对教师的反应做出各种点评，那些都是转瞬即逝的情境啊！如果到了课毕，细节被遗忘之后的交流就会大打折扣！我们对"现场直播"都习以为常，上课教师也并不因之受到影响，礼节从不约束我们这个熟悉得如同家人般的群体。

（三）

那次数学教师"下水题"考试我得了满分之后，顺理成章地我接了学校的数学兴趣小组。那个年代，刚刚取消升学考试，小升初一律就近入学，数学竞赛成绩成了衡量学校教学水平的金指标。我的一些做法引起了集体荣誉感特强的老主任的担忧：我非但没有大力动员让数学学习好的学生都来参加兴趣小组，还很潇洒地放走曾经得过奖的孩子去他更感兴趣的田径队，于是全年级只留下了 8 个人，没有量的保证，质的追求谈何容易？学生少得可怜，做的题更少得可怜，没有一定的积累怎能面对全新的挑战？师父却一如既往地给予我信任与支持，老教师们不大理解。一次全体会上终于真相大白，师父是透过表面的现象深入观察更本质的东西：原来师父曾经多次在自家阳台上"偷听"我给兴趣小组的学生上课，连续一个半小时都不带歇地讲解让他看到我对数学浓厚的兴趣，他认为这份兴趣比什么都重要。随后他又提出了建议，要考虑学生的情况，"看孩子的眼神"，他通过对具体事件的分析教会了我"以学论教"。慢慢地，那 8 人组成的实小数学兴趣小组战无不胜：南通市数学竞赛包揽前 1～6 名，省数学竞赛 6 人获得一、二等奖，当然这些都是后话了。

（四）

师父对我们常提的要求，还有阅读。站在巨人的肩膀上才能看得更远。经常走在路上被师父截住，用他推荐的书中的内容考我们。几个徒弟中我算是最没长性的一个，所以这方面受到师父的教导也最多，用语重心长、苦口婆心形容毫不为过。渐渐地，一段时间不看书也会觉得空虚，偶然去趟图书馆，必能见到师父常向我提起的榜样，更觉惭愧。就这样，我开始慢慢走近了书籍。

师父对我的最大影响，恐怕还不是这些。他对名利的淡薄，对事业的执著，润物细无声地影响着我，他绝不因为取媚于谁或出于利益的考虑而违背内心这一做人做事的原则，在我心中刻下了深深的烙印。

坐在电脑前，回忆往事，泪流满面。但诉诸文字时却表达不了内心的那份感动，师父常说，数学教师除了要有坚实的数学和心理学功底，文史哲的滋养也必不可少。我离师父的要求还太远，文史哲的课还需要用终生来补！

【链接】

《儿童学习心理与小学数学教学》，张兴华著，江苏教育出版社。

《走进儿童的数学学习》，张兴华著，河海大学出版社。

引 导 者

华应龙是老师，一位十分出色的老师。

对我而言，他更是人生的导师。而这一点却是我在最近这些日子不断回忆思索之后才意识到的。从来，我只把他当成朋友，可以信赖的朋友。

（一）

"朋友？"他是名特级教师，又是你的领导，你怎么能这么没大没小地和他平起平坐？

因为他也称师父张兴华为"师父"？因为同是南通老乡的缘故？也许这些都不是主要的。周围的一群人，他的学生、下属，我们大家都和他平起平坐。

朋友交往，打电话是常事，打不通也挺正常。手机不在身边，正在上课，没电了……我自己就经常有这些十分充分的理由让别人头疼不已。华应龙老师的手机，好像没有打不通的时候。偶尔有接听被拒绝的时候，不久就会有回电："我刚在开会，什么事？"电话接多了，麻烦自然增多了。当然，他从来不把它当成麻烦。每次被求助，好像都让他很开心。

假期中，要做一个关于学生评价的调查，需要搜集历年的试题。因不久前华校长跟腱断裂做了手术，我看了一下日历，估计他的伤没全好，试探性地发了一条消息，结果很长时间没有回音。心里正责怪自己的鲁莽，突然手机响了，居然是华校长办公室的电话。"已经发你邮箱了。""您的腿好了？""绷带拆了，拄着拐可以走，没事！"轻描淡写的语气更让我感动。像这样毫无保留不求回报地帮助别人似乎是他的本能。说不求回报似乎也不太确切，他也有"交换条件"——他会问你调查进展得如何，可否让他"学习"；当听了你一节研究课让他提意见时，他会限你三天之内把实录反思整理出来；当他把一本好书借给你后，如果保持原样还回去是过不了关的：你必须在上面随便涂鸦……

（二）

在我做论文为选题苦恼时，华老师把他思考多年的"错误资源"推荐给我，他的想法建议及他多年积累的资料一股脑儿传给了我。连续多天的长途通话让我对这一课题产生了兴趣也充满了信心。最后论文得到了答辩老师的一致肯定，吴黛舒老师（叶澜教授的弟子）还对我说，我的论文是她唯一一口气读完的！我很开心地向华老师汇报，没想到他却对我说："我们一起合作，真正沉下来，把这个课题好好做一做！"我奇怪："现在开题？我都觉得可以结题了！"可不是吗？答辩通过、学位证书拿到、论文也都发表几篇了。"原来更多的是一些朴素的观点和对现状的思考，现在我们要做的是在自己的教学实践中提炼出一些可供参考的东西。"他的一席话让我颇觉惭愧，在我觉得可以画句号的时候，华老师却认为研究刚刚开始。在他的带领下，经过三四年的潜心研究，随着"课堂学习差错资源化"的精彩课例和华老师的系列报告的面世，该课题在全国小学数学界引起了不小的反响。我万万没想到此时华老师还坚持"下一步要深入进行理论学习，经验成果需要系统化，真正能够为数学教育留下点什么"。铁杵成针、水滴石穿，从小到大，我们听过不少这样的故事，如今我们也在拿这些故事对学生进行着说教，华老师却用他持之以恒的执著，无声地为我们书写着新的教育故事。

（三）

我没意识到华老师是导师，因为他好像从来也不教我什么，相反，他常常向我"请教"。

我要去参赛，忐忑不安地备了一节"尝试的学问"，试教时不太有底气，等着他拍板。他却只是告诉我要充满自信，不要轻易改变自己。随后，他亲自上了一节反过来让我来评。就是这种角色互换生成了更多的灵感，和他一贯的风格一致，他会提问、会商量，而不是直接简单地告诉你怎么做。他的论文、随笔、备课……我和周围的老师都能在第一时间看到，我的邮箱里至今还存有不少来自华校长"请指教"的邮件，我们谁都敢"说三道四"，无论是新毕业的大学生，还是在教海挣扎数十年依然默默无闻的老教师，大家的意见都能得到十二分的尊重，他是真心地敞开接纳啊。因为我们所说的似乎都能"启发"他产生新的想法，甚至有时我都觉得一无是处的言论在他看来也是有价值的。"如果我主张，我就有充分的理由支持。这种教育申辩能力更重要。"如果说"不耻下问"在别人那里是出于礼貌或是表现出的姿态，对华老师而言，却是发自内心的真诚态度。谁会拒绝做这样的"指教"呢？为了能和他对上话，能"指教"一二，我们不得不去学习，去思考。当然，看他的文章确是种享受，当我们为他文章、备课中的精彩之处拍案叫绝的时候，他会一五一十地坦诚告知从困惑到顿悟的思路历程，"鸳鸯绣罢凭君看，不把金针度与人"，能够反其道而行之者，拥有的绝不仅是不断超越自己的信念、信心，更是与人分享的大度、智慧。说来也怪，随着不停的"指教"，我对三尺讲台平添了几分热爱，原来靠不断点击着"字数统计"挤出规定字数的我，渐渐地洋洋洒洒上万字也不太费力了。

做人、做学问，有华应龙老师的引导，何其幸哉！

【链接】

《我就是数学——华应龙教育随笔》《我这样教数学——华应龙课堂实录》，华应龙著，华东师范大学出版社。

《华应龙与化错教学》，华应龙著，北京师范大学出版社。

爱，给我生长的力量

（一）

第一次爱上一个人时，往往都说不出什么理由，简单而纯粹。到了第二次，或许就会比较现实功利，简单而纯粹的爱会变得非常困难，尤其当你对旧爱还念念不忘时。我想，这大概是我离开了工作十年之久的学校"背井离乡"来到实验二小，最初一段日子里真切的感受。恋旧的我本来就有着种种不适应，学生的淘气顽劣更是让我头疼无比。

我想逃了，趁着回南京学习的机会。赶上非典，在老家一待就是两个月，原来的学校、原来的同事、原来的学生是那么亲切，我要回去！我鼓起勇气拨通了李烈校长的电话，电话那头传来的却是关切的问候："小施，你在那里安全吗？"校长接着告诉我，我教的两个班学生的网上交流和电话辅导工作，已经由年级组的其他老师自动接了过去，让我放心。最后，校长再三嘱咐："现在形势还比较严峻，飞机和火车上都是密闭空间，传染几率大，太危险，不用着急回来，等稳定些再说！"握着听筒，我的视线已模糊，"我要离开二小"的想法无论如何都说不出口。我在老家过得惬意舒适，直为自己逃离非典重灾区感到庆幸；身处危险之中的校长，首先想到的却是我的安危！内疚和感动唤醒了我的责任感，我的眼前模模糊糊闪现了刚教一个月的一张张学生的脸。于是，在六一儿童节前夕，我戴着双层口罩，坐三小时专车来到上海虹桥机场，飞回了北京。我在校园网上迅即开办了数学讲坛系列《丁呱呱数学故事》《漫话数学思想方法》《数学擂台》《释疑解惑》，每天的网上互动让我乐此不疲。

前阵子一个偶然的机会，李烈校长和我聊到了当初的故事。有意思的是，她和我叙述的版本竟有些细微的差别。"这么多年，来到二小的老师，还从来没有一个自己要离开的！可没想到你竟这么没出息，是因为学生太淘气驾驭不了想走的！"校长笑着和我说，"二小从来不压制孩子的天性，他们个性鲜明、有想法，没那么乖，还真不是谁都有能力教的。但一旦真正走进他们的心里，让他们发自内心地崇拜你、喜欢你，你会发现他们特别有思想，格外重感情。你也会发自内心地喜欢他们。如果小施真是因为这个原因，遇到点困难就想逃避，而不是想办法解决，那我也看错她了。为这个理由走，学校也不用留。"这是校长记忆中她让分管领导向我传达的意思。校长一直认为，是她的这些话语最终激起了我的斗志，我也没让她失望。

她说的这一段我没有任何印象。再一想，我便明白了。当时华校给我打电话，应该有校长的特别授意。华校电话里的一些具体建议，想来都是李校长话语的进一步加工。奈何我去意已定，什么话都听不进去。

李校长已不记得那个非典电话了，她也完全没有料到是那次通话在我心里掀起了巨大的波澜。"让自己的天空常蓝，让别人的内心温暖。"这是校长的座右铭。当一个人的内心充满了爱与关怀，那些话语不过是真实自然的流淌吧！所以忘了也是自然而然的事。

爱，不在惊天动地，而在点点滴滴。

每年的寒暑假，学校安排老师轮流值班。我从未提过什么要求，值班表上，作为"北漂一族"的我，名字总是排在假期的开始或最后。

父亲胃上查出一个肿瘤，在我伤心无助之际，接到了校办姚老师的电话："我们了解了哪几个医院擅长治疗消化道肿瘤，学校出面联系医院和医生，你不用太担心。"

知道会哭的孩子有奶吃，但我从来不哭不闹，只是喜欢别人上课时出出主意，竟然被评为课改先进，得到校长基金奖励，因为"你的付出我们都看得到！"

……

在二小这个大家庭，不时感受到来自领导、同事点点滴滴的温暖，阻止了我逃离的脚步。

于是，每个暑假搬办公室，我的东西，从最初几年的一抽屉——随时都能

"拔腿而逃"的状态，慢慢变成了好几箱——和放在家里一样安心。

于是，聘用合同上，我不再谨慎地只签最短的"一年"期，我已愿意自己的命运和二小永远相连。

<h2 style="text-align:center">（二）</h2>

可是，我依然有苦恼。我一直认为：我当不成一个一流的教师！我喜欢数学，也喜欢教数学，对数学教学也有自己的一些想法，但是实施起来总会打折扣。我只能认了：谁让我人际交往能力那么差，公开场合说话都不自在！我也寻到了安慰：替同事朋友出个主意备个课，意见被采纳的感觉也很好！年过三十，还能指望脱胎换骨？就这样吧！

2006年，西城区中青年教师评优课，学校让我参加。

得知许多年轻教师都跃跃欲试，我不安。校长很干脆：他们年轻，有的是机会！

选定了"平行线"一课。备课，试讲，说课，改教案，再试讲……每次李校长、华校长和组里老师的评课意见都是满满当当好几张纸，几个循环之后，我也信心满满地去参加预赛了。

一节课的主要意图基本实现，不太圆满的是学生在某个问题上掰扯来掰扯去耽误了些功夫，想渗透平行就是"斜率相等"，苦心设计的一个环节没能展开便匆匆下课了。有遗憾但我已很知足：这种场合对我而言，发挥80%就已经很不错了。我还寻思着：出线应该没问题吧。

没想到，一下课校长就叫住了我。

更没想到，校长和我一谈就是一小时。

万万没想到，校长还要我再上一节"平行线"……

如果预赛都出不了线，就我这岁数，也没什么培养前途，何必伤我自尊心？

如果顺利出线，决赛又是另一节指定新课，这节课的问题已无所谓，大力夸夸不是更好，又何必给我泼冷水？

凭经验，比赛课，上课教师本人是听不到真实评价的。无论出于什么立场，都会或实或虚地给予很高的赞誉。

校长却给我当头一棒。

"出不出线咱就不管了，这也不是我们要考虑的问题。你现在还年轻，以后的路还很长，对课的调控一定要用心去历练……"当校长就课上的细节一一分析的时候，我忍不住哭了。

看出我有那么多问题却始终没有放弃对我的高期望！我还有什么理由听天由

命自暴自弃？

慢慢地，随着开放课的增多，心态的平和，上课时我也渐渐自如了不少。

问题当然还会有。就在 2015 年，我要执教小教专委会全国年会观摩课时，又一次遇上了难题：我自己挺得意的设计遭到了刘坚老师和王尚志老师的反对，而他们两人的观点又截然不同。周末，我在给校长的电话里倾诉着两位专家的意见和我的烦恼，一说就是一个多小时，电话那头，不时传来校长孙子的咿呀声，我却没有特别的不安，因为我知道，校长打内心里是喜欢教学上的研讨交流的。校长静静地听着，然后开导道："银燕，有没有发现，刘老师和王老师的观点里有相同的地方？"一句话提醒了我，和细枝末节的差异相比，相同之处无疑更为重要！因为，那才是术之上的道！

什么问题都不必躲不用怕，因为办法总比问题多！当我学着面对问题不怨天尤人、积极地面对时，我的眼前展现了一个全新的天地。

（三）

李烈校长的爱，大得没有边界。

继续学习深造，和大师对话，曾是我的一个梦想。

刚到二小时，我订的第一个三年规划中便写道：如果工作不出色，学生家长满意率达不到百分之百，那么就去读博。而当工作日渐顺利时，我逐渐淡忘了我的梦想。

没想到，校长却没有忘记我的梦想。

更没想到，校长还十分支持。

万万没想到，校长在我第一次通过笔试，但因面试时回答不上纯数学的高深问题没被录取后，竟然亲自找到首都师范大学的校长，谈培养像我这样实践和理论结合的人才的重大意义……

原来我把读书当成一种逃避的出路是多么狭隘！原来，校长对我有着那么高的期望！在她温暖的目光注视下，我已无法不努力。第二年，我以入学考试专业排名第一的成绩，重新走进了大学校园。

从小到大为人做事，我基本率性而为。每个人活在世上，大概总会有一个方面是不想委屈自己的。违背内心的声音，我无法忍受。几十年来，我一直活得自在自如自我，我也从来没有觉得有任何不妥。

记忆中，因为我直来直去想说就说，李烈校长私下找我谈过好几次。她无条件地包容接纳甚至欣赏我的直接，同时给我提出不少建议。她会从说话的场合、听者的感受、带来的后果多个角度帮我分析，再从说话方式、甚至表情和语气等方面给我指导。这些指导，应该只有父母对子女才会有的吧。渐渐地我明白，为人处世，不一定存在简单的对错之分，但一定有好与不太好之别。说话行动之前，我开始有意识地从多个角度去想一想。即便我已有很大进步，每次和李校长的交流，我还是会感慨：永远只有更好，没有最好！

2015 年一次北京市的"走进实验二小"教研活动，刘坚、吴正宪等专家都在场。课后研讨时，学校一位青年教师问："施老师，你画了一个现实生活中并不存在的，地下到地上一律用正数标楼层号的示意图，你的意图是什么？"我先调侃了一句："这么精彩的设计，你怎么就看不出意图呢？"然后解释了自己的想法。我还为我营造的轻松随意的氛围自鸣得意呢，活动结束后，校长很敏锐地抓住了这句话，语重心长地对我说："银燕，如果这是一个私下场合，对方又是和你很亲近的朋友，这么说完全没问题。而现在是一个公开的大场合，你在学校老师中有一定的威望，年轻教师鼓起勇气向你提了个问题，你的调侃会让对方很尴尬。好在大家知道你一向的为人，那个老师也很阳光外向，否则你多伤人家自尊心呀！下回谁还敢向你提问题呀！另外，老师不能理解，既有可能是你设计中出了问题，也可能是实施不到位所致，这样的问题只会让你思考的角度更多、更完善！我也相信你未来会成长得更好。也算是提个醒，越是有威望有地位，越要把姿态放得格外低，只有这样，才能听到真实的声音！"

年过四十的我，依然觉得自己非常年轻，每天热情地工作，快乐地生活，相信未来仍有无限可能。是李烈校长的爱和期待，给了我向上生长的力量！

【链接】

《我教小学数学》，李烈著，人民教育出版社。
《给生命涂上爱的底色》，李烈著，高等教育出版社。

第二篇

我的感悟

比起"学而思",我更愿意"思而学"。我以为,只有带着有准备的大脑去和他人碰撞,真正的学习才有可能发生。

关于小学数学的数学味
——王尚志教授访谈录[1]

一、数学是多彩的，"数学味"的内涵也是丰富的

施银燕（以下简称施）：王教授，您好！新课程改革之初，一些热闹却又走样的数学课引起了老师们的反思。张奠宙教授曾告诫要当心"去数学化"，这一观点得到了广大教师的支持和赞同，"数学课要有数学味"成了老师们的共识。随着实践和思考的深入，大家对"数学味"的认识也发生了根本的变化：从起初关注教学内容是数学的还是非数学的"不要种了别人的田而荒了自己的地"到如今的关注数学的本质"把握数学教学的根"。可究竟什么是数学的本质呢？

王尚志（以下简称王）：我并不愿意给数学的本质下定义。可能有人认为这是可以给定义的，我觉得最好还是不要这么"抠"。说数学是什么，还是从具体的例子来讨论可能更好。

施：对于这个问题，有些数学教育家从不同侧面给出了回答。

史宁中教授曾说"数学的本质就是分类"，梁贯成先生在一次报告中曾提到数学和科学完全不同。对于专家的观点，我们应该怎么理解？

王："数学的本质是分类"，我猜测这句话不一定是史教授的本意，有可能是随口的一句话，在当时语境下的有感而发，脱离了具体的语境谈"数学的本质就是分类"未免有断章取义之嫌。分类的确是非常重要的研究方法，但不是数学的专利。

梁先生说"数学不是科学"可能想强调数学的严格性。但是因此断定操作实验就不是数学的方法，我认为并不妥当。数学，尤其是小学数学，可能就是依赖观察、操作加上一些点到为止的说理得出结论。说"数学是科学"或"数学不是科学"，说到底还要看你对数学和科学的定义如何，我想最好还是不要在文字上做游戏。

施：听了您的话，我很受启发。原来一直困惑于罗素关于数学的定义："数学是这样一门学科，在其中我们永远不会知道我们所讲的是什么，也不会知道我们所说的是不是真的。"现已释然。大概也是特定情况下表达的某种特定的情感

---

[1] 本文发表于《江苏教育》（小学数学版）2010 年第 4 期。王尚志系《高中数学课程标准》研制组负责人之一，首都师范大学教授。

吧。可以这样说，数学的内涵是多彩的，因此，对"数学味"的界定也是丰富的，不必在定义上过多纠缠。

二、"数学味"，重要的是学生对数学的理解

施：说到数学，就会提到数学语言的严谨性。我在刚参加工作时就知道这是一个不能碰的雷区：数学老师一旦用错概念说错话，便是"科学性错误"，因这一点，比赛课往往会被"一票否决"。细细想来，觉得不少争论不休的问题似乎没多大意义。您能就下面例子分析一下吗？

例1."描出图形的周长"是错的。因为周长是封闭图形一周的长度，长度怎能描出来呢？所以某教材在周长一课中呈现的都是描一描（指一指）它的"边线"。与之类似的有：三角形的高有3条，而平行四边形的高则有无数条。因为三角形高的定义为："一个顶点向它的对边或者对边延长线引垂线，顶点到垂足间的线段"；而平行四边形高的定义为："对边之间的距离"。前者是线段，位置确定；后者是距离，位置不定，所以有无数条。

例2."万级的数位有万、十万、百万、千万"是错的。因为"万、十万、百万、千万"是计数单位，"万位、十万位……"才是数位的名称，二者不能混淆。[①]

例3."等式两边同乘一个实数仍然相等"是错的。因为等式性质是"等式两边乘同一个实数仍然相等"，"乘同"和"同乘"含义是不一样的。[②]

王：我的想法还是不要过多地在抽象的问题上让学生去做这些区别，应关注对具体问题的理解。线段和长度，某种意义上说本就是一回事；数位和计数单位之间有着密切的联系，遇到具体的问题学生也不会混淆。在字面上进行机械的区分除了为难学生外没有多大意义。比如给一个多位数，十万位上是3，这个3表示3个什么？学生能理解这样的问题就可以了。"乘同"、"同乘"并不是数学上的概念。说"同乘一个实数"即"同时乘一个实数"，乘的自然是相同的数，不至于认为左边乘2右边乘3。在这些问题上较真，会让孩子脑子里充斥着与朴素认识相矛盾的东西，反而不利于他们对数学的理解。

施：不应拘泥于表面的文字，而应关注学生真正的理解！

王：对，要学会听懂孩子们的"数学普通话"！学生没有系统学过数学，也正因为如此，他们思考问题时也就少了一些条条框框，有时反而更容易接近数学

---

① 某地教研室编制的测试卷。
② 初中数学教与学. 人大复印资料. 2009，（1）：3

的本质。抛开一些名词、概念，重要的思想往往是相通的。我一直有个想法，就是孩子的想法，原则上一定是有道理的。不管在你眼里他是聪明的还是愚笨的，他可能没我们看得那么远，但是最近的一步往往是有道理的。能理解孩子的朴素想法里可能蕴藏着的数学本质，在此基础上逐步引导他学会讲道理，这一点很重要。

三、"数学味"不能靠简单下放，而需要深度思考

施：课改赋予教师更多"教什么"的自主权。在实际教学中，我们常看到不少课拥有十分华丽的"尾巴"——把一些中学甚至大学的数学知识或方法下放。比如，小学就讲实数的连续性和有理数的稠密性，教学平行时谈到黎曼几何，往往这样的课也因为"有数学味"得到大家的肯定。对于这一点，您怎么看？

王：有一点我们应该清楚，就是不见得老师知道的一定要让学生知道。前不久，我刚和老师们讨论过小学的"确定位置"一课，老师们都舍不得放弃研究一条直线上各点或一个三角形各顶点数对的特点这个环节，甚至还有老师提出要渗透直线的斜率等。我想说，就一个特殊图形做文章，这是以后会处理的事，没有必要在刚接触坐标时蜻蜓点水地做。确定位置最重要的是什么？应该是对参照点、方向、单位的体会。用数对刻画位置，是实现空间有序化结构化的基础。这是我们要重点做的文章。我们的认识可能有一些误区，我们往往崇拜高深的、欣赏简洁巧妙的。其实重要的思想方法往往能以极其朴素的形式表达出来。

施：蜻蜓点水般把中学数学中的某些知识在小学课堂中走一遭不是路子，要下的功夫应该是怎样在简单中显深刻，浅显中见经典。您能再举一些例子具体谈谈吗？

王：最近几年我和小学老师有些接触，我们会讨论一些具体问题，挺有意思。

比如，估计是本次课程改革特别加强的内容。小学阶段，大家比较认同把估计分为三种类型：计算估计（简称为估算）、测量估计（简称为估测）和数量估计（简称为估数）。我们可以看出，它们是依据"估计"对象和内容的不同划分的。但是从数学的角度看，这三种"估计"类型拥有共同的特点，例如：都需要首先确定数量级（或单位）；结果的正确与否都需要评价者给定误差范围才能确定；结果的正确与否与实际情境密切相关等。所以这样的分类对估计的数学内涵的认识没什么实质的帮助。在"估计"的数学本质没有阐述清楚之前，就讨论估

计的策略、技巧等可能意义不大。我们不妨结合实际案例来分析，我们常常见到这样的题目：估算 24.82×48 的结果。这样的估算题目并没有对结果的误差范围作要求，所以我们可以进行以下几种"估计"：一是利用四舍五入法取近似数，把原算式变为 20×50，从而估计出结果的数量级为 10^3；二是将 24.82 和 48 都往大估，把原算式变为 30×50 确定出 1500 是原计算结果的一个上界，再将 24.82 和 48 都往小估，把原算式变为 20×40 确定出 800 是原计算结果的一个下界，这样就确定出原计算结果 $800 \sim 1500$ 这个区间中。我们还可以在此基础上，不断缩小误差范围，求得更佳近似值。再如，要估计一座 15 层楼的高度是多少米，可以以自己的身高为基准量，估计出每一层的楼高约是身高的多少倍，再推测整个楼的高。这里最重要的是选定"估计"的单位，这些单位可以是科学中已经规定好的单位，如"厘米"、"千克"等，也可以是自己规定的单位，如刚才我们把自己的身高当做基准量。从上面的分析可以看出，"估计"中包含的数学内涵有"界、单位、数量级、误差与近似"，而"界、单位、数量级、误差与近似"则是我们从小学到大学的数学学习中反复出现、贯穿始终的数学思想和方法。显然从这四个维度去审视估计，比"估数、估算、估测"更能反映数学的本质。

　　施：您的分析让我们很受启发！很多时候由于我们自身数学修养的欠缺，不能站在更高的层次来审视小学数学。可能我们急需的还是加强学习，您能给我们提些建议吗？

　　王：我觉得单纯的学习不一定有效。不少老师有这样的经验：上大学学了高等数学，忘了中小学数学；回到中小学又彻底忘了高等数学。关键还在于深度思考，从整体上去把握数学课程。我让我的学生思考：在小学（或中学）数学里，最重要的是什么？有哪些主线？我和学生有这样的共识：凡是反复出现的必然是重要的！我们要清楚，教材呈现的是线性序，但孩子的认识不一定是线性序。比如，四则运算，教材呈现的是加—减—乘—除的顺序，但是一定要学了加法后才能学减法吗？减法也可以由倒着数数过来。多一些这样基础性的思考，就多了讲道理的可能。再如，教材都是先安排字母表示数，然后才有方程。但是不学字母表示数就不能学方程吗？说得极端一些，如果中国在历史上足够强大的话，方程中的符号都用汉字也不一定呢。我并非要抹杀字母符号的作用，或说教材必须调整顺序；我想说，如果能换一个角度思考，可能更容易发现孩子代数思维的萌芽并加以适当的引导。

　　再有，我不赞成把"数学味"和"生活味"对立。数学贴近生活必须要坚持，这是课程改革以来一个很好的尝试，可能在摸索的过程中还存在一些问题，但不能因此而回到过去。现在我们需要开发大量的数学贴近生活的案例，在此基础上再讨论如何调整。我们讲"数学要贴近生活"很重要的一个作用，就是把数学变得容易一些。传统的从定理到定理更糟糕，教的学生只会用模式套，脑子里没有具体的东西。我曾经在讲课时让老师们举出无理数的例子，基本上除了 $\sqrt{2}$ 就是 π 了。

四、如何引导学生触摸数学的本质

施：您从具体数学知识中谈应该突出数学的本质，很亲切。而把对数学的认识转化成实践智慧，您可否也结合案例，从数学的角度，对我们教学的实施给出一些具体的分析和建议呢？

王：就从颇有争议的"鸡兔同笼"说起，如何？（略）

四种不同的方法（①尝试逼近法，②列表穷举法，③假设法，④方程法），其反映的数学本质不相同，在以后的数学学习中作用也各不相同。

我曾经在北京、天津两地作讲座时询问过老师，结果小学老师有 95% 以上喜欢假设法，初中老师则 100% 喜欢方程。方法①和方法②因为繁琐原始、不够高级让大家不屑。而如果跳出中小学数学来看，方法①、②有着非常重要的价值。

尝试是数学中解决问题的基本思路，在中小学可举出大量依赖尝试解决的例子。比如，减法是加法的逆运算，我们都是学会了加法才学减法，求 15-8=？，我们会想 8+？=15。通常我们的教法是强化加法，加法练得极其熟练，熟到看 8+？=15 就能脱口而出 7 的程度。实际上这个问题完全可以让学生去尝试。我可以先试着 8+（10）=18，结果比 15 多，说明加 10 加多了，那么再试着加一个小一点的数，8+（5）=13，结果小了，由此能确定要加的数一定在 5 和 10 之间，这样就可以缩小范围再试，经过有限的尝试，一定能找到结果。这个过程比纯粹为了记住一个得数的训练要有意义得多，学生对加法的最基本的性质有了体验，即加的越多，结果就越多。不提函数思想，也不用说单调性，这不就是具体的渗透吗？

再如，我曾经问中小学老师们：$\sqrt{2}$ 是多少？大家都能对答如流，但我问 $\sqrt[39]{63}$ 是多少？许多老师就不会做了。其实真正会算 $\sqrt{2}$，就一定会算 $\sqrt[39]{63}$。什么是 $\sqrt{2}$？平方等于 2 的那个数，记为 $\sqrt{2}$。我们能求出 $\sqrt{2}$，是因为对于两个大于 0 的有理数，有 $0<r_1<r_2 \Leftrightarrow 0<r_1^2<r_2^2$，

因为 $1^2<2<2^2$，所以 $1<\sqrt{2}<2$，

进一步：$1.4^2 < 2 < 1.5^2$ 所以 $1.4 < \sqrt{2} < 1.5$。

……

这样，把 $\sqrt{2}$ 小数数位上的数字逐一确定下来，就求出了 $\sqrt{2}$。

求 $\sqrt[3]{63}$ 是完全一样的道理，会尝试，会求 $\sqrt{2}$，所有的开方都应会。

施：尝试还能用在其他领域吗？

王：再如，求不规则图形的面积，可用方格纸覆盖分别求出过剩近似值和不足近似值，不断地细分方格，就能越加准确。这个过程也是尝试。再往后，解微分方程都是试，可以说从微积分往后，只要是需要算出值的问题，一定需要尝试。尝试可以说是数学上最重要也是最基本的方法，它突出的是"极限、逼近"的数学思想。

施：那么穷举法的价值又体现在何处？

王：穷举列表也是重要的，因为它的背后就是分类。分类列举的过程是有道理的：又有铅笔又有钢笔，先定铅笔，再定钢笔。也就是说有两个决定因素时，先定一个，再定另一个，这与所谓的代入消元，其实是一回事。定铅笔时，从 0 数到 10，又可以加深学生对自然数的理解。学生有了思路之后，引导他们列表表示，这也很重要。把数学里的一个东西怎么表达清楚，这也是很重要的一件事。

施：假设法一直是小学里非常推崇的一种方法。我觉得假设法如果把道理讲清楚，可以促进学生对除法中对应关系的理解，因为 1 支钢笔比 1 支铅笔贵 3 元，一共多的钱数里有几个 3 元，就要换成几支钢笔。为什么说它有局限性？

王：如果说方程可以解决一批问题，那么假设法实际只能解决形如 $x+y=c_1$，$ax+by=c_2$ 这样方程组解决的一小类问题。从这个意义上说，尝试、列表、方程等方法应该是我们重点关注的通性通法。而方程可能不易被学生理解，所以一方面借助生活（具体的文字表示的数量）降低其难度，另一方面在孩子没到这个水平时千万不要强加，我想在小学高年级有可能实现。

施：实际教学中，不见得各种方法都呈现，而是要视学生的生成而定。

王：这一点很重要，应该尊重学生的想法，在学生自然产生的朴素想法上提升。无论是哪种方法，都要讲道理，但道理只要达到学生认知上能达到的严格就可以。基于学生自己的认识，又突出数学本质的方法，学生就能讲出道理来。这样的方法才真正留得住并具有生长性。

【链接】

王尚志，"整体把握小学数学课程""整体把握高中数学课程"等系列讲座。

尽早概括，适时抽象，
打开儿童的代数之门
——Luis Radford 报告中的课例给我的启示[①]

Luis Radford，2011 年弗莱登塔尔奖的获得者，在 2012 年国际数学教育大会上作了关于儿童早期的代数思维的报告。他通过长达五年的课堂跟踪观察，对儿童代数思维的产生和发展进行了细致而系统的研究。作为一名教师，我对报告中记录的教师的课堂行为产生了兴趣。报告中教师的反应究竟是出于自己的判断还是在实验的干预下而作出不得而知，对我而言似乎也不必深究，重要的是教师的做法与我、我所看到的老师的做法有一些不同，正是这些不同，引起了我的思考。

一、第一时间向学生敞开代数之门，为学生提供概括的机会

在 Radford 的录像中，二年级学生面临着这样一个问题：

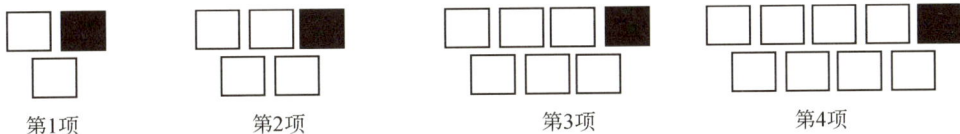

第1项　　　　　第2项　　　　　　第3项　　　　　　第4项

1. 画出该序列的第 5 项和第 6 项。

2. 想办法求出第 12 项和 25 项正方形的个数，第 50 项、100 项……呢？

3. 对任意一个不确定的项，有多少个正方形（换言之，正方形个数与项数之间有什么关系）？

美国、加拿大、澳大利亚等许多国家的课程标准中明确提出类似的模式概括（patten generalizing）任务（曹一鸣，2012）。通常，模式概括任务包括：识别数字模式，扩展（包括近项与远项，分别对应上面的问题 1 和 2），概括函数关系（对应上面的问题 3）。我们对这样的问题并不陌生，在我们的教材和课堂里也有。然而，我们对不同年级的学生有不同层次的要求：对第一学段的学

---

① 本文发表于《小学教学（数学版）》2012 年第 12 期。

生，我们通常只要求识别，并扩展到近项即可，即通过操作、观察、直接数数就能求出的项（如上述问题 1）；如问题 2 那样的比较"遥远"的项的问题往往都会回避；至于一般项的问题（如上述的问题 3），在我看来对二年级学生而言是难以想象的。我们似乎有这样的共识：只有到了第二学段学习"用字母表示数"时，学生才具有思考一般性问题的能力。于是只有到了那时才有机会思考一般性的问题。

代数思维的本质是概括。长期以来，我们都有这样的认识，即字母表示数是代数思维的开始。顾名思义，"算术"即"计算的方法"，而"代数"即"以符号替代数字"，也就是"数字符号化"。因为"符号化"，我们从对"数"的运算转向对"式"的运算；我们从一个一个地解决问题，转向一批一批地解决问题。因为"符号化"，让代数实现了对算术的"概括"。在我看来，用更为抽象的"字母"来表示具体的"数"与代数概括的本质是不可分割的。

概括，可以不依赖字母符号而进行，可以先于抽象的字母符号而存在，在用符号语言表示一般关系之前，自然语言也能描述一般关系。这是本课例给我的启示之一。

长期以来，我们更多地强调算术与代数的对立：前者"程序性"、"重结果"，而后者"结构性"、"重关系"。面对学生到中学正式学习代数时普遍面临的困难，更有学者提出从算术到代数之间必然是一种需要改造原有认知结构的"顺应学习"。事实是，没有字母符号的算术，强调程序结果的同时，完全可以强调关系与结构。概括，可以在孩子接触数学的早期大胆地开始。

二、高度概括的问题，同样可以表达得生动具体

尽管问题本身是高度概括的（第 n 个图形中有多少个正方形，或者说一般项 a_n 与 n 的关系），问题的表达并不必然是我们常见的那种抽象的或形式化的，可以改造成儿童能理解，并有兴趣探索的方式。在本课例中，"一般项的通项公式"问题成了十分生动的"留言问题"，我们来回顾报告中的课堂片断：

教师拿出一个盒子，当着学生的面，放进去一些卡片，分别写有 5，15，100，104 等数，这些数代表前面序列的项数。教师请一位学生随机抽取一张卡片装入信封，每位学生包括教师本人都不知道抽的是哪张卡片。教师说这封信将寄给另一所学校中叫特里斯坦的学生，卡片上的数是几，特里斯坦就要算出第几个图形中正方形的个数；并向学生提出要求：随信给特里斯坦留言，你的留言能

让特里斯坦快速地算出数。

卡片已经装在信封里，对能看到卡片的特立斯坦而言，他要解决的是特定的问题；而此时，对全班学生而言，项数却是未知的，解决未知项的问题，其实就是一般项的概括问题。因为创设了一个逼真的情境，使学生可以思考，也更愿意思考。

由此，我想到了一个很经典的问题。"有坏键的计算器"：有一个计算器，其中的"5"键坏了，你能用这个计算器计算 525-257 吗？学生对这个问题的探索，其实是探索等价算式 525-257=□-□ 或补偿策略：525-257=□-□+□（或 525-257=□-□-□），从而理解减法的运算性质。

布鲁纳的观点"任何知识都可以以恰当的方式教给任何年龄的儿童"让人感觉有些极端，但是我想，任何问题都可以用恰当的方式让任何年龄的儿童去思考。教师要做的不仅是判断什么问题是重要的有价值的，而且要把问题精心改造成儿童乐于探究的方式。这是本课例给我的又一启示。

三、藏起预设的答案，耐心读懂学生传递的信息，包括言语的和非言语的

通常我们认为，言语是表达思维的，而诸如体态、手势等非言语信息表达的是情感。然而本文中的课例告诉我们，非言语信息同样可以表达思维。思维是神秘的，但它不是封闭在脑子里进行的，教师可以通过细心、全方位的观察，努力读懂学生。

我们不妨回到课堂：

扩展到远项，对二年级学生而言非常困难，而问题其实在扩展到近项时就已出现。从学生的作品中可以看出：由于过分关注模式的数字特征，把模式的图形特征忽视了。

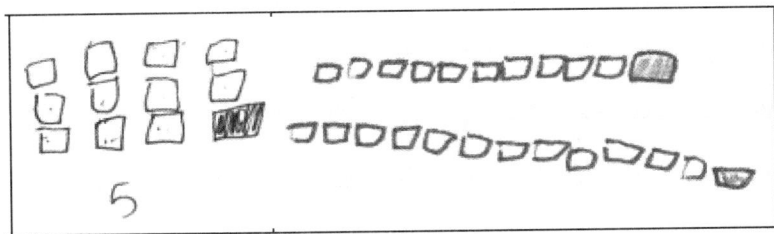

左图是一位学生画的第 5 项的图形；右图是另一位学生画的第 5 项（上）和第 6 项（下）的图形

在教师指导后，学生的改变同样可以从言语与非言语信息中表现出来，如：

解决"第50项有多少个正方形?"时,一位学生借助体态、手势表达想法,"下面有50个白色的正方形",同时身体和胳膊从左到右地移动(左);为了表示上面有50个白色正方形,他把胳膊移开了一些,又重复了刚才的动作(中);最后作了一个半圆的手势表示还有一个黑色的正方形(右)。

学生用体态、手势表达想法

学生的手势清楚地表明他已经掌握了模式的图形结构。而面对"留言问题",最初学生都是通过举例来解决的。

如,生1:如果卡片上的数是50,你就50加50,再加1。

教师肯定了他们的想法,但强调了那个数可以是其他的数,并要求学生,不举例,能不能想出其他的办法来说?

(认真地讨论之后)

生2:如果他卡片上是什么数,那么下面就有同样个数的正方形,上面也有同样个数的正方形,再加1。

师:非常棒!但是可别忘了,他没有必要把这个图画出来的!他只需要……,这么看来,我们该怎么说呢?

生2:我们可以用计算器来算!

师:哦,那用计算器怎么做呢?

生2:他先输入这个数(手指比划着在计算器上输入这个数),再加这个同样的数,再加1(边说边假装在计算器上又输入这个数,再输入1)。

另一小组一学生:用这个数(卡片上的数)的2倍再加1。

如果不是亲眼所见,我想象不出这一概括竟是这么艰难,要是换了我,有可能在第一回合就会带领孩子奔向结果:

生1:如果卡片上的数是50,你就50加50,再加1。

师:也就是卡片上的数的2倍再加1。

一不小心就犯了代替学生"快抽象，快概括"的毛病！而当学生说出"用计算器来算"时，我第一反应便是答非所问：计算器，解决的是怎么算出结果的问题，这里你连算什么都不清楚，计算器有何用？教师对"荒唐"回答的耐心，以及对学生言语、手势观察的细心，让学生借助"虚拟的计算器"实现了对不定的未知数的运算，因而能顺利地用自然语言进行概括。

四、小心地"延迟"符号化

与第一时间就让学生概括不同的是，"用符号表示数"却屡屡"半遮半掩""欲说还休"。

从二年级学生用自然语言概括出"卡片上的数的 2 倍再加 1"，到四年级教师才旧事重提，并提出了进一步的要求：写出一个数学公式。学生先讨论了普通句子与数学公式的区别，认为后者只应该含有数和运算。学生随即写出了如下公式：

$2 \times$ ＿＿＿ $+1=$ ＿＿＿

＿＿＿ $+$ ＿＿＿ $+1=$ ＿＿＿

类似这样的"数学公式"有了一定的积累之后，教师才提出新的要求："不用下划线，还可以怎么写？"当学生提出用"？"，教师肯定"？"的同时又问是否有别的方法，学生提到了字母。而当师生达成共识，要写板书时又提出了新的问题：能否写成 $2 \times n+1=n$？有的学生认为对，教师没有急于否定，而是让写板书的学生写下公式。面对"$2 \times n+1=n$"时，部分孩子产生了怀疑，"n 的 2 倍是不会等于 n 的"，讨论之后，留下了这样一个并不完整的公式：$2 \times n+1=$ ＿＿＿＿＿；而对总数可以用另一个字母来表示的讨论则推迟到了一周之后。教师的立场很明确：不让孩子过快地进入符号世界。这一点又值得我深思。

当我们不认为抽象的字母表示数的形式是代数思维的表现时，我们就可以更好地去研究小学儿童的代数思维，并避免把后续教学内容复制下放的简单做法，从而选择更适合儿童的方式去发展他们的代数思维。

【链接】

Luis Radford 关于代数思维的系列研究，http：//luisradford.ca/luisradford/？page_id=13.

由"1倍"引起的思考
——兼请教张奠宙先生[①]

我阅读了《小学教学》2012 年第 1 期张奠宙教授的《一些小学数学内容的商榷与讨论》一文，对"1 倍"用法的阐述和例举的一些日常概念与数学概念的差异，也有一些自己的想法，特撰文如下，求教于张教授和诸位大家。

我赞成张教授的建议：在初次认识"倍"时，不强化把"a=b"说成 a 是 b 的 1 倍。不是因为词典上对倍的不同释义导致"1 倍"有着不同的用法而加以回避，而是显然，"a=b"较之"a 是 b 的 1 倍"，前者是更为简洁的表达。另外，学习一个新概念，通常会选择相对"普通"的例子，就像我们学习"一个数比另一个数大多少"时，我们通常选择的例子都是"a 比 b 大 3"之类，而不会就 a=b 这一特例，强调"a 比 b 大 0"一样。

通过丰富的具体例子的学习，学生自己就会概括出（不见得是这样的形式，但意思相同）："对于数 a 和 b，如果有 a=b×c，那么 a 就是 b 的 c 倍。"c 从不小于 2 的自然数推广到 c 等于 1 时，自然而然地，a 就是 b 的 1 倍了。尽管如张教授所言，事实上我们不会说"A 的身高是 B 的 1 倍"，但是 1 倍还是有其意义和使用必要的。如"铅笔 3 元/支，钢笔的价钱是铅笔的 5 倍，铅笔钢笔各买 1 支，共需多少元？"我们会这样分析："铅笔的价钱看成 1 份，钢笔是 5 倍，和为 1 倍+5 倍得 6 倍，……"随着学生学习的深入，对数的认识也从整数拓展到小数、分数，倍也从整数倍拓展到 3.5 倍、$1\frac{1}{2}$ 倍等分数倍或小数倍；更进一步，学生意识到倍其实表示的是数的相对大小，即对 a、b 两个数，当 b 表示为 1，那么 a 就可以表示为 $\frac{a}{b}$（是否大于 1 等于 1 都不重要），在这个意义下，学生如果说出哪怕与一般约定的倍都应≥1 相悖的 0.5 倍、$\frac{2}{3}$ 倍，我个人以为都未尝不可。从整数倍拓展到分数倍、小数倍，数的范围在扩大，研究的对象在拓展，但是基本的结构没有改变。而结构，不正是数学最重要的本质特征吗？

我以为，张教授由词典中"倍"的两种释义而得出"不扩大，何言倍"的结

① 本文发表于《小学教学（数学版）》2012 年第 9 期。

论，并反对强调"1 倍"的一种用法而排斥其他用法，欠妥。

我认为，《辞海》和《现代汉语词典》的解释，只停留在日常概念层面，不能作为数学概念的依据。我们可以看另外一个例子，《现代汉语规范词典》对乘法是这样解释的："把一个数扩大若干倍求其积的运算方法"，与之类似的英文中的 multiply 除了乘，还有增加、繁殖之意。但是显然，我们不会把增加、扩大当成乘法的本质，因为随着乘法对象从自然数到有理数、实数、复数的拓展，渐渐丧失了扩大或增加的特点，不变的是诸如乘法分配律和结合律等运算性质。我们是否可以这样理解，数学概念是不断发展的，而通常字典释义保留的是最原始的含义。教学不能指望一蹴而就，直接教授学生最抽象的含义可以自它的原始含义始，但不能止于原始含义；随着研究对象的拓展，自身含义也在不断发展，但是在这个过程中，一定要注意对发展过程中不变结构的强调。

日常概念的"1 倍"，有时指加"1 倍"，即原数的 2 倍，显然与"倍"的数学概念相矛盾，而数学是不允许这样的矛盾存在的。但是，数学，尤其是基础教育阶段的数学，当然不能躲在自己的象牙塔中完全不理会实际生活，课程标准 2011 版指出"数学教育既要使学生掌握现代生活和学习中所需的数学知识与技能……"为了更好地了解世界，日常的"1 倍"的不同用法也应该让学生知道。可以用文中的案例让学生结合具体情境判断此处"1 倍"的意思，但这样还不够。更为重要的是结合类似文中的"诉讼案"，让学生分析讨论，明白这一麻烦"都是倍的多重含义惹的祸！"这正好是让学生感受数学语言准确性的上好载体！

与之类似的，经常听教师们争论这样的问题："10 以内的偶数，究竟包不包括 10？"一些教师拿出一堆"不包括"的证据（如圆内的点不包含圆周上的点），而另一些则拿出一堆"包括"的证据（如教材中"10 以内数的认识"单元中有"10 的认识"），事实上这样的争论是不会有结果的。"10 以内"是个日常概念，它的边界并不那么明确，所以要想清楚地表述，应该加上备注或说明"是否包含 10"。而在数学语言里，就不存在这个问题了，$<$ 还是 $\leqslant$、区间表示［］或（），无须加上备注或说明就一目了然，数学语言的简洁与准确再一次得到突显。也正因为要摆脱日常语言的固有含义对数学语言含义的干扰，数学语言才需要符号化与形式化。

张教授的文章，还引起了我对另一个问题的反思。

相信很多小学数学教师和我有着类似的经验。20 年前我刚登上讲台时，就被告知，数学教师的语言一定要准确严谨，所用的概念绝对不能犯科学性错误，我们也常听说某些比赛课只是因为说错某句话，甚至用错某个词，而被一票否决之事。于是，许多年来，我们诚惶诚恐，不断锤炼打磨自己：是"除以"而不是"除"，"质量"而非"重量"，"球"而不是"圆"，等等，像张教授文中所提的"1 倍"，我们可以用 1"份"来代替 1"倍"，保留"倍"的乘法含义的同时，又巧妙地回避了有不同意义的"1 倍"，从而让自己的语言无可挑剔。

细细想来，有些时候，我们是否把数学语言强调得有点过？

多年前，我执教"中括号"一课。课上学生做数字游戏，在 18，2，3，6 中添上运算符号，使其结果等于 1。一位学生回答："18 除 2，再除 3 加 6 的和"。我并未给予纠正，随后一位学生指出："应该读'除以'而不是'除'"。不少听课老师对这一片段提出了善意的批评：他们笑着说我的数学素养"还不如学生"，对学生的错误十分麻木，学生纠正之后我也没有任何反应。其实，不是我麻木，当了那么多年的小学数学教师，对这样的词语还是相当敏感的。只是因为我认定在当时特定语境下的交流没有任何误会，加上纠正这种细枝末节的错误会打断学生思维的流畅性，我才做出未予理会的决定。何况，我认为此时的纠正并不能让学生真正认同，凭什么乘号读"乘"，除号读"除以"，如此的不对称？所以我们才会看到屡纠屡错！而到高年级时，学生学习了整除，知道除法算式的另一种读法，a÷b，读作 a 除以 b，或 b 除 a；甚至在学习了古文，理解"除以"即"以……去除"之后，相信一定不会随意借用了。所以这个"科学性错误"不会给学生未来的发展带来什么负面影响！我的辩解显然已经触碰到了小学数学老师们公认的底线，毫无争议地遭到一致非议。

有趣的是，在我听过的数学专家的讲座中，不止一位曾经把除号读成"除"而不是"除以"。无论是有心还是无意抑或口误，至少说明，我们有时候坚持的原则和底线，似乎不是那么绝对和重要。

我想表达的观点是，数学语言或者数学概念是准确而简洁的，但可能并不体现在咬文嚼字或引证考据上。准确的数学语言更需要我们从这个概念在数学上的发展，以及学生对同一概念认识的发展上去考量。

期待与张教授的进一步对话！

【链接】

《小学数学研究》，张奠宙等著，高等教育出版社。

《数学教育随想集》，张奠宙著，华东师范大学出版社。

《读施银燕老师"由'1倍'引起的思考"有感》，张奠宙，《小学教学（数学版）》2012年第9期。

强调基本，重在结构
——加州数学"立体图形"内容的特点与启示[①]

和我国各个版本小学数学教材相同的是，美国教材中立体图形的认识也分两个阶段，第一阶段是感性地认识，从整体上把握立体图形的特点；第二阶段则是理性地认识，从面、棱、顶点几个要素进行细致的分析，并进一步研究这些立体图形的表面积和体积。但是，深入到章节编排、具体的内容及同一内容的教学方式上，还是能看到与我国教材的差异。这些差异背后，能看到两国数学教学的不同追求。下面对美国教材（以 McGraw-Hill 公司出版的 California Mathematics 为例）第二阶段立体图形教材的内容、结构、具体教学方式中不同于我们的做法进行具体的分析，以期对我们的教学有所启发。

一、立体图形的认识：内容呈现系统化、结构化

我们教材中对立体图形的认识（仅指第二阶段），分两次进行，五年级认识长方体、正方体；六年级下学期认识圆柱和圆锥。可以说是从一般到特殊，到复习中才进一步梳理、比较、概括。

而加州教材则是所有立体图形的认识在一个单元完成，先介绍一般，再研究特殊。

首先定义三维图形，即有长度、宽度和高度这三个维度。随后，介绍了三维图形中常用的概念：面、侧面、底面、棱、顶点。

许多常见物体的形状是三维的，也就是说，它们有长度、宽度和深度（或高度）这三个维度。下面是三维图形里常用的一些术语。

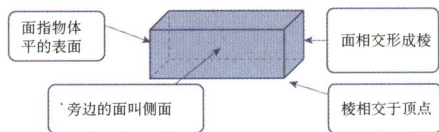

面指物体平的表面

面相交形成棱

旁边的面叫侧面

棱相交于顶点

[①] 本文发表于《小学教学（数学版）》2016年第4期。

随后，根据图形是否含有曲面，把图形分成了两类：①棱柱和棱锥（不含曲面）；②圆柱、圆锥和球（含曲面）。

在介绍棱柱的特点时，引进了全等这一概念。研究棱柱和棱锥的特点时，还给出了棱柱和棱锥的命名规则：以底面形状而得名。如底面是长方形（rectangular）的棱柱，称为"长方柱"（rectangular prism）；底面是正方形（square）的棱锥，称为"正方锥"（square pyramid）。掌握了棱柱和棱锥的一般特点和命名规则，教材中也会出现一些新的立体图形，如五棱锥、八棱锥等让学生来辨认。如：

先指出下面每个图形底面的形状，再分类。

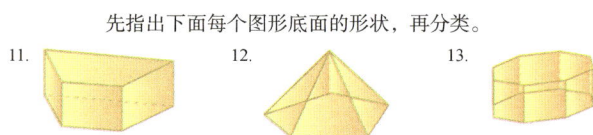

无论是哪个立体图形，描述其特征都离不开前面的一些概念：面、侧面、底面、棱、顶点、全等。

显然，教材中涉及的立体图形比我们的要多。曾经有人用"一英里长一英寸深"来形容美国教材宽而浅的特点，从这部分内容来看，我们明显感受到了"宽"，认识的立体图形更多更丰富，但是，这个宽，在我看来并不导致浅，反而因为宽，知识的呈现方式由零散变得有组织，显得更有结构、更清晰。结构化的学习会减轻学生的负担，更利于学生"把书读薄"。

加州数学教材认识立体图形的知识结构表

三维图形（有三个维度） 命名：取决于底面形状	柱（有两个全等的底面）	锥（有一个底面）
不含曲面	棱柱（侧面为平行四边形）	棱锥（侧面为三角形）
含有曲面	圆柱（底面为全等的圆，侧面为曲面）	圆锥（底面为圆，侧面为曲面）

因为认识了各种棱柱和棱锥，便于学生概括出有序计数面、棱、顶点的方法，更容易发现这些数量之间存在的一般规律，例如：底面是 n 边形的棱柱，面、棱、顶点分别有 $n+2$、$3n$、$2n$ 个，学生很容易看出：面数+顶点数−棱数=2，再由这一类图形推广到棱锥，甚至其他更为一般的图形。这样，被贴上"文化渗透"标签，但学生不能理解更无从下手的欧拉公式，变得可以探究了。

二、体积与表面积：内容有增有减，强调基本方法

内容上，体积限于棱柱（包括长方体和三棱柱）和圆柱，不涉及棱锥和圆锥；表面积限于棱柱、棱锥、圆柱，不涉及圆锥。换句话说，和我们的教材相比，增加了三棱柱的体积，但减少了圆锥的体积；增加了三棱柱、棱锥的表面积。

从教材图中我们可以发现，增加三棱柱体积后，从长方体到三棱柱，再到圆柱，强调的是体积概念的共性、柱体求体积方法的共性。即始终强调：体积就是物体包含的单位立方体的个数；对柱体而言，底面积对应着一层摆放单位立方体的个数；高对应摆放的层数。

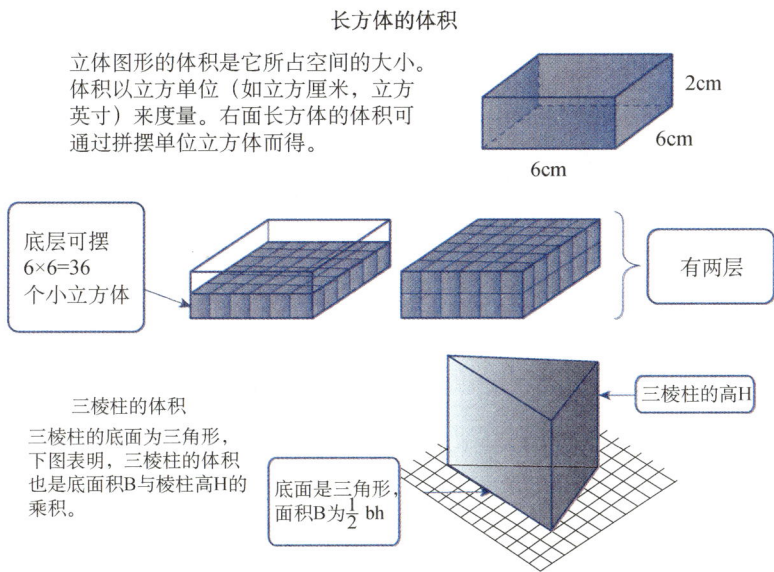

长方体的体积

立体图形的体积是它所占空间的大小。体积以立方单位（如立方厘米，立方英寸）来度量。右面长方体的体积可通过拼摆单位立方体而得。

2cm
6cm
6cm

底层可摆
6×6=36
个小立方体

有两层

三棱柱的体积

三棱柱的底面为三角形，下图表明，三棱柱的体积也是底面积B与棱柱高H的乘积。

三棱柱的高H

底面是三角形，面积B为 $\frac{1}{2}$ bh

圆柱体的体积

把一个圆柱形的罐头放在方格纸上，仿照右图，把底面描出来。
估计底层摆放的小立方体个数（不是整个的小立方体也要考虑）。
如果每层都是1cm高，这个圆柱体里能摆多少层？
猜想：这个圆柱形罐头的体积是多少？

对比我们的教材：长方体体积公式，是用摆单位正方体来探索的；圆柱

体积公式，则是把圆柱沿着底面直径切开后转化成长方体得出的；圆锥体积公式，则是通过倒水倒沙等实验，依据等底等高圆柱和圆锥体积的关系得到的。

用一些相同的小正方体（棱长1厘米）摆出4个不同的长方体，记录它们的长、宽、高，并完成下表。

	长/cm	宽/cm	高/cm	小立方体数量/个	体积/cm³
第一个长方体					
第二个长方体					
第三个长方体					
第四个长方体					

观察长方体的体积与它的长、宽、高有什么关系，与同学说一说你发现了什么。

长方体的体积

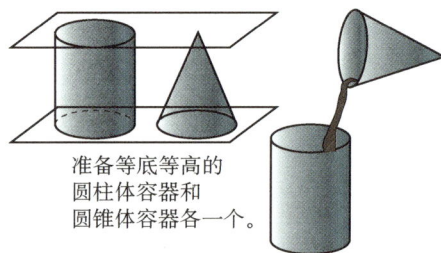

换成

圆柱的体积

准备等底等高的圆柱体容器和圆锥体容器各一个。

圆锥的体积

三种图形，便是三种方法。

我们的教材里始终强调的是更为上位的"转化"思想。但即使学生有转化的需求，因为一图一法，如何实现转化还是相当有难度的；比较而言，美国教材强调的更基本，学生也更容易迁移。

教材中没有圆锥的体积，这一点同样值得我们思考。老师常常为像这样的教学内容而头疼："三角形内角和是 180°"，"圆锥体积等于与之等底等高圆柱体积的$\frac{1}{3}$"。限于小学生的知识水平，这些内容只能依赖猜测、实验、观察而得出结论。对学生"为什么"的追问，老师也很难解释。对圆锥体积有所解释的，也仅止于"为什么不是等底等高圆柱的$\frac{1}{2}$"。[1]但是，我们从来没敢想过小学教材里可以没有这部分内容，现在想来，可能没有这部分内容自有它的好处。只是通过倒水得到的，叫做猜测可能更为合适，既然如此，何必作为一个

---

① 注：笔者尝试发现，个别六年级的学生能接受微积分的方法推导圆锥体积公式。

既定结论让学生反复记忆训练呢？如果可能的话，我建议圆锥体积可以作为圆柱体积之后的一节开放性的探索课，但对于结论和结论的应用不做要求可能更为合适。

教材的一加一减，可以看出其背后不同的价值取向。我们强调应用，解决实际问题（实际生活中有大量需要计算圆锥体积的问题），而加州教材更强调其背后的基本原理。

表面积分两个层次进行，第一层次是结合组合图形面积的教学，开展展开图与表面积的探索，包括三棱柱、三棱锥、四棱锥等的表面积，但并没有总结任何公式，给出的数据也都是直接能求出表面积的，又一次体现了广的特点；第二层次，则是在学习了勾股定理之后，有一些数据需要根据勾股定理来求出，在这个阶段，还总结出了长方体和圆柱的表面积计算公式。我的观点是：赞成结合展开图进行各种立体图形表面积的探索，但给出公式似乎没有必要。我认为学生是有能力自己概括出优化方法的，公式就不需要了；如果学生不会概括，根据表面积的概念停留于原始方法，也未尝不可。

三、淡化计算，强化推理

加州教材中包含不少需要推理的问题，如：

30.【挑战】两张同样的长方形纸，分别沿着长和宽卷成圆柱。哪个圆柱的体积更大？解释你的结论。

31.【开放式问题】画一个圆柱并标上数据，要求：底面半径比右面圆柱更大，而体积却更小。

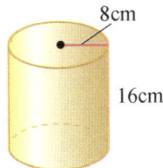

8cm

16cm

这些问题不提供数据、答案不唯一、过程方法多样化，不同层次的孩子都能参与探索，强调每个孩子用自己所学去讲道理。

与重视推理相对的是，教材对计算有所淡化。几乎所有求圆柱表面积和体积的问题，都不要求算出准确结果，只要求结果保留一位小数；或者改变问题的呈现方式，通过估计或者推理就能得出结论。如：

求圆柱的体积，结果保留一位小数。

$V = \pi r^2 h$ 圆柱的体积公式

$V = \pi (5)^2 (8.3)$ 代入数据

$V \approx 3.14 (5^2)(8.3)$ π 取 3.14

$V \approx 651.6$ 相乘体积大约是 651.6 立方厘米。

右图所示的圆柱形麦片桶，底面半径是 $3\frac{1}{2}$ 英寸，高是 9 英寸。哪个选项最接近这个麦片桶的容积（立方英寸）？

A. 32

B. 42.78

C. 75.92

D. 86.55

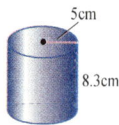

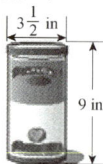

熟悉小学高年级数学的老师都有这样的感受，圆柱与圆锥这一单元，学生需要的概念、方法都已经掌握，却总在计算上出错。课程改革之后，对整数、小数计算的要求已经降低（整数只要求到三位数乘/除以两位数，小数计算要求与之对应），但到圆柱、圆锥这里，计算难度并没有下降。圆柱、圆锥的教学中，如果我们能让学生从计算中解放出来，有可能使用几何培养学生的空间想象、推理等能力的目标能更好地得到落实。

【链接】

《California Mathematics》K-6 共七册，Day，Frey，Howard 等著，McGraw-Hill 公司出版。

饥饿点燃阅读热情[①]
——兼谈儿童数学读物的选择

不知姗姗来迟的 iphone 系列在国内的火爆销售是否真与苹果公司的"饥饿营销"有关，而我的学生们对数学阅读的热情确确实实是"饥饿"引起的。

记得前年儿童节，我兴致勃勃地给班里每个孩子送了一本书作为礼物。然而我悲哀地发现，我用三个晚上的时间在网上认真读书的介绍与评论，再根据每个学生的能力和兴趣精心挑选并一一用心写上赠言的书，仅有的价值便是孩子们的一声"谢谢"，那些书的下场几乎完全一样——被信手翻了两下便扔到了一边。

---

① 本文发表于《光明日报》2012 年 2 月 29 日，有改动。

在这个物质极度丰富的时代，我们的孩子不缺少任何东西。也许孩子需要一本书，父母便会买来一套，对现在的孩子而言，书从来不缺甚至只会过剩。或许真是"书非借不能读也"？于是我改变了策略，不再把书作为礼物送给学生，而是买来的书首先写上我的大名——确认"所有权"归我，学生只有"使用权"，即只可以来我的书柜借阅；并且借阅的条件也很苛刻：一周作业累计满五颗星，才能换取一本书下一周的阅读权。

把五星作业作为借阅的资格也是深思熟虑的结果。首先，作业和考试相比，更关乎学习的态度；其次，作业和课堂表现相比，更容易量化。我还力图使五星作业成为每一个孩子都需要跳一跳就能摘到的"桃"。通常的作业都采用等级制评价，如：优☆、优、良等，有时会有一些鼓励性评语，但往往它们是不相关的。前者考量的是作业的正确率，后者则是与学生全方位的交流。然而我发现，学生只关心等级，作业是不是优☆？需不需要改错？我则让评语和等级挂起钩来。比如，类似这样的评语："多角度思考，用不同方法解决同一问题！""书写特别认真，就和打印出来的一样！""整页没有一处橡皮擦的痕迹，先思考再落笔的习惯特别好！""方法很独特，老师都没有想到！""能发现书本中的错误，真了不起！"……这些评语旁会另加一颗☆。到后来，加星的理由更完善也更加个性化，如，每天都要家长检查的学生我们会达成私下协议：全部独立检查又全对另加星等。和等级密切相关的评语，明确传达了老师的期望，更能引起学生的关注，可以让学生更好地朝着我们期待的方向努力。并且，各种灵活的加星措施，使无论什么样的学生，都有获得五星作业的机会。

于是，书已不仅仅是书了，一周的阅读权，是对努力的肯定与奖赏。拿到书的自豪，是任何礼物都不能比拟的。

每买一本书，我都是第一个读者。我有意在学生自习、休息、活动的时候在教室里读这些书。对老师正在看的书，孩子们总充满着好奇。现在想来，我的这些举动的效果是否和一些电影在正式放映之前播些片花的广告效应类似？

没有优质的产品，再完美的营销手段也无济于事。因而书的选择就显得十分重要了。我推荐给三年级学生阅读的数学读物有：李毓佩的系列数学故事、数学童话；图画树的数学漫画《幻想数学大战》系列等共32本书。这32本书是我们在良莠不齐的儿童数学科普读物中精心挑选出的。许多数学课外读物只是孤立的奥数题和粗制滥造故事的生硬拼凑，被我们迅速淘汰；张景中院士的《教你学数学》特别有思想，但让没学过运算律、方程的孩子还未经思考就接受非同一般的观点，会让原本有意义的再认识变成危险的灌输，我忍痛割爱，留待五、六年级再说。《幻想数学大战》的入选可谓一波三折：最初是学生推荐，但翻看之后，发现里面充斥着夸张造型的漫画却几页都没有什么实质内容，被我们否定了。随后 2010 年的 PISA 测试报告引起了我们的反思：报告中提到和其他国家（地区）相比，上海学生读图能力有待加强，是不是我们这些从小只阅读文字的人对图的本能排斥？于是我们又认真读了两遍，发现惊险刺激的故事背后蕴藏着很有意思的数学道理，我们把全套 15 本都买回，学生超级喜欢。在此之后我发现学生的不少有深度的问题和见解都来源于对这套书的阅读。

而《数学阅读》的上榜则颇有戏剧性。当我把自己翻译的《数学阅读》的初稿落在讲台上，让人意想不到的事情发生了：一位学生在其他课上偷偷拿出来看而被老师当场发现。看着战战兢兢认错的孩子，我按捺不住内心的好奇：是什么能使孩子对黑白打印、草草装订、文字上还有待斟酌的书着了迷？他的答案同样出乎我的意料："因为它不像数学……"他的话，让身为数学教师的我有些许悲哀，也向我指明了让儿童亲近数学的另一条路。是啊，看上去它像故事、像百科书，书中的数学，不似板着脸的巨人站在你的面前，而是悄悄地藏在故事和百科知识的后面，当她温和地看着你的时候，你甚至都感觉不到她的存在！

在此基础上，我开始尝试着自己创作数学故事。我以班里的学生为原型，以发生在学生中的真实故事为背景，编写故事，解决和课内所学紧密联系又有一定难度的问题。手捧着散发着油墨香的原创数学连载故事如饥似渴地阅读，是孩子们最快乐的时光。

我根据每本书的难度、特点及对学生的了解，提出具体的阅读建议。一个笔记本随着书一并在学生之间流动，教师对学生的读后感进行评价。不少学生把读书过程中的思考体会整理后，在数学课前的"精彩两分钟"中作交流。

一年多的实践表明，简简单单的从"所有权"到"使用权"的改变，激起了孩子们的"饥饿感"，阅读的热情被极大地激发。同时带来的"副产品"也让我惊喜：一些做作业一向马虎敷衍只求表面完成，或者稍遇困难就到家长那里讨要答案的孩子，完成作业的态度有了很大的改变。

小小举措之所以能获得成功，可能是因为没有迁就学生表面的需要，而是把学习的机会作为奖励，把学习作为甜蜜的礼物而不是沉重的负担送给孩子，满足并唤起了他们潜在的认知需要。

【链接】

《数学阅读》丛书，刘坚主编，长春出版社。

《教你学数学》，张景中著，湖北少年儿童出版社。

《数学幻想大战》丛书图画树，中国城市出版社。

《非洲历险记》，李毓佩著，中国少年儿童出版社。

教师需要"怎样的知道"？
——"循环小数化成分数"问题访谈前后的思考①

一、访谈起因

一位同事和我说，看书时遇到一个问题，书中提到的循环小数化成分数的公式看不懂。我说我不知道什么公式，但可以试试自己推导出一个公式来。说话间，另一位老师插话，刚说几个字，第一位同事立刻点头："你说的和书上的公式是一样的！"我也很惊奇，问那位老师怎么记得这么牢。他轻描淡写："这是小学奥数的必学内容啊！"我问道理在哪里，和学生又怎么讲，这位老师支吾着答不上来。我有一个初步的判断，这样学数学、教数学，方向上出了问题。由此，我有了进一步开展访谈的兴趣。

分数化成小数（有限小数或者循环小数）、有限小数化成分数是小学数学的教学内容之一，为小学生必须掌握的知识。那么，不要求学生掌握的"把循环小数化成分数"的知识，教师是否应该知道并掌握？实际知道和掌握的情况如何？带着这两个问题，我们对 20 位小学数学教师（10 位北京，10 位江苏）进行了访谈，并在一周之后对全部受访者进行了追踪访谈。

二、访谈内容

1. 第一次访谈

（1）循环小数化成分数，你认为小学数学教师是否应该知道和掌握？

（2）请把 0.444…化成分数。你是怎么想的？

（3）请把 0.57878…化成分数。你是怎么想？

2. 第二次访谈

（1）同第一次访谈问题（3）。

---

① 本文入选第十二届国际数学教育大会（首尔，2012 年 7 月）论文集，在分论坛（Mathematical knowledge for teaching at primary level）做交流，交流题目为"Survey on teachers' knowledge about converting repeating decimal to fraction"。

（2）如果教师的回答与第一次不太相同，追问是如何学习与思考的。

三、访谈结果

1. 教师是否应该知道？

就这一问题，接受访谈的 20 位小学数学教师中有 19 位（95%）给出了肯定的回答。主要的理由如下：

1）给学生一杯水，教师应有一桶水；

2）循环小数化成分数与小学生所学的知识密切相关，也许学生会提出这一问题，教师理应有所了解；

3）当前，小学生课外的数学越学越深，不少学生都已知道，教师如果再固步自封会无法胜任；

4）有 1 位教师回答"不一定吧"，因为"我不能确定是不是不知道这一知识一定会给教学带来影响"。

2. 教师知道得如何？

1）对 0.444…这样的循环节为一位的纯循环小数化成分数，18 位教师答对，占 90%，并且绝大部分（15 位，占答对人数的 83.3%）教师都能做到脱口而出，理由是因为 4/9=0.444…，自然 0.444…=4/9；或者稍微间接一些的是根据 1/9=0.111…，推出 0.444=4×1/9=4/9。

2）对 0.57878…这样的循环节为两位的混循环小数化成分数的问题，只有三位教师能正确回答，占 15%，其中两位是基于记忆过的方法：

"我在一本书上看到过：循环小数化成分数，先写分母，看非循环部分和循环部分各有几位。循环节有几位，那么就写几个 9；非循环部分有几位，就添几个 0。本题循环节有 2 位，非循环部分是一位，分母就是 990；再写分子：非循环部分和第一个循环节照抄，再减去非循环部分。本题就是 578-5=573。"

两位教师都不能就这一方法做出进一步的解释和说明。有一位提到："我曾经证明过这个方法是对的，但是现在忘了怎么证的了。"

另一位教师则基于自己的一些猜测和分析："纯循环小数中，循环节是一位的，可化成分母是 9 的分数；循环节是两位的，可化为分母是 99 的分数，把 0.57878…分成两部分，0.5=1/2，0.07878…=0.7878…/10=（78/99）/10=78/990，再把两个分数相加就行了。"而为什么一位、两位、……纯循环小数等于分母是 9、99、…的分数，他也无法解释。

其余 17 位未答出来的教师，有 2 位提到："好像有哪本书介绍过，但是想不起来了"。访谈时笔者为老师们提供了纸和笔，仅有 2 位用纸笔进行了尝试。17 位教师思考时间最短为 20 秒，最长为 3 分钟，平均思考时间不足 1 分钟。

3. 一周后教师知道得又如何？

1）17 位第一次未能解答的老师中，有 8 位在第二次访谈中能正确解答；而第一次就正确解答的 3 人中，有 1 人能对自己先前的方法给予解释："令 $a=0.578\,78\cdots$，那么 $100a=57.878\,78\cdots$，$100a-a=57.878\,78\cdots-0.578\,78\cdots=57.3$ 故 $a=57.3/（100-1）=573/990$"。即二次访谈时接近一半的教师的回答有所改变；

2）8 位会解答的教师，依然是不加证明地采用了现成的方法，有 3 位教师通过举例验证了这一方法的正确性。"我试了几个数都对！如 $0.634\,34\cdots$，按这个方法，应该等于（$634-6$）$/990=314/495$，我算了一下，314 除以 495 是得 $0.634\,34\cdots$"；

3）9 位二次访谈有变化的教师，他们就这一问题采用的办法按频次从高到低分别为：上网查找（6 人次）；看书（3 人次）；请教别的老师（2 人次）（有两人采用了两种办法）。其余仍然没有解决问题的教师中，也有 3 位表示曾经"上网搜索过"。

四、结论与思考

1. 教师对所教的数学知识掌握较好

从问题 2 的回答可以看出，教师对分数化小数掌握得十分熟练，以至于能对 1/9 甚至 4/9 化成的循环小数做到牢固地记忆，从而顺利解决了逆向思考 $0.444\cdots=4/9$ 的问题。考虑到 20 名教师中有近 1/3 的老师（6 位）只教过一～三年级（从没教学过分数和循环小数的知识），可以得出结论：教师对所教的数学知识掌握较好。

2. 教师有强烈的知识需求

尽管大部分教师实际并不拥有循环小数化成分数的知识，但是 95% 的教师却肯定地认为"小学数学教师应该知道和掌握"，并且多数教师能自觉地通过各种方式去获取和更新知识，"终身学习"在他们身上已从口号变成了行动。但是教师的学习更多地表现在"信息的存储"，而不是"信息的加工"。教师仅满足于利用现成的公式解决问题，并不去深究其道理。尽管一直提倡"知其然，还要知其所以然"，可能是受中国传统文化中"重应用轻理解"的影响，实际上教师往往满足于利用公式得出答案，或者仅仅通过举例来验证公式的正确性。更令人担忧的是，教师会在教学中以"延伸拓展"的名义把这些结论灌给学生。教师这样的"知道"是否必要？教师在上网查找资料或看书之前、之中、之后需要做些什么？这些都是值得我们思考的问题。

3. 教师缺少持续深入思考的习惯

从教师们对问题（3）不到1分钟的平均思考时间来看，遇到一个新问题，教师比较轻易地会放弃，缺少持续深入思考的习惯。对问题要么不经思考就能脱口而出地解答，要么一点都不会，干脆直接放弃，恰恰缺少了最为重要的一环：通过"持续的、深入的、挑战极限的思考"来解决新问题。教师的这种状态是否会潜移默化地影响学生？联想到学生中一些相似的表现，我们有理由呼吁：思考，从教师做起！

4. 教师掌握的知识之间缺少联系

一个令人深思的现象是：尽管 20 位教师中大学本科及以上的教师超过一半（12 人），但绝大多数教师（1 位除外）不能用求无穷等比级数的极限的方法来解决这一问题。有趣的是在第二次访谈后被问到下面问题时，不少教师能迅速地回答。

$$\lim\left(\frac{1}{3}+\frac{1}{9}+\frac{1}{27}+\cdots+\frac{1}{3n}\right)=$$

一个合理的假设就是在教师头脑中有两套知识体系：大学里的数学和小学里的数学。面对典型的小学问题情境，教师调动的是小学的知识；面对典型的大学问题情境，则调动大学的知识。这两套知识体系互不相关，各自独立存在。可能对大部分教师而言，比增加知识更重要的是如何让已有的知识之间建立更多的关联。

【链接】

《小学数学疑难问题》，金成梁著，江苏教育出版社。

学生需要"怎样的知道"？
——有感于愈来愈火的课外班①

十年前刚到北京时，尽管之前已被打了预防针，但真进入课堂还是吃惊于孩

---

① 本文发表于《中国教育报》2012 年 11 月 8 日，原题为《爱不起来的课外培训班》。

子们的见识。刚说一句话，他们就知道要学什么；探究的任务刚布置，他们就说出了最完美的结论。同时，一些孩子在课堂上的百无聊赖颇让我头疼，为此，我特意与家长进行了沟通。一句话让我了解了个中缘由："我们到学校不是来学知识的，而是学好了知识到学校来学交往的。"

十年来，学生报课外班之风日盛。从最开始的一周一天，到双休日全占满，到如今周一到周五有 2～3 个晚上上课。这种状况已经从大城市蔓延到小城市甚至农村。暑假回老家，县城乡下的中小学生，均在上这样那样的课外班。

作为教师，我无力改变这样的现状，只能努力调整我的教学。既然你知道的那么多，那么就请你来说，我少说多听；在你说的过程中，我再寻找机会通过适当的追问、反问，让你的认识更加深入；如果我复制别人老掉牙的设计，见多识广的你显然会不屑一顾，我就得想方设法地去创造，以激发起你参与的兴趣。

多年下来，我渐渐习惯于学生的先知先觉；然而不时地，他们课堂的反应，一再提醒着我这一状况的不正常。

"从 3 点到 6 点，经过了几小时？"哪怕对着钟表一小时一小时地数，都能得到正确的结果，然而有学生却写出一个算式：6-3+1=4。"我们学过植树问题，公式就是这样的。"更可怕的是，这样的说法竟然能得到更多学生不加检验的认可。

"12×10=？"对没学过两位数乘整十数的学生而言，这是一个新问题，但却完全可以自己尝试着根据乘法算式的含义算出来。可以想 12 个 10 相加或者 10 个 12 相加。前者可以根据学过的数的组成直接推算出结果，后者可以进一步转化成 9 个 12 再加 1 个 12，或是 5 个 12 的 2 倍，等等。探索的过程，一方面巩固乘法的含义，另一方面，也为后续运算律的学习积累些感性经验。并且，用学过的知识解决新问题本身，对学生而言就是一种非常积极的情感体验。然而，我看到的却是这样的情景学生人人都能得到"120"。他们的理由是：

$$
\begin{array}{r}
1\,2 \\
\times\ 1\,0 \\
\hline
0\,0 \\
1\,2\ \ \\
\hline
1\,2\,0
\end{array}
$$

写出了这样的竖式之后，孩子们理直气壮，"先用个位的 0 乘 12，零二得零，零一得零；再用十位的 1 乘 12，积要往前错一位，得数就是 120。"他们把一知半解的竖式计算的程序当成了最原始的公理，本末倒置，令人哭笑不得。

在我看来，大量课外班超前习得的，充其量是些知识的碎片，甚至都谈不上知识，仅仅是一些"知道"罢了。

为了这些"知道"，孩子们牺牲了大量的时间。

四年级教学一格代表多个单位的条形统计图，我以为在当今数字化时代，孩子们对此不会陌生。报纸、杂志、网页，各种统计图随处可见。然而，孩子们说的却是："学而思课上学过！""考试中看到过！""练习册里有！"……他们的世界里除了上课就是考试，读书看报都成了奢侈。

我隐隐地有些担忧。我不由地想到我见过的圈养的鸡，全天 24 小时地吃食，邻居家的鞭炮声竟能让受到惊吓的鸡们当场扑棱死了好几只。

因为这些"知道"，孩子们失去了探索的机会。

十年前开始的课程改革带领着教师们重新审视过去的教学经验。慢慢地，教师们开始有了这样的共识：知识不是衡量教学效果的唯一标准，还要看获得知识的过程。教学时，教师们有意识地放慢脚步，给学生探索的时间与空间。与此同时，课外班却更加执着地进行着大容量高强度的灌输。课内小心翼翼保护着的学生的"不知道"，课外班一句话就打破了。

因为一些人的"知道"，给身在同一课堂的其他孩子带来了焦虑。

尽管，我们提倡和自己比、和过去比；但事实上，孩子们往往是在和别人的比较中认识自己的。当自己对问题还没完全理解的时候，别的同学早早喊出了答案，当别人嘴里说出的名词都是自己从没有听说过的，孩子很难不焦虑不自卑。更要命的是，可能一些本在某一方面颇有天赋的孩子，在一次次这样的比较之后，放弃了自己最擅长的领域。

我坚持认为：如果知识上少些什么，什么时候补都可以；如果过了，造成的伤害是不可逆的。

真正的教育高于一切想象
——有感于"爸爸是鸟"①

"妈妈，我们人是哺乳动物。我们老师教的！"五岁儿子说这话时带着一丝得意。

---

① 本文发表于《小学教学（数学版）》2011 年第 4 期。

"为什么呢？"我很好奇。

"因为我们小时候都要吃妈妈的奶！"

"哦，你知道的真多！"

"我小时候要吃奶，所以我是哺乳动物；爸爸小时候也要吃奶，所以爸爸小时候也是哺乳动物！"在我的肯定和欣赏下，他越说越兴奋。可我听着却觉着有点不大对劲——

"现在爸爸已经长大了，不吃奶了，他就不是哺乳动物了，所以爸爸现在就是鸟了！"

……

周围人一笑而过并日渐淡忘，身为教育者的我在不断地"反刍"中会永远记得这样的故事。

我感慨：读懂儿童，很难，但很重要。

如果不是儿子后面的"深入阐述"，我也许会为他小小年纪就知道"哺乳动物"而惊叹。然而儿童到底学到了什么，他们的大脑里究竟留下了什么，标准化的测试也许永远触及不到。有时候我们可能会被他们的语言所迷惑，也许他们的话语完全不是如我们想象的是"思维的外壳"，只是似镜子般"反射"着成人的话语而已，在"反射"的同时什么也没有留下。

然而，在强调体验和理解的今天，我却发现教育中许多正常的"病态"现象在不断制造"爸爸是鸟"的笑话。

"小明踢球，从 3 点踢到 5 点，他踢了几小时？"我们的孩子有得 3 小时的。通过数数就能检验出错误的结果他们却深信不疑："我们学过植树问题，5-3+1=3！"

当我让三年级的学生比较两个图形的周长时，一批孩子能立刻卖弄着"我用平移的数学方法……"。其实，比较的方法一年级开始就已经学习了，对应之后相同部分抵消看剩下部分就能解决。

我们教给学生许多高深的、巧妙的、把应该后面阶段学习的知识下放，还美其名曰"数学思想方法的渗透"，对基本的、真正蕴含思想方法的载体却没有给予足够的重视。

"我们的教育的最大问题就是快"，王尚志老师一针见血。我们追求的是立竿见影，我们希望教育的成果能迅速显现出来，在学生的试卷上，在他们的发言中。我们以思想的名义，以分数的利益，剥夺了学生思考的权利。

显然，这与教育的本质是相悖的。且不说远的如卢梭和爱因斯坦，我们身边的许多有识之士都强调过并一再强调着教育的特性：教育最大的特点就是"慢"（吴非），教育是缓慢而优雅的过程（刘长铭），像农民一样去教书（华应龙）。

我甚至极端地想，在儿童的某个阶段保留着这样的认识"水里游的就是鱼，天空中飞的就是鸟"又有什么大碍呢？自然朴素的错误总好过因不恰当的灌输导致的人为的错误吧！"树上有五只鸟，开枪打死一只，还剩几只？"异口同声回答"还有4只"很可怕，但异口同声回答"一只也没有"更可怕。

教育不是简单的物质传递，并不遵循守恒定律：你给什么，我就有什么；你给多少，我就拥有多少。遗憾的是，仍有大量的教育者信奉着这样的哲学，否则何以解释浩瀚的题海、筋疲力尽的师生、考试前的加班加点、考场外的一百个不放心。真正的教育在质上一定是化学变化，经过教者到学者之后，必定会产生新物质；在量上不是简单的累加，也不是乘法，甚至不是指数运算，而是无法计算、高于一切想象的。

第三篇

我 的 课 堂

　　本章按时间顺序收录了我从 2005 年到 2015年执教的九节课。从一开始的研究课、比赛课，到观摩课，再到随堂课，能否看出从精致到开放、拘谨到从容、华丽到朴素、关注数学到兼顾儿童的悄然转变？

苏格拉底方法的现代演绎
——"中括号"教学实录①

课前慎思

在反思与否定中超越

● **否定负面情感，从讨厌到喜欢**

听起来好像有些矛盾：我很喜欢数学，却讨厌计算——从学生到老师，这一点始终没有改变。大概是潜意识里从来不觉得计算的教或学需要投入多少智慧，所以我上过的十来节大大小小的研究课、公开课、比赛课，没有一节是关于计算的。可是，小学数学中计算占很大的比重，我不得不和学生一起探讨颇觉无聊又十分枯燥的所谓"算理"，不得不让学生经历着从会到熟到精的重复的、艰苦的练习。由于我有意的渲染或无意的暗示，我的学生甚至都以讨厌计算为荣。英国的帕梅拉·利贝克在《儿童怎样学习数学》一书中所言"对冗长乏味的计算产生厌恶恰恰是在数学上有天才的表现"简直说到我的心坎里去了。

记不得是哪一期的《小学数学教师》上刊登的《白开水变茅台酒》中，吴正宪老师"一个人加一个手指"的比喻生动形象地解释了"单位不同不能直接相加减"的道理。兴奋阅读之后不禁感慨：原来，计算课还可以这么上！

去年听李烈校长即兴讲的"两位数乘两位数"②，朴实的开始之后竟是那样牵动我们的心！平淡无奇的计算课让大师演绎得如此精彩，深深地触动了我！

计算教学，不是不需要智慧，而是需要大智慧！

然后，听华应龙老师的一节随堂课"中括号"。让我印象最深的是学生的问题非常之多：许多在我看来都是非常小儿科的或者是毋庸置疑的问题，如"中括号脱下来应该是小括号还是中括号？"。华老师却让学生充分地讨论、争论。随后，回到自己课堂上，我发现，在我看来幼稚的问题竟然是学生普遍的困惑，只因我平日的不够民主让许多这样的问题永远浮不出水面。就是这些零星的想法，

① 2005年10月，北京第二实验小学科研月的研究课。
② 华应龙，细节成就完美——著名特级教师李烈《两位数乘两位数》精彩课堂实录，教育家.2009（3）：19-24。

让我对"中括号"一课有了最初的兴趣。随后,我开始留意有关数学史料。当我阅读了包括中括号在内的一个个数学符号从出生到被部分人频繁使用而被另一部分人排斥再到最后被普遍认可的曲折、艰难、漫长的历史,那些原本在我眼里单调枯燥的数学符号顿时拥有了鲜活的生命!我开始喜欢上了它们。态度的大转变立刻带来许多新奇的联想:四则混合运算的顺序规则像极了交通规则,"先乘除后加减,同级运算从左往右依次进行"相当于"绿灯行红灯停",()[ ]不就相当于需要优先的急救车、消防车吗?圆滑的(),有型有款的[ ]不正对应着人们柔软的衬衣和挺括的西服吗?……这些未必合适的想法,使我对中括号这一教学内容越发充满感情。

● 否定习惯做法,从模仿到创造

也许是人的惰性使然,我们并不知"理"在哪里,却习惯了许多"理所当然"。受许多优秀教师、前辈、专家们的教学和参考教案的影响,我们对教学内容、教学目标的理解是那么一致,我们对某些教学细节的处理是那么雷同!于是,我们的相互学习就成了copy(复制),copy了多遍以后似乎成了经典,成了颠扑不破的真理。只有不断地质疑习惯做法,在质疑中否定,或在质疑中获得更深刻的认识,才能走出模仿,走向创造。

为什么小括号外面再加一个括号就应该是中括号?看到一些参考教案为此给出了一大堆理由,可是我记得学计算机语言编程时,只用一层层嵌套的小括号也没有任何问题呀!请教了学计算机的朋友,的确如此。朋友还说因为计算机喜欢简单重复,始终按照不变的规则工作。无论何种括号,作用无他,只是优先。计算机每次都是自动地从左往右寻找第一个右括号,再回头寻找与之配对的最近的左括号。人不像机器那么机械,层层叠叠的小括号很容易会看错、看漏、写错、写漏,不利于表达交流。据此,我认为中括号的使用只是为了表达得清晰有层次罢了。没学中括号时,学生如果想到小括号外面加小括号本质上是对的,应该说是一个很好的创造。

为什么四则混合运算都需要脱式计算?班上从美国、加拿大转学回来的孩子都不懂这样的格式。这种格式有必要吗?只要学生掌握运算顺序,正确计算不就行了吗?但是理解重要,表达同样重要!数学强调的是有条理、有根据的思考,脱式计算不就是有条理、有根据的表达吗?所以,脱式计算的格式还是需要的。

为什么学生个个都知道中括号,个个都明白运算顺序,但当学生动笔计算时,格式上却有不少错误呢?比如:

$360÷[（12+6）×5]$

$=12+6$

$=18×5$

$=360÷90$

$=4$

"剖析错误应从中挖掘出深层的数学思想"[1]，这种错误产生的原因是学生只知道"="为了得出结果，而忽视了"="最根本的含义：表示相等。为了相等，在算式由复杂变简单的脱式过程中，始终需要注意的是没算的照抄，已经计算的用相等的数代替。这样，是不是渗透了等量代换的思想？

添加括号，使等式成立是许多老师都熟悉的一个练习。可是，能不能反过来，再安排一个练习，去掉不必要的括号？于是，就有了：

淘气特别喜欢刚刚学习的中括号，他在自己列的所有的算式里都加上了小括号、中括号。请你好好观察，看看哪些括号是可以去掉的？

$[（36+24）÷15]-18$

$24×[19-（2×6）]$

$320÷[5×（26-18）]$

$15×[4×（12+22）]$

括号的作用在一加一减的对比练习中得到了很好的突出。

●否定得意之处，认识得以升华

"得意"往往凝聚着自己更多的心血，否定自己得意之处，是件非常痛苦的事，而认识，就在痛苦之后螺旋上升。

四则混合运算顺序是一个规定，这个规定背后有什么道理？

教学中括号，肯定要涉及四则混合运算的顺序。教学参考书上只有简简单单的"让学生掌握四则混合运算的顺序"。为什么先乘除后加减？我首先想到的是规定，琢磨片刻之后认为乘法是求几个相同加数的和的简便运算，本质上是特殊的加法，把它改写成加法形式的话，自然而然地外面加上了括号，比如说：$3+2×4$，其实就是 $3+（2+2+2+2）$，当时颇为自己找到真理而欣喜！但是，当我再次思考这个问题的时候，却发现，我的想法完全是基于默认先乘除后加减的基础之上的！当我在网上查询时，看到台湾地区 82 版教材关于这部分的解释是"实际生活情境中先乘除后加减的比例远高于先加减后乘除的比例，统一规定先

---

[1]　田中，徐龙炳．张奠宇．2003. 数学基础知识和基本技能的教学研究探索. 上海：华东师范大学出版社.

乘除后加减是为了括号使用的经济", 这一解释看似有些道理(犹如生活中用正数比负数的机会多得多, 所以正号省略), 但"实际生活中哪种问题情境多"是挺复杂的, 是如何得到结论的, 无从考证, 很难让人信服。也有说这种规定是为了"确保计算结果的唯一性", 我的理解是, 因为"先乘除后加减"与"先加减后乘除"会带来不同的结果, 所以必须做出一个规定, 但规定先哪个后哪个, 却不是必然的。这样, 本来想就运算顺序提出一个问题让学生持久地思考的想法, 便随风而逝了。

新课程特别强调数学与生活的联系, 可在这方面做得特别好的北师大版教材在编这部分内容时, 却没有联系任何生活, 而是有些生硬地引入: "我在数学报上看到这样一道题: $360 \div [(12+6) \times 5]$", 这又是为什么呢?

我猜想是编写者认为就解决实际问题而言, [ ] 并非是必不可少的。我们现在对解决问题, 不强求列综合算式, 因为分步与综合只是表达形式上的区别, 没有高下之分(对这一点我有不同的看法, 与本文关系不大, 不赘述)。但是, 这样的教学会不会让学生误认为只有数学书、数学考试中的脱式计算才需要中括号的知识? 我还是想在生活中寻找。由情境得到带有中括号的算式有困难, 我可否反其道而行之? 先引入中括号, 出现算式 $90 \div [(10+5) \times 2]$ 以后, 再插入几个问题情境让学生甄别选择, 看看哪个问题可以用这个带有中括号的算式解决的。

1.一根长 90cm 的铁丝, 可以围成多少个长 10cm、宽 5cm 的长方形?

2.动物的寿命。问: 蓝鲸寿命是长颈鹿的几倍?

狗	10 年
猫	比狗多 5 年
长颈鹿	是猫寿命的 2 倍
蓝鲸	90 年

3.王老师带着淘气和笑笑折千纸鹤。王老师每分钟折 10 个, 淘气和笑笑每分钟各折 5 个。他们三人折几分钟, 才能折够 90 个?

我设想当学生逐一解释之后, 让学生想一想, 计算时还需要考虑刚才的具体情境吗? 不管原来的情景如何丰富多样, 一旦建立了算式这一模型之后, 就可以暂时脱离具体情境。这不正好可以渗透数学建模的思想吗? 然而, 试讲时效果却很不好。首先, 学生感知问题就花了不少时间, 然后还为了一个围长方形的问题争论不休, 三个条件这么简单哪用得着中括号呀? 最后学生似懂非懂地认可了前两个问题可以用这同一个算式来解决，但是既无趣也无意义。再一想，那所谓的生活也是杜撰的"伪生活"，于是，从数字游戏到脱式计算，从头到尾都是纯形式的运算，不再植入现实问题。似乎又回到了起点，对教材的认识却加深了。

🦋 课堂实录

● 引子

著名的苏格拉底方法为很多教师所熟悉。下面的对话引自柏拉图的《门诺》，是苏格拉底方法的范例，是精心制作的一节课。

苏格拉底：请告诉我这是否正方形？你能否理解？

奴隶：是。

苏格拉底：我们是否可以在这里加上一个相等的正方形？

奴隶：是。

苏格拉底：有了两个是否还可以加上第三个？

奴隶：是。

苏格拉底：最后在这个角上是否还可以再添上一个？

奴隶：是。

苏格拉底：这里是否共有四个正方形？

奴隶：是。

苏格拉底：现在整个图形是原来图形的多少倍？

奴隶：4倍。

苏格拉底：但你是否记得，它应该是某个图形的2倍？

奴隶：当然记得。

苏格拉底：从顶点到顶点连结这样一条直线，是否就将正方形分成两个相等的部分？

……

苏格拉底（问奴隶的主人门诺）：亲爱的门诺，你是怎样想的，他是否表达了任何不是他自己的意见？

门诺：没有，全部是他自己的想法。

这正是苏格拉底所自称的，讲师只是助产士，他把我们自己的思想表达出来，而不是表达他自己的思想。非常令人兴奋的是，在我校"课堂上，我们的退与进"专题研究月汇报课上，施银燕老师的《中括号》一课完全是苏格拉底方法的现代演绎。

一句话可以解决问题的"中括号",有什么好讲的呢?正因其平常才更显神奇!

●**课堂实录与评析**

一、课前交流

师:首先,有请今天的"精彩两分钟"!

生:同学们,我们都知道,平时我们用的数字叫"阿拉伯数字",是古代印度人发明的,后来传到阿拉伯,又从阿拉伯传到欧洲,欧洲人误以为是阿拉伯人发明的,就把它们叫做"阿拉伯数字"。

数学符号的发明和使用比数字晚,但是数量多得多。现在常用的有200多个,小学课本里就有10来种。它们都有一段有趣的经历,今天我给大家简单介绍一下几个运算符号的来历。

……

师:感谢这位同学带来的精彩介绍!

没想到,这么简单的数学符号,还都有一段不简单的身世!

【感悟】很显然,这次的课前"精彩两分钟"是教者精心策划的。题材的选择和加工彰显了老师的良苦用心:"没想到,这么简单的数学符号,还都有一段不简单的身世!"学生画龙老师点睛,师生合作其乐融融。既是"精彩两分钟"的总结,又是其后教学的孕伏。

二、活动探究

1. 游戏,感受中括号产生的必要

师:下面,我们就用这些数学符号,来做一个小游戏,好吗?

添上适当的数学符号,使等式成立。

2　3　6 =18

生1:18除以2,再除以3,然后乘6。

生2:18×2÷3+6=18

生3:18×2-3×6

生(齐):对!

师:(故意地)咦,我怎么算不到18呢?18乘2等于36,36减3得33,33乘6,不等于18呀?

生1：不对，应该先算18乘2和3乘6，18乘2得36，3乘6得18，36减18就是18。

生2：加减乘除在一起，应该是先乘除，后加减。

师：原来如此！先乘除后加减是四则混合运算的一个法则。既然是法则，人人都要遵守，包括施老师。

【感悟】苏格拉底就常这样以自己的"无知"唤醒学生的"已知"。

师：那么，什么时候可以像排队一样，从前往后依次计算呢？

生：如果算式中只有加号和减号，那么谁在前就先算谁；如果只有乘号和除号，也是谁在前就先算谁。

师：是啊，同一个级别的，都是平等的，那就排着队来。

生：我还有两种方法：18÷2+3+6，18÷（2×3÷6）。

（师生鼓掌）

师：还是这四个数，18，2，3，6，能让得数等于33吗？

生1：18除以2等于9，9乘3等于27，27加6等于33。

生2：我可以用刚才的第三个式子变一变：18×2-3的外面加上个括号，然后再……，（很不好意思地）我看错了。

师：我很喜欢你的"变一变"，有原来的基础比从头想起要方便多了。18乘2得36，离33很近了。顺着他的思路，再变一变，也许就能找到答案了！

生3：18×2+3-6

师：不同的方法，真棒！

（出示：18÷2×3+6=33）

如果我把得数变成81，那么这个等式肯定是错误的，你有什么办法让这个等式成立吗？

（片刻之后）

生：在3+6的外面加上括号，就行了。

师：添上括号，怎么算到81的？

生：18除以2得9，3加6得9，九九八十一。

师：是的，（）是一个很特殊的数学符号，它可以改变运算顺序，（）里的必须先算。

【感悟】"添上括号，怎么算到81的？"自然而然的、苏格拉底式的发问，是复习，更是一种解决问题策略的引领："是的，（）是一个很特殊的数学符号，它可以改变运算顺序，（）里的必须先算。"我尝试过，如果没有这样一问，当有学生创造出"中括号"一类的符号后，相当一部分学生不明就里；明白的学生，表述得也磕磕绊绊。

（屏幕上的得数变成1，即18÷2×（3+6）=1）

师：你能让这个算式的得数等于1吗？

生1：18除以2，再减去3加6的和。

生2：你这么说是不对的，如果是减的话，那就等于0了，应该是18除2，再除3加6的和。

生3：我想给你纠正一下，读"除以"而不是"除"。

学生点头称是。

（听完课后，老师们笑着说我"还不如学生"，对生2的错误十分麻木，生3纠正之后我也没有任何反应。其实，不是不敏感，说实话，是我自己也不太喜欢这种"乘、除以"的很不对称的读法。记得当时费了好大的劲才保证自己不至于犯"科学性错误"。既然学生屡纠屡犯，何必再浪费时间呢？只要我们的交流在特定的语境下十分畅通没有任何误会，不就OK吗？还有，我认为到五年级时，学生学习了整除，知道"除"有另外的含义，相信也就不会随意借用了。不知这么想是否有一点道理？）

师：这么变，倒是等于1了。但是，请看清要求。

学生轻声地读要求：添上适当的数学符号，使等式成立。

师：是啊，不许改变，只许添加。

【感悟】学生回答中的问题，老师指出得多么艺术！不是某个人的意志，而是题目的要求。规则意识就该这样一点点构建。这么一"逼"，好多学生一筹莫展。"行到水穷处，坐看云起时。""中括号"已经呼之欲出了。

生1：18除以2乘3加6的积，后面再加一个括号。

师：把你的想法写下来，好吗？

生1在黑板上写下了：

18÷（2×（3+6））

【感悟】多好的创造！学生"再创造"出来了。如果教师不退出来呢？如果知道"中括号"写法的学生抢了这个先呢？此乃天成，真是"文章本天成，妙手偶得之"。

生2：我觉得你写的不对！应该是：

（边说边来到黑板前修改）18÷［2×（3+6）］

师：（指着［］问）这是什么符号？你为什么不像刚才那位同学那样，继续用（　），非要用这么一个新的符号？

生1：这是中括号，因为小括号外面还要加一个括号，就要用中括号了，如果再用小括号，就把原来的两个数给分开了。

生2：我认为不可以用小括号。因为，中括号的作用就是：首先要先算小括号里面的，再把中括号的数加、减、乘、除小括号里的，再用中括号外面的数加减乘除它。

生3：小括号外面就得用中括号，中括号外面就要用大括号了。

师：同学们知道的知识还真不少！

一开始，第一个同学在2×（3+6）的外面又添加了一个小括号，他的想法是完全正确的。但是，好多同学都给他提意见了，大家认为，小括号外面如果还要加一个括号的话，为了和（　）区别开来，得换一种形式了。这样就产生了［　］——中括号。就像衬衣外面就不再穿衬衣了，得穿外套。这样可以表示得更有层次，更清楚。［　］是代数的创始人——数学家魏治德首先发明并使用的。

【感悟】咀嚼回味"（指着［　］问）这是什么符号？你为什么不像刚才那位同学那样，继续用（　），非要用这么一个新的符号？"，活脱脱的苏格拉底弟子的形象。

学生1：二合一的右括号，不正好说明了（　）外加（　）有道理，但读、写时却容易出错，容易引起各种误会。"衬衣"和"外套"的比喻，新颖，有趣，贴切！教师进得好，好在时机；进得妙，妙在艺术。

2. 讨论比较，掌握四则混合运算的顺序

师：这个又有（　），又有［　］的算式，（　）里的要先算，［　］里的也要先算，到底按照什么顺序计算呢？

生：先算小括号里面的，再算中括号里面的。

师：是的，别看小括号"小"，但因为它在里边，就数它最厉害了，最先算的还是（　）里的，然后才是［　］里的。

说说，怎么得到1的？

生：先算小括号里的3+6得9，再算中括号里的2×9得18，最后18÷18就等于1。

师：刚才我们认识了［　］，知道了含有［　］的算式的运算顺序。说说下面三题的运算顺序，再算出得数。

90÷10+5×2

90÷（10+5）×2

$90÷[（10+5）×2]$

师：（算第2题的时候，有几个反应快的学生举起了手，生A第三次自己站起来抢着发言，师示意其坐下）稍等一下，可以把机会让一让吗？你看，同学们都在举手呢！你也不是小括号，对吧？

【感悟】"你看，同学们都在举手呢！你也不是小括号，对吧？"真是神来之笔！在当下的课堂上，常常可以看到少数"资优生"尽显风流。怎么办？不"进"，不该；"进"得不好，首先是必定打消"资优生"的积极性，再者，如果课上有如此能量的学生与老师对着干，那可不是闹着玩的。"你也不是小括号，对吧？"智慧的话语，巧妙的教育！

（算完之后）

师：比较一下，这三道题有什么相同的地方，又有什么不同的地方？你有什么想法？

生1：相同的地方，就是三道算式的数都一样。不同的地方是第一个算式没有括号，第二个算式有小括号，第三个算式既有小括号又有中括号。

生2：相同的地方还有都是除、加、乘。

生3：三道题的得数也不一样。我还发现，括号越多，得数越小。

师：数都一样，运算符号也都一样，唯一的区别就是括号不同。括号不同，实质就是什么不同？

生（齐）：运算顺序不同。

师：运算顺序不同，得数也不一样。看来运算顺序非常重要。刚才那位同学发现括号越多，得数就越小，挺有意思的一个想法。到底是不是这样呢？同学们可以课后去研究。

【感悟】"千金难买回头看"。"比较一下，这三道题有什么相同的地方，又有什么不同的地方？你有什么想法？"，老师引导学生做"聪明的解题者"。对于学生的发现，老师"进"了又"退"："刚才那位同学发现括号越多，得数就越小，挺有意思的一个想法。到底是不是这样呢？同学们可以课后去研究。"尊重了学生的创见，留有研究的空间。

3. 动笔计算，学会有理有据地表达

师：刚才的几道题尽管步骤多，但数据很简单，所以，我们可以直接算出得数。但是，更多的时候，我们可没那么幸运。如果数据比较复杂，要有条理、有根据地把计算的过程表达出来，我们通常用什么形式？

生：脱式计算。

师：好的，看这道题 $360÷[（12+6）×5]$，脱式计算，在课堂本上试着完成。

（师巡视，两分钟后，指名展示）

生 1：

$$360÷[（12+6）×5]$$
$$=12+6$$
$$=18×5$$
$$=360÷90$$
$$=4$$

生（小声地）：错了！怎么这样啊！第一步 360 到哪儿去了？

师：我觉得你的想法没错，我能明白你每一步要做什么，同学们明白吗？

生 2：我知道，他是想先算小括号里的 12+6=18，再算中括号里的 18×5 得 90，最后用 360÷90 就得 4 了。

师：是呀，顺序没错，计算也很细心，只是表达起来有点小问题！谁能帮帮他？

生 3：脱式计算应该是这么做的：没有计算的都要抄下来，先算的不要抄，把得数写下来就行了。

生 4：我想问问你："="是什么符号？

生 1：（疑惑不解地）等号！

生 4：对了，等号表示的是相等！你这么做，一会儿等于 18，一会儿等于 90，一会儿又等于 4，就不相等了。

师：就是这个道理！为了保证每一步都相等，先算的我们就写出得数，没算的就要原封不动地抄下来。

（学生 1 在黑板上写出了正确的过程。老师注意到学生 1 写得特别工整，等号都用直尺画）

师：对了吗？（对！）生 1 真会学习！另外，我特别喜欢他画的等号！一位数学家认为，用两条平行且完全相等的线段来表示相等，是最恰当不过的了。他写的完全是数学家心目中的等号！

（全班学生给予生 1 热烈的掌声）

【感悟】对于学生 1 明显的错误，老师竟然说"我觉得你的想法没错"，看到了学生思维成果的合情成分、正确成分，难能可贵！当然，这种错误产生的原因是学生只知道"="是为了得出结果，而忽视了"="最根本的含义：表示相等。"我觉得你的想法没错"，不是老师"进"来简单地告知，而是给学生们一个思考和表达的时空。正因为老师的尊重，所以学生1修改得特别工整，等号都用直尺画。又因为学生1等号都用直尺画，才给引出老师充满智慧的评语，"他写的完全是数学家心目中的等号！"听课中的我仿佛进入了著名诗人卞之琳描画的境界："你站在桥上看风景，看风景的人在楼上看你。明月装饰了你的窗子，你装饰了别人的梦。"听课中的老师们也都那么惬意！"他写的完全是数学家心目中的等号！"这样的话语，不说不是错，说了更精彩！当然这样的话语，只有具备相当数学教学功力的人才能看到和说出。这是不可能事先预设的，只能是在随机的状态下考量教师的专业功底。游刃有余地解牛的庖丁，依赖的是对牛的透彻、精准的把握。我明白了为什么有的人模仿苏格拉底的方法只能"形似"而不能"神似"。

生5：（实物投影展示）

$$360 \div [(12+6) \times 5]$$
$$= 360 \div (18 \times 5)$$
$$= 360 \div 90$$
$$= 4$$

我第一步把（ ）里算完之后，就把［ ］改写成（ ）了。我有一个问题想问问大家：这里18×5的外面到底应该是保留［ ］还是改成（ ）？

生6：我认为［ ］里已经没有（ ）了，就应该把［ ］改成（ ）。

生7：我认为应该保留［ ］，因为（ ）里已经算完了，老师刚才还说，没算的要照抄吗？［ ］也应该抄下来。

生8：我不同意！（ ）外面才加［ ］呢。我认为（ ）里的算完以后，（ ）都没了，［ ］当然得改成（ ）。

师：多少同学同意改成（ ）？

（绝大多数同学举起了手）

你们的意见是（ ）都没了，单独的［ ］看上去很不舒服，就像没穿衬衣就穿外套一样？（学生点头认可）还有一些同学坚持保留［ ］？（三四个同学举手）大家的意见不一致，这样，我们一起请教身边的老师！打开数学书，翻到74页。看看书上是怎么写的。

生：（或兴奋或沮丧地）保留中括号！

师：其实，两种做法都完全正确！不过，我个人更喜欢保留中括号那种。理由恰恰是因为这个看上去不太舒服的［］，能够表达更多的信息：看到这个［］，我就知道，它的上一步刚刚完成了（）的运算，我还知道，下一步就要算［］里的了。而且，这么写，不需要作任何的改变，所以也就不容易出错。我这么说，大家同意吗？

【感悟】记得在音乐里，4、7两个音因为不够稳定与和谐，所以往往不会作为结束音。但是在乐曲进程中，由于4、7两音的加入，反而能带来旋律的变化，使乐曲更丰富多样。从"不够舒服"走向"舒服"的脱式过程是否与其有异曲同工之妙？

生：同意！

师：同意，我们就这么做！

现在，谁能完整地总结一下四则混合运算的顺序？

生1：有括号的，先算小括号里的，再算中括号里的。如果没有括号，就先乘除后加减，只有加减或只有乘除，就从左往右计算。

生2：我补充一点，如果括号里有加减乘除，也应该按照先乘除后加减的顺序做！

【感悟】老师的"退"是为了更有效地"进"。脱式的书写，老师不讲，放手给学生尝试，"进"来之后，也是充分尊重学生，没有生硬地"强加于人"，而是循循善诱，水到渠成。

师：淘气特别喜欢刚刚学习的中括号，他在自己列的所有的算式里都加上了小括号、中括号。请你好好观察，看看哪些括号是可以去掉的。

（1）［（36+24）÷15］－18

（2）24×［19－（2×6）］

（3）320÷［5×（26－18）］

（4）15×［4×（12+22）］

学生小组讨论，后全班交流。

组1：我们认为，第（1）题的中括号可以不要，小括号要留着。这样计算顺序还是先加，再除，最后减；第（2）题里的小括号可以不要，中括号不能去掉；第（3）题和第（4）题，小括号、中括号都不能去掉。

组2：我们组的意见和他们的基本相同，补充的一点是第（2）题里的小括号去掉之后，中括号就要变成小括号了！

组3：我们有不同意见，我们认为第（4）题里的中括号是可以去掉的！有没有中括号是一样的！

组1：第（4）题本来先算12+22=34，再算4×34，最后才算15乘这个得数。如果把中括号去掉的话，就变成先算15×4和12+22了，就改变了计算顺序，所以这个括号不能去掉！

组3：顺序是不同了，但是结果是一样的，所以可以去掉！

组1代表：我知道了，这里用的是乘法分配律！

生（齐声）：是乘法结合律！

师：大家先从如果去掉括号计算顺序是否改变来考虑，有办法！还能联系学过的运算律来想问题，真棒！

不管需不需要都加上括号，还真够啰嗦的！看来，括号也要学会该出手时才出手！简洁是数学永远追求的目标。

【感悟】课首，添加括号；课尾，去掉不必要的括号。中括号的作用在一加一减的对比练习中得到了很好的突出。我的感受是：数学从某个角度说就是符号的乐园。

三、课后延伸

师：我再问大家一个问题：为什么要有［ ］？

生：因为（ ）外面还要先算的部分，就要加［ ］。

师：那么，有了［ ］以后，是不是所有的问题都解决了？

生：还要有大括号！

师：那么大括号之后呢？

生：（兴奋地）大大括号，大大大括号……

师：（微笑着）无休止的括号没有意义，生活中一般用到{}就够了。

但计算机要做的运算往往非常复杂，而用计算机编写计算程序的时候，只用一种（ ），一层一层地往上套，是不是很有意思？

有兴趣的同学课后可以去查找相关的资料。

【感悟】由中括号自然地拓展到大括号，再意外地回到小括号，真是课已终，而意无穷。我想有兴趣的同学一定不会少！

专家点评

关于师生对话

华应龙

1. 拥有彻底的理性才想对话

苏格拉底方法究其实质就是教育者和受教育者之间的对话，苏格拉底的对话，不是使知者带动无知者，而是双方在对话中共同寻求对世界和自我的认识。听了施银燕老师的"中括号"这节课，我们确确实实地感受到：她和学生不是在教和学"中括号"，而是借助"中括号"这一平台在构建对世界和自我的认知。

雅斯贝尔斯认为，苏格拉底的方法包括"反讽"（刺激学生感到离真理甚远）、"催产术"（通过问答逐渐使真理现显）。他在《什么是教育》中，把反讽划分为三个阶段。首先，苏格拉底在对话中使用反讽，使一切蒙昧均清晰陈列于目睫之前，反讽使苏格拉底获得透明性。于是，他可以使人遁入绝途而终于醒悟，或攻击别人明显的错误言论以使其自省。第二阶段是苏格拉底所采取的反讽的基本立场，即让人对自己的无知（而自以为知之甚多）有所认识。在第三阶段，苏格拉底制造出一种动摇别人根本信念的整体氛围。在这种氛围中，反讽所表示出的一切现成事物都成为模棱两可的，也只有在这两个极点之间，在纯然反讽的氛围中，存在的质（核心）才会出场。

在施银燕老师和学生一起探索发掘真知，而非传递真知的这节课中，看到了这三个阶段。

"这么变，倒是等于1了。但是，我们再看看要求……是啊，不许改变，只许添加"，这就将学生带到了"山穷水复"的境地，使学生遁入绝途而终于醒悟。此为第一阶段。

课前我们做过调查，近30%的学生知道"中括号"，这些学生自豪地认为自己知之甚多。这节课下来，我想他们感受到的是学无止境，不会再"自以为知之甚多"了。让学生对自己的无知有所认识，就是教学的成功，我们的教学就该追求"无知"。这是第二阶段。

课中对学生创造起到中括号作用的半个小括号的肯定，课尾由中括号自然地拓展到大括号，再意外地回到小括号，揭示的是"一切现成事物都成为模棱两可的"第三阶段。在这纯然反讽的氛围中，存在的质（核心）出场了：解决问题策略的彰显和创造精神的弘扬。

2. 葆有丰厚的学识才会对话

乏味的内容为什么能够上得兴味盎然？计算教学，不是不需要智慧，而是需要大智慧！在研究过程中，施银燕老师对教材（不限于执教的北师大版，还有台湾教材）、数学史料（不局限于中括号，而是包含各种数学符号的产生）、他人实践（不仅是中括号或混合运算，而是包含各种计算教学）等都做了具有深度的解读，也因此有了独具个性、富含智慧的理解。

大家都知道，数学的发展由两股力量推动，一是解决生活中的问题，一是纯数学的研究。数学家庞加莱说过："纯数学是人类精神的产物"。数学，从某个角度来说是数学爱好者的自娱自乐。那我们的数学教学呢？看到施银燕老师的课堂上，孩子们专注投入，其乐融融，我想：如果我们的数学教学也是一种自娱自乐，应该是一种境界，达到把教学内容当作礼品或者玩具来与孩子们分享的境界。好像是泰戈尔的诗句："鸟翼上系上了黄金，还能飞得远吗？"我们数学教学的内容也应该由两部分组成，为什么一定要那么功利呢？

古人说："艺痴者技必良。"只有数学素养丰厚的老师，才能上出真正的数学课；只有对数学痴迷的老师，才会带出痴迷数学的学生。

回味苏格拉底方法的经典范例，在施银燕老师的课上，我更看到了"教"的相对弱化，"学"的绝对凸显。课上所教的东西都是在上课的过程中互动生成的，教师本质上是一个优秀的"助产士"。

直面学生潜在的错误观念
——"游戏公平"教学实录①

🌿 **课前慎思**

"游戏公平"这节课的一个很重要的教学目标，是让学生"初步体验事件发生的等可能性"。在此之前，学生在第一学段，已经知道了"可能"与"一定"，

————————————

① 2006 年 3 月，北京市小学数学研讨会上的一节研究课。

并通过摸球等活动，初步体验了可能性是有大小的。对学生而言，从"可能性有大小"到"可能性相等"，认识上是一个飞跃：正因为有"可能性相等"，可能性才可以同样地用分数表示，从而实现可能性从定性到定量的过渡。

但体验"可能性相等"，对于长期习惯于确定性思维的学生来说，是何等的艰难！他们拥有的大量貌似正确实际错误的想法严重影响了这一目标的实现。教师们发现，不做试验、不分析，学生似乎理解得很顺利："抛硬币，正反两面向上的可能性相等""掷骰子，每个数字的机会是一样的"。做了试验之后，却是另一番景象：越分析越糊涂——在一堆悬殊很大的数据面前，教师试图说服学生可能性相等时是那么苍白无力。于是教师便想尽一切办法，选择相等的或接近相等的数据以支持"可能性相等"的结论，草草收场；更有甚者，干脆选择回避，不做说不清道不明的抛硬币试验，改做更容易驾驭的可能性有大小的试验（北师大版教师教学用书提供的案例便是如此）；更极端的索性不做试验。我认为，大量重复试验本身，可以让学生充分体验到随机事件的"不确定性"，而试验之后对数据的分析，才能让学生体验随机事件的另一特点"偶然中的必然"。要想体验"可能性相等"的丰富内涵，试验是无可替代的。所以，在一开始设计这一课时，我首先决定的是：不仅要抛硬币，还要舍得花时间以保证一定的次数。

1）初步确定目标。通过活动，感受随机事件的特点：少量试验的偶然性和大量实验的规律性；初步体验事件发生的等可能性，会分析、判断规则的公平性，能利用等可能性设计公平的游戏规则；结合有关教学，进行统计思想、数感、推理能力的培养；通过数学史介绍，感受数学家的不懈努力和对前人成果的继承、批判与超越，渗透科学精神的教育。

2）初步制订方案。由足球比赛裁判抛硬币挑边引入，提出问题：为什么用抛硬币来决定？由此讨论抛硬币的公平性。然后学生进行抛硬币试验，对比数次试验和多次试验的数据，再提供几位数学家抛硬币的结果再次对比，从而体会到正反两面向上的可能性相等。

尽管有了充分的思想准备，试讲时学生的种种问题还是让我措手不及。"不同的硬币抛出的结果是不同的""和你抛时旋转的力度有关"，甚至在铁证如山的皮尔逊 24000 次抛硬币的结果前学生仍坚持："我承认抛很多次是很公平的，但是裁判只抛一次，可能性就是不相等的，是不公平的。"面对学生的质疑，我再次陷入了沉思：五花八门的说法，只基于一个同样的原因——注重因果关系的逻辑思维（确定性思维）的干扰。与其被动招架，不如主动出击！我不再害怕、回避学生各种真实的想法，独自搜寻证据以说服半信半疑的学生"可能性相等"，而是反其道行之，把所有的潜在的矛盾错误都揭示出来，让学生想方设法来说服大家。当学生看出各种错误的荒谬之处，离我们期望的理解就更接近了。

课堂实录

一、情境、问题——抛硬币决定，公平吗？

师：有一个蛋糕，两个人吃。怎么分公平？

生：平均分，每人分得一样多。

师：把蛋糕换成球赛门票，两人都特别想看。怎么安排，比较公平？

生1：（半开玩笑地）从中间撕开，撕成两半。

（学生大笑）

生2：可以玩石头、剪子、布，谁赢了谁去。

生3：还可以抽签，或者掷骰子、抛硬币。

【感悟】从分蛋糕到分球赛门票，抛硬币这一方案是学生为解决实际问题自然想出的，相比而言，我原来的设计：放一段足球比赛的录像，定格在裁判抛硬币的画面上，引出抛硬币是否公平？不仅太过"豪华"，而且生硬许多；更为重要的是，一开始就让学生在对两种公平——结果相等的绝对公平和可能性相等的机会公平的对比中更好地把握对后者的理解。

师：同学们想出了多种办法。我们先来讨论一下抛硬币这个办法。

（教师请两位生1、生2模拟甲和乙，商定抛到正面甲去，抛到反面乙去。抛一次，结果反面朝上。生1指指生2，示意生2赢了）

师：现在，你们觉得抛硬币这个规则公平吗？

（大多数学生认为公平）

生2：（小声地）好像不太公平。

（教师好奇地示意生2说下去，生2不语）

师：自己去了，好朋友没去成，有点不安。是吗？

（生2点头）

师：我来采访一下生1。他去看球赛了，你待家里，你觉得抛硬币这个规则公平吗？

生1：公平。因为这个规则是我们事先商量好的，所以最后到底谁去谁也不知道。

生3：我也觉得这个规则是公平的，因为硬币正面和反面都是一个，要是有一个正面两个反面那就不公平了。

生4：我觉得正面和反面向上的机会都是50%，所以是公平的。

生5：你看，正面和反面都是圆形的，大小也一样，所以当然是公平的。

【感悟】学生此时看起来明白得很，个别学生甚至还说到了50%这个没学过的数，但是明白表达的背后不一定是十分明白的思维。

二、实验、体验——用数据说明抛硬币的公平性

师：我同意大家的观点。抛硬币是不是公平，不是看结果，而是要看机会。也就是看可能性是不是相等。可分析毕竟是分析，有什么事实能说明正反面向上的可能性相等呢？

生1：我觉得刚才抛一次不能说明问题，抛两次，应该一次正面，一次反面。

生2：我觉得抛两次很可能还是全部正面或者全部反面朝上的，应该抛五六次。

（同学们赞同地点头）

师：行，就照大家的想法，咱们试着先抛10次。

学生试验之后汇报结果：

正5，反5；

正3，反7；

正4，反6；

正7，反3；

正6，反4；

正8，反2；

……

师：（故意地）同学们坚持说正反面可能性相等，可从大家试验的结果看，除了正5反5之外，我看到的都是不相等！正8反2，相差得也太多了，8可是2的4倍呢。凭什么说可能性相等呢？

生1：（正5反5的试验者）刚才老师规定硬币要放正，超过桌面50cm，自由落下。我觉得他们一定是硬币没放正，你看，我让硬币正面在上面，然后我抛得很低，落下来保证是正面向上。

师（对抛出正反面不相等的学生）：你们是这样抛的吗？

生（众）：没有，我们是按规则抛的。

生2：我觉得用1元的硬币抛比较公平，他（指了指同桌）抛的是1元的硬币，正面和反面次数都相等；而我用5角的抛，结果正2反8，那是因为5角的正面花纹多，所以正面重，容易正面着地。

（对生2"头头是道"的分析，不少学生点头表示赞同）

师：挺有意思的一个发现！是不是其他抛1元、5角硬币的同学都有同样的结果？

（几位学生表示反对）

【感悟】相同的因就会有相同的果，不同的果背后一定有不同的因。学生在试图解释试验结果时，用的就是这样严密而又简单的确定性的逻辑思维！怎样让学生自己发现这些潜在的错误认识，办法只有一个：以子之矛攻子之盾。学生用一部分事实得出结论，那就用另一部分事实否定这些结论！让孩子们从"明白"走向"糊涂"，由"振振有词"到"无言以对"是必需的阶段！

生3：我觉得可能性是相等的，因为大多数还是差不多的，只有个别同学抛到正8反2。

生4：因为每一次抛到的是正面还是反面是说不准的，所以碰巧就会有正8反2的情况。

生5：我觉得就是相等的。就算你抛了10次，次数相差得很多，但是只要你抛下去，总有相等的时候！

师：（套用生5的话）那我也可以说：我觉得是不相等的！就算你抛了10次，正反面次数相等。但是只要你抛下去，总有不相等的时候！（生笑）

生6：有的是正面多，有的是反面多，总的来说是差不多的。

生7：（激动地）这么多次的试验结果放在一起看，有正7反3，就有正3反7；有正4反6，就有正6反4；平均一下，正反面都是5次。

师：是啊，1个同学抛10次的结果，不能代表总体情况。"把这么多次的试验结果放在一起看"是个好方法！可这些数据真像你说的那么对称吗？

【感悟】学生煞费苦心地寻找绝对的次数的相等！当他们意识到这样的寻找只是徒劳之际，正是柳暗花明之时！

生8：我给你纠正一下，平均一下，正面比5次多一点。你看，有正8反2，却没有正2反8！

生9：还有一种办法，我们也可以把这些数据都加起来，就会发现正面一共是33次，反面一共27次。是差不多的。

师：次数多了，一定有这个规律吗？

（第二次抛硬币，4人小组合作，共抛100次）

根据学生试验的结果，制作统计图。

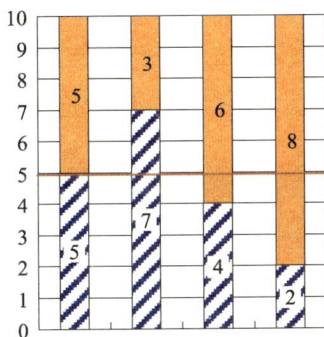

10次抛硬币试验结果统计图

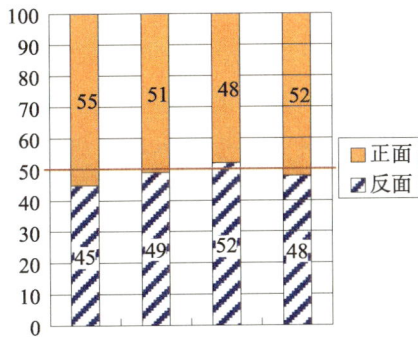

100次抛硬币试验结果统计图

师：观察这两幅图。你有什么发现？

生1：我发现，正反面的次数都在一半上下，也就是说都在一半上下摆动。

生2：但是抛10次的，摆动的幅度很大；而抛100次，摆动的幅度就很小了。

生3：抛100次的，正反面的次数都很接近50！

师：很了不起的发现！同学们发现了吗？

（另请一位学生指图说他的发现）

师：要是我们抛得次数更多，结果会怎么样呢？

生：正反面的次数会更接近！

（师提供部分历史上著名的数学家抛硬币试验的结果。）

蒲丰　　4 040次　　正面：2 048次　　反面：1 992次

费勒　　10 000次　　正面：4 979次　　反面：5 021次

皮尔逊　24 000次　　正面：12 012次　反面：11 988次

生：（惊叹地）哇，这么大！

师：看着这个数据，你有什么想法？

生1：我特别佩服这些数学家，他们真有耐心！

生2：我发现抛得特别多，正反面次数会非常接近！

生3：可是我有个问题：正面2048次，反面1992次，相差56次呢！不是比刚才抛10次，抛100次的差得更多了吗？

师：（故作不解地）是啊，相差的反而更多了？

生4：刚才只抛10次、100次，相差的当然会少，现在抛的次数多了，相差的自然就多了。

生5：尽管相差50多次，但那是几千次中的50次，所以其实差异是很小的。

生6：你看，费勒、皮尔逊抛了上万次，也只相差几十次。其实这个差异就更小了！

师：同学们对数的感觉真好！想象一下，把数学家的这些结果画成统计图，会是什么样的？

生：正反面的条形和中间一半的红线会非常接近！

（出示统计图）

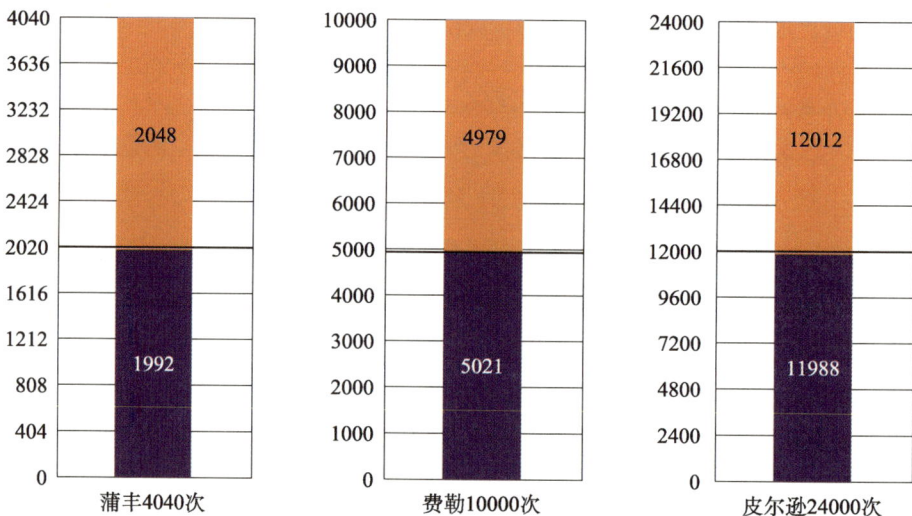

数学家抛硬币试验结果统计图

学生感叹：哇！

生1（情不自禁地）：几乎看不出来了！

师（立即追问）：看不出什么了？

生1：和中间那条红线都要重合了，几乎都是一半了！

生2：比我想象的还要接近！

【感悟】教师不似通常所做的只进行一次数据汇总便得出结论（这种简单的推断本身也与概率思维相悖），而是借助直观的统计图，让学生一再比较、体验从10次到100次再到成千上万次的变化。学生恍然：相等，原来就存在于不断逼近一半的过程之中！

师：同学们：皮尔逊抛了 24000 次。如果他再抛一次，第 24001 次会是什么结果呢？

生 1：不一定。可能是正面，也可能是反面。

生 2：我补充，不但正面、反面都有可能，而且正面和反面的可能性相等。

生 3：（疑惑地）我也觉得正反面都有可能，但我感觉反面可能性更大一些，因为皮尔逊前面抛的 24000 次，正面比反面多，所以，我想下一次更有可能是反面。不知我的感觉对不对。

生 4：我不同意你的观点，正面、反面可能性是相等的。我认为前面哪个面抛的次数多，对这次是没有影响的。

生 5：你看，我做的实验，我从 13 次到 19 次都是正面，我以为后面都是正面了，但是第 20 次又是反面了。然后我想是不是前面正面有点多，后面应该反面多了，但是 22 次开始又连续 3 次都是正面。所以，我还是根据大量实验的结果，认为应该是下一次正反面可能性相等。

师：用自己的亲身经验说明，前面抛的具体情况对下一次没有影响。（调侃着）是的，硬币可不记得它前面几次是怎么落地的。

【感悟】由上万次又回到"这一次"，实现了大量重复试验的"频率"向一次试验的"概率"的回归。

师：手势判断。抛两次硬币，一定一次正面向上，一次反面向上。

生：错！只抛两次，会有偶然性。

师：抛 1000 次，一定 500 次正面向上，500 次反面向上。

生：错！

师：抛得次数很多，怎么也不对呢？

生 1：不一定正好正反面次数完全一样的。

生 2：正面向上的次数会在 500 左右，很接近 500。

【感悟】不断地让学生辨析各种似是而非的观点，使学生逐渐对随机事件的偶然性与必然性有一个清晰的认识。

师：通过刚才的学习，关于抛硬币，你能得出什么结论？

生 1：抛硬币，正面朝上和反面朝上的可能性是一样的。

生 2：抛 2 次，抛 10 次，都不能确定哪个多；抛 100 次，抛 500 次，正面朝上的次数还是不能确定，但是我们知道正反面应该会差不太多。

师：也就是说，抛的次数少，会有偶然性，次数多了，就会有规律了。

一开始我们抛 10 次，有同学认为抛了 1 元、5 角不同的硬币导致抛的结果不同。现在你怎么想呢？

生 1：我想可能是抛的次数少的原因。

生 2：我不这么认为，我觉得现在我还不能得出结论，我想今天回家之后，我还要抛上几百次，才能知道是不是不同的硬币，正反面的可能性都相等。

师：我很欣赏你的坚持和执著！（学生鼓掌）你可以邀请好朋友帮忙，和你一块做试验。等着你的新发现！

【感悟】对不同声音的再次关注，使每个学生的体验都得到提升。关于概率的错误观念的纠正，是长期而艰难的工作。教师对学生的坚持持宽容、欣赏的态度，这份与结论是否正确无关的欣赏，能鼓励学生坚持、养成用事实说话的科学精神！

三、讨论、应用——其他规则的公平性

师：一张电影票，究竟给谁，除了抛硬币决定之外，刚刚同学们还提到了掷骰子。施老师的方案：大于 3，甲去；小于 3，则乙去。你觉得公平吗？

生：大于 3 的有 4、5、6 三种情况，小于 3 的只有 1、2 两种，大于 3 的可能性大，所以这个方案不公平。

师：怎么改一下，这个规则就公平了呢？

生 1：可以是抛到 1、2、3，甲去；4、5、6，乙去。

生 2：抛到奇数，甲去，抛到偶数，乙去。

生 3：也可以每人抛一次，谁抛出的数大，就谁去。

生 4：我觉得还有一个要求，就是这个骰子一定是均匀的，每个面都一样大才行。

师：大家讨论得特别热烈！有兴趣的同学课后可以利用骰子、扑克、转盘等，设计一些公平的游戏规则。

四、总结、延伸——等可能性的妙用

师：这节课我们学习了"游戏公平"，知道了"游戏公平"的背后其实就是可能性相等。可能性相等，和我们以前学的相等不太一样：试验次数少，是看不出来的，试验次数多，才能看出规律来。历史上，有数学家居然利用可能性相等，解决了一个难题。

1872 年，英国学者威廉·向克斯将 π 的值算到小数点后 707 位，为此，他

用了整整 20 年的时间。他去世后，人们在他的墓碑上刻下他一生心血的结晶——π 的前 707 位小数。此后半个多世纪，人们对他的计算结果深信不疑。

后来，英国数学家法格逊仔细地计算了向克斯 π 值的前 608 位小数中 0 到 9 这十个数字出现的次数，发现：3 出现 68 次，最多；7 出现 44 次，最少。他认为这个现象不正常。π 是体现大自然奥妙神奇的一个数，因此，法格逊有一个妙不可言却又很自然的猜想：在 π 的数值中，0 到 9 这十个数字出现的可能性应当是相同的。于是，他从 1944 年 5 月到 1945 年 5 月，花了一年时间，用当时最先进的计算机，终于确定向克斯 π 值 707 位小数中后 180 位是错的，更有意思的是在近 30 年以后，法国学者让·盖尤和芳丹娜对 π 值的前 100 万位小数中 0 到 9 这十个数字出现的次数作了计算，进一步证实了法格逊的猜想。

（学生静静地听着，感受着等可能性的神奇……）

课 后 反 思

选择"游戏公平"这一内容，是因为看到了当时概率教学公开课中的一些问题，也听到消息，说是因为老师普遍把握不好，小学阶段的概率内容有可能会普遍顺延。自己在学生时代对概率统计就很有兴趣，当时恰好应华应龙老师邀请，写对"统计与概率"的教学建议，认真阅读了不少统计与概率方面的书籍：如 C.R.劳的《统计与真理》、陈希孺的《机会的数学》、李俊的《中小学概率的教与学》、张远南的《概率与方程的故事》等。感觉自己有了点底气，就想尝试一下，看看小学生究竟适合学到什么程度。

这节课先用自己班的学生，学生思维极其活跃，他们坚持己见，争论激烈。印象中不时担心课堂失控，一节课下来浑身是汗，还有不少环节完成不了，但上得也很带劲。后来到育才学校上这一节课，张丹老师当时的评价让我十分激动，她说这节课是"迄今为止，我听过的小学概率课里最好的"。我也自认为我的设计无可挑剔。

两年后，听了华应龙老师用自制的暗藏机关的骰子上的"游戏公平"，课上许多学生甚至老师都想不到，这节课变成了让孩子们乐此不疲的游戏。当时我只有一个念头：相比而言，我的这节课似乎有点"学院派"，但也不知怎么去改进。

十年之后回头看，有些东西还是坚持的。如小学里学习"可能性"，需要做试验，并且一定需要大量的试验。但是有限时间和大量数据一直是无法解决的矛盾。把小组数据简单相加或把实验放于课前都只是权宜之计。现在我想到了更好的办法：可以 100 个、200 个硬币同时抛。前不久，在三年级教学"抛图钉"时，试用了一回。当实物投影仪上显示落地后 100 个图钉的模样，学生快速计数。现场真实的大数据有令人震撼的说服力。

回头看课尾我讲的"用等可能性推断圆周率"的故事，不禁哑然失笑。再看同一时期的课，几乎都有类似的"华丽"结尾。初到二小，面对知识面极广的学生，总觉得作为老师的权威受到了极大挑战，大概潜意识里首先的想法便是：我必须要拿出点你不懂的来"镇住你"！这些远离学生的"精彩"，不要也罢。

教学，如何更好关注潜能？
——"鸡兔同笼"教学实录[①]

🌱 课前慎思

"不仅要教知识还要教方法"已经成了教学界的共识，但是教什么方法却众说纷纭。不管什么词，加上一个"法"字就成了数学方法，便高人一等。怎么才能称得上是数学方法？我认为应该蕴含对数学理论与内容本质认识的数学思想，换言之，应有数学思想的灵魂。我们首先要做的是，对一般的数学方法和"招数"做出区分，对方法也应分出层次：如果把整个方法体系看作一棵大树的话，那么，有一些方法是根，另一些方法便是枝叶。小学里，无疑更应该关注有深刻背景的、能广泛迁移的、具有生长性的方法的根。带着这些认识，我开始了我的"鸡兔同笼"之旅。

在我国，"鸡兔同笼"问题作为一类有趣又重要的数学问题的代表，大量出现在各种数学书中。但是进入小学数学教材是 20 世纪六十年代，课改以后，在新课标实验教材里再次出现。

这个内容到底该怎么教？现在和以往有什么不同？与针对学有余力的孩子开设的数学乐园的教学又有什么区别？或者说已有的教学中有哪些值得借鉴？

我调查了一个班的学生，几乎人人知道"鸡兔同笼"问题，人人在课外学过，甚至一说到鸡兔同笼问题都会用上假设这个词，而能模仿、套着路子用假设

---

① 本节课是 2008 年 10 月中国教育学会小数专委会年会观摩课。

法解题的不到 1/4，真正理解的就更少了。问及我曾经辅导过的参加数学竞赛的学生（现在北大、清华、人大等就读），说到"鸡兔同笼"问题，他们几乎不约而同地选择了列方程来解；5 人中有 2 人甚至在我的一再提醒下，还是告诉我，忘了怎么用假设法了。走出小学数学教育这个圈子我才发现，假设法原来只在我们教师内部流传！

自当小学数学老师以来，这么多年我一直和数学竞赛打交道，对我而言，"鸡兔同笼"问题就是假设法早就是天经地义的事，但是我问自己：这方法是我自己想出来的吗？显然不是。如果说方法是普适性的东西，我更愿意把假设法称作是一种术，招术。

方程尽管是普遍适用的方法，但对没有系统学习代数知识的小学生而言，如何设未知数，如何找相等的数量关系，尤其是如何解这么一个方程都有相当难度，中学教材也涉及这部分内容，我没必要提前下放。同一内容，可以反复思考，不同阶段有不同的侧重点。思考调查后，我给这节课做了这样的定位：以"鸡兔同笼"问题为载体，教学最原始、而又最能广泛迁移的"尝试"。

没上这节课之前，我对尝试法打心眼儿里排斥，总觉得这是极没有思维含量、非常原始的一种方法，让人不由自主地想到行为主义关于动物学习的"试误"说。动物都会的本能，还用学吗？在对二者不同本质的探寻中，逐渐清晰地区分二者的不同：动物的"尝试"没有目标，是盲目的试；而我们要做的是有计划、有顺序的尝试，需要理性的分析和调整。如何基于数学思考进行分析调整是这节课所要解决的问题。尝试过程中伴随着不断的猜测，等猜测变成确定的规律之后，就达到了尝试的最高境界——不试。动物尝试的过程中，没有毅力一说，不放弃的唯一理由也是外在的刺激——食物的诱惑，我们需要的是自我激励，需要勇气，需要坚持。反复的学习思考之后，我重新认识了尝试法；尝试往往伴随着失败，但是又与创新紧密相连；在尝试的过程中，不仅有方法技巧，更有科学精神的熏陶。

课堂实录

一、提出问题

师：喜欢猜谜吗？有个问题，它历史悠久，至今已经有 1500 多年了；它流传广泛，世界上许多国家的大人孩子都研究过它；它出自我国古代的数学名著

《孙子算经》；问题里提到两种常见的动物。

生："鸡兔同笼"！

师：知道"鸡兔同笼"的请举手！

（全班都举起了手）

师：大家都知道啊！既然这样，说说看，你都知道些什么？

生1：就是鸡和兔关在一个笼子里，告诉你有多少个头，多少只脚，然后问你有几只鸡，几只兔。

生2：我还知道解决这个问题，用假设法。就是假设全是鸡，然后算算有多少只脚，再和题目中的脚数相减，看看相差多少，然后要用鸡换成兔，就能求出兔的只数。

师：有多少同学会他说的这种假设法？

（大部分学生举起了手）

二、引导尝试

师：这么多同学都会。那这节课我们还干什么呢？

这样，我教你们另外一种方法，你们想学吗？

（生点头）

师：（故作不解地）为什么？

生1：我认为只有自己的方法是不够的，学习新的方法可以提高我们的思维能力。

生2：学习新方法，不但可以完善自己原来的方法，而且可以检验一下原来的答案是不是对的。

生3：不同的方法可能有它不同的适用范围！

师：说得真好！我这儿就有一个"鸡兔同笼"问题。

（出示：鸡兔同笼，有12个头，30条腿。鸡、兔各有几只？）

师：我向大家推荐的方法是——（板书）尝试。什么是尝试呢？

生：我认为就是自己想一个数，再到题目里检查一下，看看对不对。

师：是的，"尝"在字典里就是"试"的意思，尝试就是（学生插话——试试）。说到尝试，同学们一定不陌生，生活中经常会用到。比如，我给你一串钥匙，让你去开办公室的门，你要不知道是哪把钥匙的话，这时就要——（学生：一把一把地试）

师：一般来说，尝试一次就成功不太可能。你准备先试什么，再试什么，有一个初步的考虑后，拿出课前发的表格，把尝试的过程写在表里。

（学生独立尝试，教师巡视。约3～4分钟后，小组交流。教师深入2～3个小组倾听，偶尔提问）

三、汇报交流

师：小组讨论非常热烈！哪个小组愿意把你们组都认可、欣赏的方法推荐给大家？并简单说出推荐理由。

组1：（呈现如下表格）

鸡（只数）	兔（只数）	腿（条数）
1	11	46
2	10	44
3	9	42
4	8	40
5	7	38
6	6	36
7	5	34
8	4	32
9	3	30

我们先尝试鸡是1只，兔是11只，这样算，鸡有2条腿，兔有44条腿，一共是46条。接着，我们又试了鸡是2只，有4条腿；兔是10只，有40条腿，这样腿就有44条，还是不对；我们再试了鸡是3只，兔是9只，腿就有42条——

师：孩子们，我想，你们试的过程，我们大家从表格里都能看得很清楚，我们现在想知道的是，你们为什么要推荐它？

组1生1：我们推荐这种方法，是因为它很简单，适合我们全体同学。

组1生2：在表格里，大家能很清楚地看到数据是怎么变的：每次鸡增加一只，兔子减少一只，腿的总数就少2。这样就很快找到正确答案了。这就是我们的推荐理由。谢谢大家！

（全班学生给予掌声表示欣赏赞同。台上学生欲拿回作品回座位）

师：别着急，同学们还有问题想问你们呢！

生1：为什么后来你们再试的时候，你们只试鸡的只数增加的情况却不试鸡的只数减少的情况呢？

生：我们是从 1 只鸡 11 只兔，（也就是）从头开始试的，鸡最少有 1 只，当然只能慢慢增加不能减少了！

生 2：我还有个问题，既然你们看出 1 只鸡、11 只兔有 46 条腿，腿数远远大于 30，为什么你们还要一点点地增加，不一下子把鸡的只数多增加一些呢？这样不就更简便了？

师：施老师发现你的水平很高，已经在很巧妙地介绍另外的方法了。一会儿我们再来听你说，好吗？

师：我们一起再来看他们组的尝试，成功地找到结果了。他们的尝试有什么特点？

生 1：他们是按每次增加一只鸡，减少一只兔这么个办法来试的。

生 2：我发现他们的尝试特别有顺序。

师：是的，他们把鸡、兔共 12 个头的情况有序地列举出来，（板书：有序列举）这么有序地一一列举，有什么好处？

生：这样就不会漏掉哪种情况，而且不会有重复。

师：是啊，地毯式大搜索会特别保险，保证不会有漏网之鱼。

生：有序地列举，还容易发现规律。

师：哦，还有这个好处：能发现规律？同学们发现了什么规律？

生：我发现鸡增加一只，兔子减少一只，腿就减少两只。

（学生点头认可）

师：发现这个规律有什么用？

生 1：发现这个规律，我们就不用硬算了，就可以根据这个规律去找。每次腿减少两只就行了。

生 2：我补充：46 条腿比要求的 30 条腿多了 16 条，是 2 个 8，所以鸡要增加 8 只，兔要减少 8 只。鸡就是 1+8=9 只。

师：真厉害！发现了规律，都不用再试了，可以直接跳到正确的结果。其实这个方法和一开始同学们说的假设法是不是很相似？其他组有不同的推荐方案吗？

组 2 生 1：我们组的方法和他们差不多，也是先想 1 只鸡、11 只兔的只数，算一算有多少条腿，再一个一个地往下试。但我们是先从鸡、兔各有一半开始试的。6 只鸡、6 只兔共有 36 条腿，比 30 只多，我们认为鸡一定比兔子多，这样我们一个一个地试，最后试到 9 只鸡 3 只兔是 30 条腿。

组 2 生 2：我们认为这种方法比较简便。

组2生3：我们不像他们组那么麻烦，试了那么多次。

鸡（只数）	兔（只数）	腿（条数）
6	6	36
7	5	34
8	4	32
9	3	30

师：等一下，你们这个方法确实很简单，我们从表里能看到，只试了1、2、3、4次就找到结果了。凭什么这么简单？如果简单是因为碰巧运气好，那我们也没法学，简单的背后原因到底是什么？

（下面许多学生跃跃欲试）

师：你们的知音还真不少！看看他们能不能说出你们的心里话？

生1：从鸡和兔各占一半开始试，试完之后就能看出到底是哪种动物多了。

生2：从鸡、兔各一半开始试，就是36条腿，离正确答案更接近。

生3：先假设鸡和兔各占一半，如果算出的腿的条数比30条多，那就增加鸡减少兔，如果算出来的腿数比30条少，就反过来。这样就能更快地找到答案。

生4：从中间开始试，就可以使尝试的范围缩小一半。

生5：我同意你的观点，但给你纠正个说法：尝试的范围缩小了一半不是两倍。

师：（板书：分析调整）从刚才几个同学的发言中我听到了这两个词（指板书），你们的尝试不是没有根据的，而是通过对问题进行分析后再做调整，才使尝试的过程变得简便。6只鸡、6只兔，是36条腿，有的人只看到36≠30，这是一次失败的尝试；而咱们好多同学还能从中分析得到更多的信息：36不仅不等于30，36>30，腿多了，说明（学生：兔子多了），兔子多了，当然要减少兔子增加鸡，所以我只会往鸡增加这个方向再去尝试，大大缩小了尝试的范围。通过思考分析之后作出调整，就能更快地成功！

师：我记得刚才有个同学还有个好方法要介绍，是吗？请——！

生6：我是从1只鸡11只兔开始试的，但我是跳着试的，所以也很快找到了结果。

鸡（只数）	兔（只数）	腿（条数）
1	11	46
5	7	38
9	3	30

师：（故意地）你一下子从 1 只鸡跳到了 5 只鸡，你就不怕把正确答案给跳过去了？

生 6：我是看到腿多了很多，所以估计鸡要增加不少，所以说我跳着试是有根据的！

师：我喜欢这样有根据的跳跃！

生 7：（激动地）我给她补充：就算发现跳过了，也没关系！再回头试，那样就不用再把鸡往大里试了，范围也缩小了很多！

（老师点头赞许）

生 8：我们是从 11 只鸡、1 只兔开始试的，这样算总共有 26 条腿，离结果 30 很接近，所以这种方法更简便。

生 9：我第一步就试了 8 只鸡 4 只兔，有 28 条腿，第二步就成功了。因为我通过分析条件，12 个头才 30 条腿，平均一只动物不到 3 条腿，我就知道鸡的只数一定比较多！

师：大家的方法各不相同。但这些不同的方法中，却有着相同的地方！

生（齐）：都是对问题、对尝试的结果进行分析，然后再做调整的。

师：真善于总结！

刚才小组交流的时候，我看到这样一幅作品：

鸡（只数）	兔（只数）	腿（条数）
6	6	36
5	7	38
8	4	40

那个小组没推荐它。

（学生小声议论：没做完呢！太乱了，没顺序！算错了！）

师：是的，试了几次，还没找到结果。可以说，这几次尝试都失败了。那么，这几次失败的尝试是不是毫无意义，和没试一样呢？

（一些学生附和："是"。另有几个学生十分激动："不是"，随后举起了手）

生 10：这几次尝试尽管失败了，但可以知道，已经有三种想法被排除了！所以不能说这些尝试是没有意义的。

师：认识真深刻！你的话让我想到了一位科学家——爱迪生。爱迪生在发明灯泡时，试着用了 1000 多种材料做灯丝，助手灰心地说："你已经失败了 1000 多次了，成功很渺茫，我看你还是放弃吧！"但爱迪生却说："我不这么认为！我认为我成功了！我成功地发现这 1000 多种材料是不能做灯丝的！"最后爱迪生在 6000 多次失败之后，终于成功找到了做灯丝的材料。同学们，这位同学如果试下去，能成功吗？

生 1：能！

生 2：不能！大家看，首先，他的尝试很没顺序，一会儿把鸡减少，一会儿又把鸡增加，那就很容易试来试去，把正确的给漏掉了！大家再看，他这里还算错了！8 只鸡 4 只兔，不是 40 条腿！所以我觉得他如果不思考，不调整自己的想法，是不可能成功的！

师：谢谢你，这么认真地对待别人的失败！你的话让我们的分析变得深入！（对作品的主人）孩子，通过刚才的讨论，你现在有什么想法？

生 13（有一丝窘迫，小声但又很坚定地）：我的尝试也是有顺序的，我先是试着减少鸡增加兔子，但是我发现腿更多了，所以我就朝反方向去试，增加兔子减少鸡，但是这次我算错了，才算到腿仍然变多了。我就没再试下去。再有点时间我一定能发现自己的错误的！

师：你特别会反思！（带头鼓掌）一次没完成的尝试，带给大家这么多收获，真好！

四、巩固应用

师：通过刚才的学习，同学们对尝试这一方法一定有了新的认识，带着这些认识，我们再来看另外一个问题：

今年妈妈 28 岁，乐乐 4 岁。几年后，妈妈的年龄是乐乐的 4 倍？什么时候妈妈的年龄是乐乐的 9 倍？

这两个问题，你们准备怎么试？把你们尝试的过程写在背面！

（学生独立尝试。一会儿，一些学生兴奋地想说答案。"解决了第一问的，可以想想第二问！"老师示意暂缓，并与个别学生小声交谈。数分钟之后）

师：找到结果了？第一问的答案是多少？

生：4 年！

师：多少人通过自己的尝试，成功解决了这个问题？

（约 2/3 的学生举起了手）

师：同样的结果，尝试的方法可能是不同的，好方法让我们大家来分享！谁愿意先说？

生 1：我是这么试的！1 年后，妈妈 29 岁，乐乐 5 岁，不是 4 倍；2 年后，妈妈30岁，乐乐6岁，是5倍，还不行；……直到4年后，妈妈32岁，乐乐8岁，正好妈妈的年龄是乐乐的4倍。

生2：我只尝试了2次！大家看，我只试了2年后，4年后，我是这么想的——

师：（打断）同学们，猜一猜他把1年后、3年后这些情况直接给排除了，是什么依据？

（数秒之后）

生：我知道了，因为最后要求妈妈是乐乐的4倍，那么妈妈的年龄一定是双数，所以只能两年两年地加！

师：怎么样？欣赏这个方法吗？

生：欣赏！他通过思考，排除了一些情况，使尝试更简便了！

师：第二问呢？

生1：我试了好多次，还是试不出来！

（几个学生小声地呼应："不可能！"）

生2：（激动地）我找到答案了，应该是1年前！一开始我也是往后试，但是我发现了一个规律，越往后，妈妈年龄是乐乐年龄的倍数越小，所以我就猜想妈妈年龄是乐乐的9倍应该是以前的事，我往前倒推，果然1年前妈妈27岁，乐乐3岁，正好是9倍！

（学生给予热烈的掌声）

师：掌声因何响起？

生3：我很佩服他！他在尝试的过程中像爱迪生那样，面对失败进行思考，发现规律，就找到了尝试的方向！

五、回顾总结

师：对尝试这一方法，现在你怎么看？

生1：我认为，并不是任何问题都有现成的方法能解决，许多时候需要我们去尝试。

师：同意！面对新问题，尝试法更有用武之地。

生2：学数学，只有不停地去尝试，你才能取得成功！生活中也是这样！

生3：遇上一个问题，无从下手的时候，不见得非要想一个高明的方法，用这种有点原始的尝试法，一点点地去试，也能找到答案！

生4：以前我觉得"鸡兔同笼"这个问题很难，用假设法步骤很多，我老要忘掉。但用尝试法，我觉得就很简单！

生5：尝试不是傻试，也要动脑子分析，思考得越多，排除的就越多！

师：是啊，尝试的学问还真不少！首先需要像第一个吃螃蟹的人那样，勇敢地去试；尝试过程中必然伴随着失败，面对失败，不仅需要像爱迪生试灯丝那样的坚持，更需要对尝试的结果进行不断的分析，调整、才能更快地成功！

（布置作业：尝试解决孙子算经中另一道名题"有物不知其数"）

课 后 对 话

什么方法更有价值？

——王尚志教授访谈录

施银燕（以下简称"施"）：王教授，请教您一个问题。"鸡兔同笼"问题自从进入小学教材后，老师们的教法有多种，比如，大家都推崇"假设法"，因为它十分巧妙，但比较难理解和掌握，所以老师们想出了讲故事、画图等办法来诠释这种方法。大家赞叹其生动、易接受，也有老师非常欣赏《孙子算经》中的解法——"砍足法"，非常简捷并且还很有"文化"味。相比而言，我们这节课用的"尝试"就有那么一点争议：是不是太笨了？在您眼里，您觉得这些方法哪种更好一些？或者说在小学怎么教更合适？

王尚志（以下简称"王"）：首先，我们先不谈方法的好和坏。先跳出这个问题，站在学生的角度想一想，如果第一次碰到"鸡兔同笼"问题，12个头，30条腿，我们会怎么想？从寻求解决这个问题的方法出发，我们可能就这个问题思考得更深入。

也许，学生会觉得又是头，又是腿，很复杂，那么先从符合12个头这个条件想起：可能12只都是鸡，或者11只鸡，1只兔；10只鸡，2只兔；……那么教师就可以充分利用学生的想法，鼓励学生沿着自己的思路走向成功。当然，在这个过程中，学生也许会出现无序、举不全的情况，教师可以顺势引导：还有哪几种可能？好教师帮助学生会不露痕迹，学生自以为是自己想出来的！

刚才这个方法我们不妨称其为"穷举"法。那么，也有学生可能会从"6只鸡6只兔36条腿"和题目要求的"30条腿"中去找差距，教师可以提醒"腿多了说明什么问题"，引导学生去发现！这样学生可以通过不断的调整，找到答案。在这个过程中，第一重要的不是学生试了几次，而是能根据结果进行正确的推理，这样他们的认知水平就能很自然地迈向下一步。

施：在这个调整的背后是不是有点逼近、极限的意思？

王：可以这么理解。你要说在小学里教极限，教区间套，那不现实，但这里完全可以渗透这些东西。但是有的时候，教师往往太着急，急于走向既定的结果，于是学生就失去了推理能力，失去锻炼的机会。

施：是的，只有过程充分展开了，方法的渗透才有可能。

王：再比如说你们说的假设法，讲得很生动，让兔子都起立，这样地上就只有24条腿，实际有30条，多的6条腿是谁的？是兔子的前腿，于是问题就解决了。而这里我们可能需要让学生思考的是为什么要让兔子站起来？

也可能学生会根据条件想到，鸡+兔=12，这与学生原有的认知接轨，很有道理，这不就是方程吗？进一步：兔×4+鸡×2=30。可能教师比较容易忽视这种表达，非要xyz才是方程，事实上，数学是符号的语言，但符号是人定的！

施：我倒觉得这种很朴素的方法是我们希望看到的，但好像学生不太容易产生。

王：学生自然而然产生的方法究竟是怎样的，我们可以再去做个调查，这是很有意义的事。

现在教师们中间有一个认识值得讨论：教最巧的方法是最好的，认为巧是聪明的标志。我建议对好方法作重新思考：对学生而言哪个更自然，可能更为重要。因为一方面它能树立起学生解决问题的信心，另一方面能给学生更多的空间。不存在最好，各种方法都有其可取之处和不足之处。从数学的角度看，我们首先需要思考的是：什么方法更有潜能，适用范围更广泛？是通性通法。从这个角度看，我们绝不能贬低穷举法。穷举在数学上可说是最朴素也最广泛的方法，它是我们分类思考必然的结果。再比如，我们刚才举的逼近的方法，6只鸡6只兔，一共36条腿，腿多了；10只鸡2只兔，28条腿，腿少了，那么结果一定在这个范围之内，再不断调整。这里体现的思想，在以后整个高等数学中都占十分重要的地位。连续函数 $f(x)$，如果 $f(a)>0$，$f(b)<0$，则必有 $f(x_0)=0$（$a<x_0<b$）。当然，这个东西教师了解即可，没有必要也不能向学生卖弄。

施：您说的对我们很有启发！好方法，从学生的角度看，它是否自然，是否来自学生，也就是一定要有生成的基础；从数学的角度看，得看它在整个数学体系中的地位，就是您说的是否有潜能。我甚至觉得这两者往往是一致的，越是自然的，也越有潜能！谢谢您！

专家点评

好课，要舍得"浪费"时间

华应龙

"尝试"有没有学问？"尝试法"的教学有没有价值？用这样一个蕴含着巧妙技巧的课题，花这么长时间来教尝试法，会不会是小题大做？

这是很多教师听完这一课产生的疑问。

但从高等数学学习、从研究和生活实际来看，我认为，"尝试法"大有用武之地，正像老子说的"大智若愚，大巧若拙"。

仔细想一想，我们的学生是否碰到一个新问题，往往束手无策，不敢尝试，不敢下笔？当我们能够坦然面对失败，学会"从错误中学习"，是否就会别有洞天、风光旖旎？我想这就是这节课师生都不愿意下课的魅力所在。

傻瓜也会的"尝试法"，是不能"快教"、不能"精教"的，得让学生像"傻瓜"一样慢慢地尝试，慢慢地感悟。"蝴蝶破茧"的道理大家都懂，心急的好心人用剪刀去帮忙，结果会怎样？

"最重要的教育原则是不要爱惜时间，要浪费时间。"

这句话出自卢梭之口，今天听来，简直是谬论。然而，卢梭自有他的道理。

卢梭为其惊世骇俗之论辩护说："误用光阴比虚掷光阴损失更大，教育错了的儿童比未受教育的儿童离智慧更远。"

我相信卢梭说的这句话。

在希腊文中，学校一词的意思就是闲暇。在希腊人看来，学生必须有充裕的时间体验和沉思，才能自由地发展其心智能力。正因为如此，当下，不少有识之士纷纷喊出了"教育是慢的艺术"的口号。

可能我们还是要追问：孩子为什么要来上学？我们的教育是培养聪明的孩子还是培养智慧的学生？这两者有什么实质性的差异？

美国学者贾尼丝·萨博把培养"聪明的孩子"还是培养"智慧的学生"的两种教育概括为——

聪明的孩子	智慧的学生
1. 能够知道答案	1. 能够提出问题
2. 带着兴趣去听	2. 表达有力的观点
3. 能理解别人的意思	3. 能概括抽象的东西
4. 能抓住要领	4. 能演绎推理（我认为应是"能归纳推理"）
5. 完成作业	5. 寻找课题
6. 乐于接受	6. 长于出击
7. 吸收知识	7. 运用知识
8. 善于操作	8. 善于发明
9. 长于记忆	9. 长于猜想
10. 喜欢自己学习	10. 善于反思、反省

由此观施银燕老师的"鸡兔同笼"，其教学价值就不用多说了。

有朋友要说："要浪费时间？那还不容易！"其实不然。如果说教育即生长，那么，教育的使命就应该是为生长提供最好的环境。什么是最好的环境？第一是自由的时间，第二是好的老师。让学生充分"自主、探究、合作"，就更需要教师具有苏格拉底式的反问功夫，来催生学生的智慧。

这节课，在各小组出示完自己的"作品"后，施老师推荐了一份未完成的表格，引发大家对失败的讨论，凸显了这节课的数学精神和人文意义：不单单是会尝试，更重要的是敢尝试。尝试，就一定会有失败。怎么看待失败？经过这样的反问，孩子们很好地体味到"尝试没有不失败的，除非你不再尝试"的真谛。

课堂中，教师当"勇敢地退，适时地进"。让学生"磨洋工"之后，更需要彰显教师提炼、概括的功夫，促进更多的学生更好地发展。请看课中施老师的一段总结——

从刚才几个同学的发言中我听到了这两个词（指板书"分析""调整"），你们的尝试不是没有根据的，而是通过对问题进行分析后再做调整，才使尝试的过程变得简便。6只鸡、6只兔，是36条腿，有的人只看到36≠30，这是一次失败的尝试；而咱们好多同学还能从中分析得到更多的信息：36不仅不等于30，36>30，腿多了，说明（学生：兔子多了），兔子多了，当然要减少兔子增加鸡，所以我只会往鸡增加这个方向再去尝试，大大缩小了尝试的范围。通过思考分析之后作出调整，就能更快地成功！

也有反过来的，教师"画龙"，学生"点睛"。

在这样的课堂上，我们看不到老师急切地想把结论奉献给学生的浮躁，看不到大部分学生似懂非懂的照搬，看不到后进学生不知所措的茫然，看到的是"采菊东篱下，悠然见南山，山气日夕佳，飞鸟相与还，此中有真义，欲辨已忘言"的美妙……

"鸡兔同笼"的教学如此，其他课的教学呢？

好课，不在小技巧，而在大胸怀。

教育价值的追问

余慧娟[①]

听了施老师的这节课，我感到十分诧异。她走了一条很"另类"的教学道路。

这个另类，不只是因为她选择"通性通法"的独特价值判断，并引出一大串令人深思的问题。从更大的教育视野来看，我以为，这个选择里，还包含了今天的义务教育中十分匮乏的大众教育思想。

试想一想。这节课谁受益最大？我以为，肯定不是那些最优秀的学生，也不是那些最聪明的学生，而是大多数学业成绩中等乃至下等的学生。

通性通法，其内涵的另一种言说，就是"大众化"。不仅使用范围广泛，而且也容易为多数人吸收、内化。

值得深思的是，教育的大众化，是否就意味着低级，意味着肤浅？我看未必。大众教育，最重要的思想，是让大多数学生能够以他们可接受的方式享有教育，让所有的学生，都能够从教育中获得一份自信，获得一种向上的精神状态，获得一种探究未知世界的勇气。

"鸡兔同笼"问题，前20年里，都没有进入教材，为什么？恐怕很重要的原因，就是因为一直定位于教"假设法"。这个门槛，对多数学生来说，实在太高了。于是，它就成为了学生"课外学习"（其实就是奥数学习）的一个经典题。今天，它进入教材，恐怕是因为很多人又看到了它"亲切"的一面，它能够成为学生大众的"朋友"。施老师的选择，就是一个例证。

"可接受"，原本是教学中最基本的一个原则。无奈的是，在升学的高压之下，很多课堂放弃了它，在教学方式上崇尚"多、快、好、省"的激增道路，在教学内容上崇尚高技能高技巧。最终，教育生产出来的只是"学科匠人"，是催生物，而不是真正有良好潜质的"学科精英、优秀公民"。

---

① 余慧娟系《人民教育》编辑部教学编辑室主任。

在我看来，大众教育至少应该有两个维度：宽度和深度。宽度，就是前面谈到的可接受性。而这里的深度，绝对不是难、不是尖，更多的是空间，是其潜在的能量。这种能量的存在，使有限时间内的课堂教学，能够让所有的学生都得到应有的生长。义务教育，作为一种公共服务，理应做这样的价值取舍。从这个角度而言，我以为，施老师的选择更加意味深长。

补 记

本节课于 2006 年 11 月参加北京市西城区"金秋杯"教学大赛获一等奖。录像送报市教研室，受到吴正宪老师的肯定，剪辑的教学片断成了国家级骨干教师培训班的培训材料，两年后在 2008 年 10 月中国教育学会小数专委会年会观摩。关于这节课的定位——"鸡兔同笼"不教假设、不教方程，从头到尾只教"尝试"——在当时引起了广泛讨论。余慧娟主任恰好也在观摩现场，承蒙她的厚爱，本课思考与实录以"鸡兔同笼的另类教学"为题在《人民教育》发表。而在2011 年课标修改稿中，以鸡兔同笼问题为载体，教学"尝试"，已经成为课标中的推荐案例，其价值渐渐为老师们认同，便也谈不上"另类"了。由此可见我之前的思考与探索还是有意义的。

数学，让学生学会讲道理
——"确定位置"教学实录①

🍃 课前慎思

用数对确定位置是课改后小学数学中新增的内容，因为新鲜而受到不少人的青睐。几年下来这一内容的教学几乎有了一个固定的模式。

首先，通常都是从座位表引入。

座位表中讲台位于最下方，这样孩子们习惯从前往后数正好对应着座位表中从下往上的方向，与坐标系中纵轴的正方向一致。然后在教师的引导和要求下用

---

① 2009 年 11 月，我代表北京城区参加中国教育学会小学教育分会第二届课堂教学大赛讲授本课，获一等奖。

统一的说法即"第几列第几行"（或"第几组第几个"）来描述位置。这是为了和后面坐标的先横后纵一致。

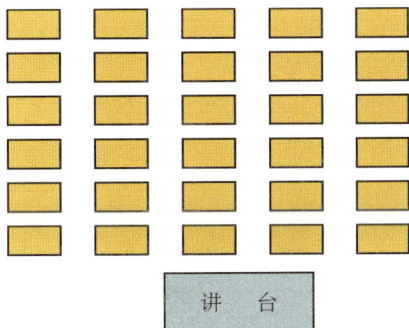

在坐标系尚没有建立的时候，就开始限定学生用单一的第几组第几个（或第几列第几行）来描述位置似乎并不妥当，我认为这时候的描述应该是多样的。

紧接着教师提出这样的问题："第3列第2行"太麻烦，能否再简洁些？

于是学生开始了各种创造：3-2，3.2，3（2）等等。

我觉得这个问题的提出没有道理，没有任何解释和说明，就凭3和2怎能确定位置呢？"从左数起的第3列，从下数起的第2行"与"3，2"提供的信息量并不是对等的。其次这个问题也不具有探索性，让学生简洁，他自然要舍弃些内容，而3和2是必须留下的，所以没什么意义。

最后教师会组织大家讨论，体会到数对的标准表示（3，2）——"用逗号隔开，外加一个括号"——的合理性和优越性。我认为数对的表示形式有其道理，但数对最终选择这样的表示形式还是有一定的偶然性和规定性。既是规定性，也就无需讨论。

以上分析可看到，老师所做的努力其实是为了让学生记住一些规则（如横轴从左往右，纵轴从下往上，坐标先横后纵及数对的标准写法等），给这些本是规定的规则赋予了人为的意义（如因为座位从前往后，所有纵轴就得从下往上，这之间根本没有什么因果关系）。在这个过程中，教师厚此（数对确定位置）薄彼（自然语言描述位置），认为前者简洁因而有数学味，后者似乎只是为了体现数对的优越性而作为"反面典型"而存在。

数学本应该是讲道理的。但是在这样的教学中我们看到的更多的是教师的不讲理。

首先，不断追问着"怎样更简洁地表示"中逼出数对这一过程毫无道理。在低年级学生学习"上下左右"等方位词时，如果学生说"小明在第3个"，老师一定会追问"是从左数起的第3个，还是从右数起得第3个？"让学生明白描述位置时方向的重要性。学生终于学会完整描述位置了，教师又开始嫌不够简洁了。要完整时就得完整，想简洁时就得简洁，不是强词夺理是什么？

其次，许多规定，如坐标轴的方向、数对中的序、数对的书写形式等主要还是一种规定，既是一种规定也就是带有偶然性的约定俗成。对学生而言知道并记住这些规定就足够了。本是偶然现象，在此大做文章非探究出必然的原理来，不也是不讲理吗？

既然强调简洁、强调数对的形式是不讲理的，那么什么是"确定位置"一课能讲的理呢？因为只有找到其中的道理，探究才有可能。

有道理的，一定是必然的。当我不清楚什么是必然的，循着数学发展的轨迹不失为一种办法。于是，我想到了笛卡尔。教学这一内容时，大家都会提到他。但是无论是前述所谓的探索还是教材上的简单告知，似乎都不足以体现这一"数学史上最伟大的发明"应有的思维含量。

我反复问自己，什么是重要的？思考后必然的东西应该是重要的。什么是思考后必然的东西？我选择了维数和坐标系。平面上的点，需要从两个维度来刻画它。怎样让学生能认识到建立二维坐标系是必然的呢？想到在一年级数学里数轴的"形象代言"——直尺，我眼前一亮，就借助直尺，一把量出左右的程度，一把量出上下的程度，两把尺子量出了两个数，位置不就唯一确定了吗？然而学生显然对我苦思冥想出的"形象坐标系"毫不领情：他们完全不明白我要干什么！

感谢王尚志和刘加霞两位老师的指点。他们两人不谋而合地指出重要的是对"参照点、方向、单位"的体会，我百思不得其解。这不就是我们中学数学必须要学的坐标系的三要素吗？坐标系都无法说，如此抽象的坐标系的要素又怎么可能让学生去体会呢？我十分茫然。王老师随后的一些话语让我感触颇深："不要以为描述一个位置是一件很容易的事"，"照片中，以××为中心，谁谁在他的前2右3。前2右3，不就可以看成（-2，+3），实质是一回事。认为后者才是数学的，是十分狭隘的观点。"我们原来觉得清楚地描述一个位置是学生已有的知识，而从自然语言描述到用数对来描述，我们肤浅地认为数学化就体现在形式化或者简洁化上。我在想：在自然语言里，本身就包含着参照点、方向、单位等要素，而从自然语言描述到用数对描述的前提是建立坐标系，目的只是使得这些要素和数实现分离。这二者之间更多的是联系而不是厚此薄彼。我豁然开朗！所以不必非得建立形式化的坐标系，而是在用自然语言描述位置时就可以对这些要素进行体会！

数对确定位置，道理不在数对（坐标）本身，而在于要实现用数对确定位置究竟需定下哪些要素，这正好与笛卡尔思考的"如何实现点与数的对应"这个问题是一致的。坐标系，只不过是这些规则的物化罢了。把建立坐标系替换成制定规则，在规则中分解出坐标系的要素（原点、方向、单位）让学生体会，在最重要的问题上做文章，学生经历着类似笛卡尔那样的思考，这才是有道理可讲的数学！

有了这个想法之后，随后的教学设计几乎就是自然而然的了。本课目标如下：

1. 经历探索制订规则用数对来描述位置的过程，体会制定并统一规则的重要性。

2. 借助方格图，能根据既定规则，实现点和数对的转换。

3. 初步体会平面上的点和数对的对应，以及数对特征和图形特征之间的密切联系，感受数对的价值和数学的好玩。

课堂实录

一、创设情境，描述位置

屏幕上快速随机冒出海盗地鼠和可爱地鼠，学生点击海盗地鼠，有鼓励声；如果学生点击可爱地鼠，屏幕上有出错提示。

师：同学们，玩过打地鼠游戏吗？谁来试试？

（一位学生试玩，其余学生观察）

师：还想玩吗？

生：（兴奋地）想！

师：（故意地）继续玩这个难度的，还是高级一点的？

生：难一点的！高级的！

师：好，下面我们玩——双打！

（学生好奇地看大屏幕上的游戏规则：

A：看屏幕，记好地鼠的位置，并说出地鼠的位置。

B：先不看电脑和屏幕，根据 A 的描述，找到隐藏的地鼠再打）

（教师请出两位同学。屏幕出示第一只地鼠）

师（问 A）：看清了吗？

A 点头。

（屏幕隐藏地鼠）

师：B 同学请转身，拿好鼠标，准备——

A：地鼠在第二行的第三个。（地鼠实际在从下数起的第二行）

B 打了从上数起的第二行的左起第三个。屏幕显示"错啦！"

师：怎么回事？（屏幕重新显示地鼠）

A：我说的是从下数起的第二行，他却从上数起。

师：看来，要万无一失地说清楚一个位置，一定要加上——

生：（自由地）数的方向！

师：再试一次？

（第二次游戏成功，略）

师：说得清楚，打得准确，祝贺两位！刚才，A 同学是怎么说清地鼠的位置的？

生：他是这么说的：从上往下的第三行，从左往右的第二个。

师：（边板书记录边说）从上往下，我们说行，从左往右，我们就可以说列。

二、自定标准（坐标系），用数对描述位置

师：还玩吗？

生：还玩，玩更高级的！

师：请看下一关！

还是双打。不同的是，这回只能用——两个数来说地鼠的位置了。你们行吗？

学生困惑。

A（试探地）：老师，能让我们两个人先讨论一下吗？

师：大家的意见？

好的，这样，同桌两人搭档，商量商量：让你俩合作，只说两个数表示一个位置，要先定下些什么？

（同桌两人小声地商量）

师：商量好了吗？随便请一组！

你俩谁说？请你在这儿看，用两个数说出位置，（对另一位）你到黑板上来打！（黑板上课前先画好的 6×6 的点阵），用红笔圈一圈，并把他说的数记下来！我们大家一起来当裁判！

开始！

（屏幕依次在三个位置显示地鼠：（2，3）（即左数第 2 列下数第 3 个，以下同），（1，5），（5，4））

生 A 依次报：4，2；2，1；3，5

生 B 依次正确圈出。

全部打完后，学生自觉给予了掌声。

师：配合得真默契！

知道他们是怎么商量的吗？

生：他们是从上往下，从左往右数的。

生 C：我给他补充，他们都是先说行，再说列的。

师：是的，他们商量的其实有两层意思，一是规定了两个数的顺序，他们都是先说行，再说列的。二是还规定了数行和列的方向。他俩统一，行都是从上往下，列都是从左往右的。

（板书：规定　顺序　方向）

这么一规定，问题就解决了！

师：（指学生板书）谁注意到，他在 4，2 的中间还写了什么？

生：加了"顿号"！

师：为什么要加顿号？

生：这样就能把两个数分开，要不就成了 42 了！

师：真会想问题！

施老师稍稍改一下，中间换成"，"，再用"（　　）"括起来，合起来表示一个位置，好吗？通常把它叫做数对。

（板书：数对：（4，2））

在这里，（4，2）是什么意思？

生：4，2就是从上往下第4行，从左往右第2个。

师：规定了方向和顺序，一个数对就能表示一个明确的位置。

用这样的办法，在生活中许多时候我们也可以用数对来确定位置。

比如，教室里描述同学的位置，我们规定些什么，就可以用数对来表示了？

想一想，我们怎么规定？在这个规定下，你的位置和你一位好朋友的位置用数对怎么表示？把这两个数对写下来！

学生独立思考后，同桌两人小声地交流。

师：谁愿意把你的想法告诉大家？

生1：我是这么想的，我用（3，5）表示自己的位置，3表示我在第3行，从前往后数的，5表示从左往右第5个。我好朋友的位置是（4，6）。

生（齐）：是刘××！

师：很高兴认识你，刘××！他用（4，6）表示你的位置，你自己又是怎么表示自己的呢？

刘：我的数对是（6，4）。

师：明明是同一个人，为什么他们写的数对却不一样？

生2：他们的方法不一样！

生3：我认为他们规定的顺序不同，（4，6）是先说行数，再说列数的，而（6，4）是先说列数再说行数的。

刘点头。

师：再请一位！这回不说你是怎么规定的，也不说自己的数对，直接说出好朋友的数对让我们猜是谁。

生4：我好朋友的数对是（3，6）

部分学生：王××！

生5：我不同意，不一定是王××，我们不知道他是怎么规定的，（3，6）可能是第3行第6列，也可能是第3列第6行，第3行可能是从前往后数的，也可能从后往前数的，所以我们不能确定究竟是谁。

师：说得多好！你还想知道什么？

生：规定！

师：不说规定，（对生4）告诉我们你自己的数对！

生4：（4，3）

生（齐）：林××！

生6：他是（4，3），我们猜到他是这么规定的，先说从左往右第几列，再说从前往后第几个。这样（3，6）就应该是左数第3列的第6个。所以是林××！

师：多严密的推理！

三、统一表示

师：同学们，同桌之间有了规定，就可以用数对确定地鼠的位置；教室里我们也作出规定，就可以直接用数对来表示每个人的位置。可如果每个人都规定自己的，咱们交流时还要猜，要问，不太方便。数学上通常有一个统一的规定，请看大屏幕。

（动态呈现）

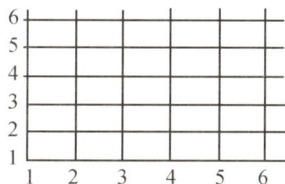

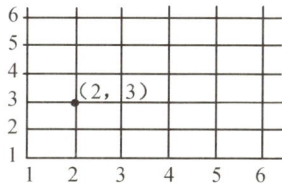

师：看明白了吗？

你知道数学上是怎么规定方向和顺序的？

生：数学上行是从下往上数的，列是从左往右数的。

生：并且顺序是先说列，再说行的。

师：先从左到右的列数，再从下往上的行数。

（板书：　列数　行数

　　　　　　→　　↑）

师：照这个统一的规定，这些位置你能用数对表示吗？

（给点，让学生说数对；或给数对，找点。略）

师：按统一的规定，刚才这些数对（指学生板书）要不要修改？

（生改动）

师：刚才，电脑上打地鼠，教室里找朋友都是同学们喜欢的，接下来我要大家做的事呀，可能只有喜爱的小朋友才能发现它的好玩。有没有兴趣往下做？拿出方格纸，看数对，描点。

（显示数对（1，5），学生描点，教师巡视，寻找典型错误并分别展示）

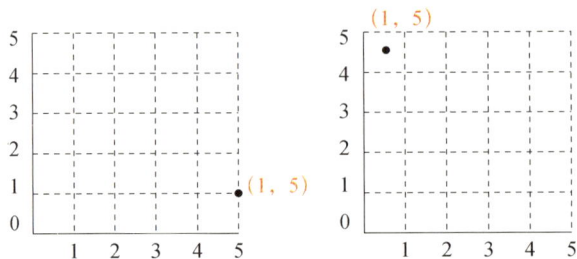

师：找对了吗？问题出在哪？（1，5）究竟在哪里？

生：第一幅图，他是把两个数的顺序弄反了，应该先列再行。

生：我们看到，行数和列数都标在线上的，（1，5）应该在第1列和第5行的交叉点上，不应该在格里。所以第二幅图是错的。

生：行数和列数不是数出来的，应该看上面直接标的数。所以（1，5）应该在……

师：都有哪些同学找对了？

（大部分学生举起了手）

师：可施老师有一个问题！

这是我们找到的（1，5）（左图），这是我们刚才找的（1，5），（学生板书，右图）都是统一的规定，都是（1，5），刚才在最左边一列，这次却不在最左边了？

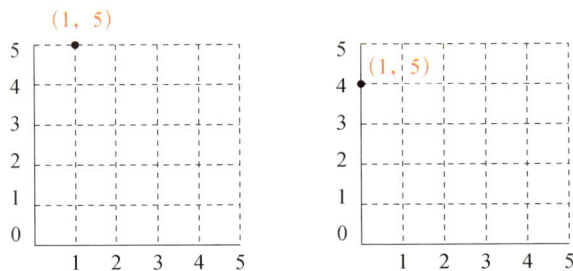

（生沉思片刻）

生：刚才我们数行和列都是从1数起的，这次我们是从0数起的。

师：这位同学特别会观察，刚才，左下角这个点用数对表示就是（1，1），而这次呢？

生（喊）：（0，0）。

师：起点不同，数对表示的位置也就不同了。

看来，统一的规定里，除了方向和顺序，还少不了起点呢。（板书：起点）

继续看数对描点：（3，3）（4，2）

这些点连起来，是什么图形？

生（自由地）：斜线！（线段！）

师：从图上看，这些点在一条直线上。那么从数上看，你又发现这些数对有什么共同的特点吗？

生：我发现数对里两个数的和都是6。

师：真是这样吗？

根据你的发现，判断点（2，3），（2，4），哪个点在这条直线上？

看图验证。

师：施老师让这条直线向下平移两格，看看相应的数对又会有什么变化？你又有什么发现？

生：我发现这次每个数对里两个数的和都是4。

生：我猜只要数对里两个数的和相等，这些点都能连成直线。

生：把图形往下平移两个，数对里的第二个数就比原来小2。

生：我猜把图形往上平移几格，数对里第二个数就会增加几。要是往左右平移的话，第一个数就会变化。

师：多有价值的发现！同学们，用数对来确定位置后，图形的特点能反映到数对里；反过来，数对的特点也能反映到图形上。有了数对，我们就可以通过研究数来研究图形了！而如果我们还用这种方式（指黑板上的最初的文字描述）来表示位置，可能就发现不了其中的奥秘了。（擦掉原始的文字描述）可以说这是数对送给我们特别珍贵的礼物！有兴趣的同学课后可以继续去探索。

四、应用

师：刚才，我们学习了用数对确定位置（板书课题），在生活中，你在哪儿见过像这样用数对确定位置的？

（随着学生的举例，教师分别出示地图、棋盘、广场方阵图、机票等）

师：生活中用数对确定位置的例子还真多。这么看来，是不是任何时候确定位置一定要用数对，或者说一定要两个数呢？

生（异口同声地）：是！

（教师出示一队士兵的照片，学生恍然大悟）

生：要是几行几列的话就要数对来确定。

师：这么好玩，又有用的数对是谁发明的呢？大家可以上网，用"笛卡尔+

蜘蛛"来搜索，会读到一个很有意思的故事。

五、总结

师：同学们，学了这节课，你有什么收获，又有什么感受想和大家交流的？

生：今天我学习了用数对确定位置，我觉得数对非常有用。

生：我喜欢上这节数学课，很好玩！

生：我觉得最有意思的是在图形和数对中找规律。

师：有人说，数学，其实就是统一规则下的游戏。你觉得呢？

------ 课 后 反 思 ------

记得十一假期备这一课时，只有问题没有想法，很是苦恼。许多时间，我躺在床上苦思冥想，脑子里闪过那个"我思故我在"的笛卡尔终日躺在床上画面，再看看自己，不由地哑然失笑。

重新翻读《古今数学思想》中坐标系的那几页，突然发现很有意思的现象：笛卡尔创立的平面坐标系，两条坐标轴之间的夹角并非直角！"一条只在水里游来游去的鱼，永远不知道什么是水。"真的是这样！原来，我们司空见惯的直角坐标系并不是非此不可的选择啊！不同的坐标系，都能实现点与数对的对应，那么它们相同的地方在哪里？不就是坐标系的要素吗？这才是必然、重要的！

因此，需要探索的问题，绝对不是怎样更简洁，而是怎样才能实现"数对"与"位置"的一一对应，这也正好是当年笛卡尔面对的问题。对这一问题的探究，恰好能体现两位教师强调的"原点、方向、单位"的重要性了。

认识渐渐清晰之后，我又面临了新的问题：如何能把纯数学的问题改造加工成儿童有兴趣探究的活动？这一点，对有些刻板缺少童趣的我来说，真的很难啊！

最终，我设计三次"打地鼠"游戏：单打（感受游戏的有趣）——第一次双打（自然语言描述位置）——第二次双打（商量规则，数对描述位置），很好地体现了我的意图，学生也兴致盎然。怎么想到这个游戏的呢？似乎很难理出一条清晰的脉络，只能找到一些关键事件。首先，是对自然语言确定位置和数对确定位置二者关系的认识；其次，受李烈校长"方向与距离"一课的启发，她创设了打电话的情境，电话一端的描述不清闹出了"小事故"，初步锁定"一人描述位置，另一人寻找"的活动。试讲时，用了当时大热的动画片人物——"喜羊羊要找藏在羊群中的灰太狼"，学生极度亢奋，对后面的讨论反而没了兴致。能让学生保持适度热情的游戏，便成了我的目标。

坐标系的发明，有那么伟大吗？那个假期，我做了一件很疯狂的事：我把初中的全部几何题，统统建立坐标系，用代数的方法给予证明。无论多难的几何题，无坚不摧！代数方法的强悍让我惊叹。于是，我对这个"数学史上最伟大的发明"发自内心地崇拜，我希望我的学生尽可能地有所体会。我们的教材，学习数对确定位置之后，却很少有相应的应用，反观国外教材，则有不少结合坐标系研究图形的特点的内容。所以，尽管课上时间紧张，我还是坚持保留让学生对坐标系中形和数的关系做初步的研究（以最基本的图形"一条直线"和最简单的运动"平移"为载体）。"用数对来确定位置后，图形的特点能反映到数对里；反过来，数对的特点也能反映到图形上。有了数对，我们就可以通过研究数来研究图形了！"说这句话时，我是发自肺腑、充满感情的。我想，只要孩子们能感受到建立坐标系带来的数与形之间的美妙关系，能有几个孩子（哪怕极少的几个）在课后主动地寻找几个图形去研究，课上对此讨论就是有价值的。

【链接】
《古今数学思想》，M.克莱因著，上海科学技术出版社。

经验的重组与改造
——"认识负数"教学实录[1]

课前慎思

"认识负数"是我一直不敢触碰的一节课。

2005年黄山赛课，代表北京参赛的赵震老师讲授"生活中的负数"，课里的每个细节至今历历在目，因为那节课真的堪称经典，还因为这里有一个小插曲——之前数月北京地区的选拔赛，我校一位老师一路"过关斩将"，却在最后一轮二选一的 PK 中遗憾出局。伴随同事参赛的我也有机会阅读、思考了不少。在黄山会

---

[1] 本节课曾先后于 2012 年 11 月海淀区骨干教师培训班活动、2014 年 5 月北京市教研活动、2014 年 11 月浙大"千课万人"活动中展示。

场听赵震老师上课时，不免百感交集：为赵老师带给全场的震动而兴奋，为我没有想到的点子而折服，为发现我贡献的一点影子而暗喜……

之后，我一直把这节课的全部设计视为理所当然，赵老师的黄山 40 分钟在我心里默认为不可复制也不可超越，直到去年听了师弟张齐华老师的"负数"。

原来，好课不一定非得以冲突开始，充分调动、利用学生原有的认识和经验也是一种选择！

原来，和生活保持一定距离，纯形式的探讨也可以如此生动有趣！

原来，围绕"-2"这一个数，就可以展开对负数的全方位认识！

原来，不用老师讲负数的历史，身高"-2 厘米"就能让学生经历和历史上的数学家一样的困惑和顿悟……

内心震撼的同时，我努力地寻找可以改进的地方，似乎还真找着了一点儿：

第一部分对话。"听说过负数吗？举一个负数的例子，说说它的意思"。似乎仅仅是经验再现，引起话题，交流之后学生的理解和认识并没有提升，到了第三部分教师举的 5 个"-2"的例子，也有学生经验的重复。如果二合一，学生的经验不是得到更多的尊重吗？

第二部分尝试。11 张数字卡片贯穿始终，纯形式地探讨数的分类和排序，成了学生展示的舞台，但那些对负数知之甚少的学生，是否有足够的信心参与其中？再有，对小学生而言，数的排序、分类，如果结合学生的例子进行，一来使知识变得容易，二来是否也更加有趣？

第三部分探究。有一些还满足于原有的认识上，如"车停在-2 层"即为地下二层；而有一些要求又偏些，如 0℃往下几格才是-2℃，涉及对 1 的认识，因而在我看来本节课更为重要的是对 0 的认识。

有了这些问题，我有了翻唱经典的冲动。（从来，张齐华的课我是挑不出一点问题的！我为自己的进步欣喜。）

上这节课之前，我又思考了三个问题。

首先，负数在小学数学中的地位和作用是什么？

负数只是一个小单元，一共也就 2 课时；在整个小学教材的其他任何地方，再也没有出现过；并且，有意思的是，不同版本的教材，把负数这一内容放在了四、五、六不同年级，似乎哪个年级学生学都没有关系，是个很独立的知识。

我们知道，重要的内容，一定是与众多知识都有联系并反复出现的。从这个角度来看，负数，在中学里是重要的，在小学数学里真不重要。那么，小学里学负数的原因究竟是什么？我认为，为中学做些铺垫还在其次，更为重要的是，生活中正负数的应用非常广泛，小学生在生活中就积累了大量关于负数的经验，顺势引入也很自然。

由此，我开始思考第二个问题：教学负数时，如何更好地利用学生已有的经验？

老师们在教学负数时，通常会让学生搜集生活中的负数，课上进行交流。但这样的交流往往是浅层次的，仅限于这样的汇报："我家地库在-2层，这里有一个负数-2"，"天气预报说，明天最低温度-5℃"，等等。学生对这些负数，究竟认识到何种程度，如何能更好地暴露他们的认识，这些认识与数学上的要求之间又有多大差距？如何通过提问引导，提升他们对负数的认识？……这些是我备课时思考最多的问题。

最后，关于负数产生的历史。比如：我们常会借助负数，自豪地告诉学生：中国认识和使用负数比西方早数百年。我们的教材也这么说。的确，负数在《九章算术》里就有记载，而在西方，十六七世纪仍然在争论要不要承认负数。但是，仔细查看各种史料，我们发现，我们的认识负数和西方的认识不是一个层次。中国人是聪明、实际的，九章算术中提到的负数是生活中的应用，不管其他。而西方关于负数的争论，是接纳了负数，原本在自然数范围内成立的各种规则是否依然成立，比如：他们觉得 1：-1=-1：1，大的比小的居然等于小的比大的，不符合自然数范围内的认识；再比如，同时乘一个数，原来的大小关系不变；但如果同时乘一个负数，这一单调性就不成立了。他们关注的不是实用，而是逻辑的相容性。这么看，两者没有可比性，单谈早几百年没什么意义。有了这样的认识，我更体会到"身高-2厘米"给学生带来冲击的意义。

下面是"翻唱"实录。整节课，围绕着学生举的几个例子展开，从回顾经验开始，通过反思和加工，实现经验的升华，负数的认识一气呵成。设计中有照搬，如"身高-2厘米"；有删除，如纯形式的尝试；更多的是借鉴、放大、微调……

课堂实录

一、经验的回顾与再现

师：同学们，见过负数吗？

生：见过！

师：说说看！

生1：我在天气预报里听到零下二度什么的。

师：（故作不解地）"零下二度什么的"，我好像没听到负数啊？

生2：我都他解释一下，他要说的是负二度。

师：这里的负数是——

生：负二！

师：我把大家说的这个负数写下来。（板书：2）

生：错啦！

师：怎么改，就是你心目中的负数了？

（一学生走上讲台，在"2"之前添上了"−"。其他学生表示赞同）

师：原来在大家看来，负数都有一个明显的标志。（指"−"）这是什么符号呢？

生：减号！

师：是和减号长得一模一样。不过，在这里，我们把它叫作"负号"。这个数会读吗？

生：负二。

师：还在哪儿见过负数？

生：电梯里，比如-3层，-3就是负数。

生：存折里有负数，还有股票里也有负数。

师：我说个类似的，信用卡有-10元。

生：我知道低于海平面以下的地方，海拔就是负数。

生：（边说边笑）我说一个离谱一点的，小明考试考了负10分。

师：孩子们真了不起，一下子能说出这么多不同的负数。我也来说一个，小明的身高是-2厘米。

生：（乐，并七嘴八舌地议论）不可能！

（黑板上留下了4个负数，分别为：楼层 -3层；温度：-2 ℃；信用卡：-10元；身高：-2厘米）

师：看看这些不同的负数，有什么相同的地方？

生1：都感觉是欠着什么的！

生2：都有负号！

师：没错。负数是我们在小学里学到的第一个带有符号的数。你认为一个数除了可以带负号，还能带有什么符号呢？

生 1：（在黑板上画了一个 $\sqrt{2}$ ），我知道这叫开平方！

生 2：有一种数叫百分之几，是在一个数的后面添上一个这样的符号（用手比划百分号）。

（还有学生举手要补充，师手势示意打断）

师：孩子们真是见多识广啊！不过施老师想说，有些知识，是学来的；也有一些知识，不学，自己也能把它想出来！看这些负数，用的可都是我们熟悉的符号。猜猜看，一个数还可以带上哪个符号？

生：我猜，可以带上加号。

生：我也是这么想的，我给他纠正一下，"+"在这里应该不叫加号了，应该叫正号。

师：没错！数学上的许多想法就是这么自然！运算里的"加、减"，到了数里的符号就成了"正、负"！（板书：+3）读作？

生：正 3！

师：+3，是一个——

生：正数！

师：生活中，你是负数见得多，还是正数见得多？

生：负数见得多！

生：最多的是不带符号的数，然后是负数，正数最少！

生：我觉得不带符号的，就是正数呀！

师：你的感觉是对的！事实上，是因为正数用得特别多，我们通常就把正数的正号给省略了。

二、经验的反思与加工

师：同学们，这些负数，分别表示什么意思呢？

生：−3 层就是地下 3 层，−2 ℃是很冷的温度，零下 2 度。

生：−10 元，就是你把卡里的钱都用完后，还欠银行 10 元。

生：小明身高−2 厘米，我猜小明是个婴儿。

生：可能小明不是人，是蚂蚁。

生：我不同意，就算是蚂蚁，它的身高再小，哪怕零点零零几厘米，那也不会是负数呀。

生：我猜小明还没有生下来。

生：……

师：看得出来，大家觉得，前三个负数都特别好懂，一句话就能说清楚。大家关注的都是最后这个身高-2厘米，实在不可思议。我有个建议，我们暂时把这个身高放一放，先来看这3个好懂的负数，深入地分析一下。说不定到时候再看最后一个，就能豁然开朗呢！（停顿）我先开个头。看这个-3层，刚才有位同学解释了它的意思。谁能上来画一画，让我们大家一看就明白！

（生在黑板上画图如下：）

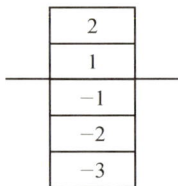

2
1
−1
−2
−3

师：谢谢你画的图，让我们一下子找到了-3层的位置。孩子们有没有发现，他要表示-3层之前，首先画的是什么？

生：一条横线！

师：（用红笔描出中间的横线），为什么要先画这条横线呢？

生：横线表示地面，有了地面这个标准，只要往下数3层就是-3层。

师：你们说得特别明白！不过，施老师有个想法，楼层，为什么要用到负数呢？不管地下有几层，我一律把最底下那一层叫1层（见下图）。

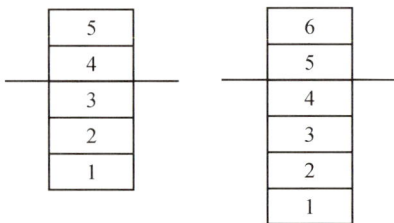

5		6
4		5
3		4
2		3
1		2
		1

这样表示，用原来学过的数就足够了。你们觉得呢？

生1：我觉得用上负数更好，如果像您那样表示的话，很不清楚。

生2：施老师您这样标楼层，会乱套的！同样是数字4，没有地下楼层，就表示地面上的第4层，可有的时候（指黑板左图）4层却表示地上第一层，有时候（指黑板右图）又表示地下一层。

生3：用施老师的方法标楼层，假如一个客人要到3层去，到了楼梯口，他根本不知道该往上走还是往下走。

师：说得真好！用上正、负数，就可以清晰地表示地面以上、地面以下两种完全相反的量。

师：谁来说说温度？

生：（画了一个如下的温度计）

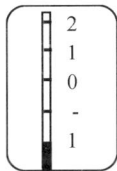

和刚才的楼层一样，要找温度计上的-2℃，先找0℃，（边说边重重地描了0刻度线），-2℃，就是0度以下2度。

生：我想补充一点，如果像施老师刚才说楼层那样，不用负数的话，我们就得找一个最冷的温度做0度。假如我们把地球上最冷的南极温度零下89度当0度的话，月球表面有时候温度还要低，可要是把月球的温度当0度的话，那万一还有什么我们不知道的星球上的温度更低怎么办？

（学生报以热烈的掌声）

师：真会活学活用！

生：（突然、激动地）温度计要爆掉了！要是温度超过2℃，这个温度计要爆掉了！这个温度计画得太不符合实际了！

师：（冷静地）你还懂得热胀冷缩的原理，真棒！没错，生活中的温度计总有适应的范围，只要温度超过这个范围是会爆掉的。不过，数学上的温度计是不会爆的。大家知道，数学是最强调简洁，用数学的眼光来看看，这个图可以怎么改？

生1：我觉得水银柱不用画得这么复杂，画一条线就行了！

生2：温度计的外框可以擦掉，这样，就可以表示这条直线是向上下两端无限延伸的，那就永远不会爆掉了！

师：（随着学生的发言修改）这个"温度计"你们熟悉吗？

生：（小声、犹犹豫豫地）数线！

师：这条数线和你原来看到的有什么不一样？

生1：原来的数线都是横着的，这条数线是竖着的！

生2：原来的数线都是从0开始的，有正数没有负数，现在的数线上有正数也有负数，可以向两个方向延伸。

师：说得真好！看这个温度计！北京，今天最高温度，+5℃。在哪里？

生：0度往上五格！

师：你们的意思是——

生：零度以上的温度，用正数；零度以下的温度，就用负数。

师：你们有没有发现，这里有一个数，需要大家特别关注？

生1：0度用什么数来表示？

生：用0表示！

生1：我知道用0表示！我的问题是，0究竟是正数还是负数？

师：多好的一个问题呀！你的想法呢？

生1：我觉得0既是正数，也是负数！

生2：我认为0是正数，0其实是+0，正号可以省略，而负数的负号是不可以省略的！

生3：我也赞同0既是正数又是负数。因为正数的起点是0，负数的起点也是0。

生4：我认为0肯定不是负数！负数应该是负了，比0小才能是负数！

师：孩子们的争论，恰恰说明了0这个数的特殊。其实，施老师告诉大家，正数和负数，看上去，是符号的区别；实质是，正数都比0——大，负数比0——小。这么看，0是？

生：0既不是正数，也不是负数。

师：0是所有的数里，唯一一个既不是正数，也不是负数的数。它还是正数和负数的分界点。

师：比较一下，+5，−2哪个数大？怎么想？

生1：+5比−2大！+5比0大，−2比0小！

师：有方法，把0当中间数，大小就一目了然了！

生2：我来概括一下，如果要比的两个数一个是正数，一个是负数，根本不要看后面的数是多少，反正正数肯定都比负数大！

（其他学生点头认可）

师：你的这句话，帮助我们解决了无数个问题！会总结概括，真棒！

再看，明天最低气温是−6摄氏度。−2，−6哪个数大？怎么想的？

生：−2大！因为−2要暖和一些！

生：负数和正数是反着的，越大越小！

师：越大越小，我都糊涂了！

生：他的意思是，负数负号后面的数越大，说明它离0越远，也就越小，因为负数应该是越接近 0 越大!

师:是的,负数负得越多,这个数就越小。这么看好像和正数比大小是相反的;但是,当我们心里装着温度计,装着这条数线,比大小就特别容易:不管正数负数,只要坚持一条标准,——

生:(自由地)温度越高,这个数就越大!越往上,数越大!

师:再来看看银行卡,我的卡里怎么变成-10 元的呢?我先起个头:我的卡里原来有 100 元。谁接着编下去!

生:施老师您先取了 100 元,变成 0 元之后,又向银行借了 10 元!

师:按他说的,我取了两次钱后,是变成-10 元吗?

生:是!

师:谁来个干脆的,让我一步变成-10 元!

生:施老师您到商场买东西,刷掉了 110 元!

师:原来有 100 元,花了 110 元,还剩-10 元(板书算式:100-110=-10),你看,有了负数,我们不仅可以算大数减小数的减法,还可以算小数减大数的减法。

师:卡里的钱是个负数,原来叫赤字,时髦的话叫负翁。猜猜是哪个 fu?

生:负数的负!

师:当"负"翁的滋味不好受,我怎么样才能变负为正?

生:你就把"负"改成"富"好了!

生:您往卡里存 10 元或 10 元以上,就可以了!

生:我给他纠正一下,要存 10 元以上,才能变成正的。存 10 元的话,卡里剩 0 元。0 不是正数也不是负数!

师:刚刚学习的知识,就能用上,思考特别严密!

三、经验的超越与升华

师:回头再来看小明身高-2cm。这是怎么回事?

(学生讨论后一部分仍然停留在之前的认识上,但是也有一些学生开始有了新的想法)

生 1:我猜小明是倒立站着的,这样他的头顶正好对着尺子上的-2 厘米。

生 2:尺子上根本就没有-2 厘米!

生 1:(小声辩解道)小明是用数学里的尺子量的!

生 3:我觉得小明他自己有一个目标,要长到多少多少厘米,但是他的实际身高比目标矮 2 厘米。

（部分同学表示赞同）

师：你的意思是，如果超过目标？

生：就用正数表示！不到目标，就用负数表示！

师：也就是说，把目标看成——

生：0！

……

师：我很高兴，有些同学的解释非常有道理！事实上，小明班同学的平均身高是 140cm。

现在，你明白-2cm 是什么意思了吗？

生（恍然大悟地）：哦！

……

师：回顾一下，一开始我们都觉得不可思议，怎么会有比 0 还小的身高呢？历史上的数学家们也经历了和我们相同的怀疑和排斥，很长时间以来，他们都把负数称为"荒谬的数"，但是渐渐地，他们发现，接受负数，能带来很大的好处，能推动数学进一步地发展。上了这节课，你觉得负数带来了哪些好处呢？

生：有了负数，生活中意思相反的，像地上、地下，富翁还是负翁能表示得很清楚！

生：没有负数，我们只能找最低的做标准，有了负数，随便用什么做标准都可以！

生：小数减大数本来是不能减的，如果用负数，什么减法都能减。

生：没有负数时，数线只能向一端延长，有了负数，数线就能向两端无限延长了。既没有最大，也没有最小！

师：随着我们后面的学习，相信孩子们能感受到负数更多的价值。

师：再过 1 分钟，就要下课了。如果施老师现在宣布下课，算拖课吗？

生：不算！

师：可偏偏有人说："不，施老师，您拖课了……"

生（一部分学生一脸疑惑，有几位学生则迫不及待地）：您拖了-1 分钟！

（其他学生恍然大悟，开心地大笑）

师：拖+1 分，-1 分，那都不是好老师的做法，我们要追求的是，永远拖课 0 分！好，下课！

专家点评

慢的教学，不在乎表面的顺利①

易虹辉

第一次听施老师上课，可我对她却如此熟悉。我知道，施老师上数学课特点很鲜明，她不怕慢，不怕错，不怕挫折，不怕困难，总是力图呈现学生最原始的认知状态，哪怕是暴露出很多的学习困难或者认知障碍，她也不慌不忙不急不躁，因为这正是她所追寻的学生的认知起点。我甚至开玩笑：施老师上数学课，就不会让你轻轻松松、顺顺利利学完一个知识，她一定会跟你"拧"，比如，像今天这样，在各种不同的现实情境中，慢慢地讨论和交流"负数"；尝试画出各种图形，解释和表达每个人心目中的负数……这种慢的过程，可能表面上课堂会有很多意外和曲折，不那么顺利，但最后追求的是对数学核心概念的真正理解，一种立体的、多元的、有深度、有温度的理解，这也是名师对课堂的一种理解与追求。当然这节课也许还应该思考一些具体问题：如何给学生提供足够的支撑去理解一些"难以接受的数学"（如 0 不仅代表没有，还可以作为标准）？

如何上出统计的数学味
——"条形统计图"教学实录②

课前慎思

● 生长点在哪里？

条形统计图是最为常用的描述数据的方式，能直观看出数量的多少，一直是小学数学的教学内容，但现在侧重却有所变化。原来更强调制图的技能，教学时更是把技能分解后逐一训练，在对标题、制图日期、条形上标数等细枝末节的强

---

① 摘录于易虹辉老师对"千课万人"2014 年 11 月 7 日上午半天活动的整个点评，原文为《走进名师课堂，体会思想者的快乐》。
② 2012 年 11 月，本课获西城区金秋杯教学比赛一等奖。

调中，孩子们反而丧失了对图的整体体验；而随着计算机技术的发展，技能的训练有所弱化，又由于社会信息化程度的提高，相应地对学生的另外一些能力的要求不断提高，诸如：读图能力、分析数据的能力、根据数据特点和实际需要选择合适的描述方式的能力等等。然而真正教学时我们又面临新的尴尬："你读到了哪些信息？哪个最多？哪个最少？"或者泛泛地"请提出一个问题并解答。"……诸如此类的教材例题、习题中的问题与要求对学生而言既无趣又缺少挑战性，学生普遍不教而会。这份尴尬在已经认识简单条形统计图（即一格代表一个单位的）之后，再次教学"一格代表多个单位的条形统计图"时尤为突出。

让人寻味的是"一格代表多个单位的条形统计图"安排时间上的差异：人教版安排在了二年级，而北师大版却安排在了四年级。如此弹性的安排，似乎印证了这部分内容的简单和相对独立。

学习的内容只有在学生的最近发展区，才会最大程度地调动他们参与、思考的积极性。"一格代表多个单位"究竟能让孩子在数学上有些什么生长？如何把简单的内容上得不简单，从而积累一些数学思考的经验？这是我在设计这节课时始终思考的一个问题。

通常我们是提供"较大的数据，较少的方格"来制造"不够画，怎么办？"的冲突，从而产生"一格代表多"的需要。我认为"不够画"，并不必然带来"一格代表多"，比如纵轴起点不从 0 开始，也是一种选择。往往是通过教师提问时语气的变化，使得"一格代表多"这份暗示变成了必然："一格代表 1 个（重音落在 1 个上），不够画了，怎么办？"学生立刻很配合地说："一格代表 2 个，10 个……"

并且，在我看来，仅仅问"为什么需要'一格代表多'"是不够的，更为重要的是"为什么可以'一格代表多'"，因为后者关系到对数学本身的理解。

"一格代表多个"与"一格代表 1 个"相比，相应的图形产生了变化，但其代表的数量，以及数量之间的大小关系、倍比关系却没有发生改变。这才是"一格能够代表多"的前提。所以，我设计了这样一个问题："我有些担心，你看，1格代表 2 个人，条形就变短了。（屏幕对比显示：一格代表 1 人和一格代表 2 人的两幅图）我担心的是：图变了，从图里看到的数量，数量之间的关系，会不会也变了呢？"

一格代表 2 个，3 个，10 个……，换言之，无论 2 个、3 个、10 个……都可以用 1 来表示，学生对"1"的认识从绝对变得相对，为他们后续理解分数中的

"1"做了孕伏。

学生画条形图时，常常会把纵轴刻度标在格中间，在教师的示范或者强调下，他们能自动纠正。我觉得，一格代表1个的时候，学生需要表示的只是离散的1个，2个，……此时，数是和格对应的，把数写在格的中间是没有问题的。而"一格代表多"带来了新的问题：需要考虑不是整格的情况，表示的数量也从离散的逐渐向连续的过渡。此时，应该是数与点的对应，即要把数对着刻度线写。有机会探讨"数为什么标在线上而不是格上"，标数就不再是没有道理可讲的小技能了。

这些没有现成答案的问题，都需要孩子们深入的思考，而在思考这些问题的过程中，"一格代表多"与许多数学知识联系了起来，从而让数学课有了数学味。

我想：课堂里我们需要想尽一切办法，使现成的结论少一些，不讲道理的要求少一些，从而给学生更大的思考空间。

● **我为什么选择"血型"这个情境？**

血型不像身高、体重，它看不见摸不着，在孩子们眼里有些神秘。正是这份神秘，使孩子们充满好奇的同时，对各种似是而非的说法将信将疑或深信不疑。

在我儿子身上，就曾经发生过很有意思的故事。

孩子一年级入学时，需要登记血型。去医院的路上，他很兴奋地猜测：我一定是A型！我很惊讶：为什么呢？他有些得意地告诉我：去年去香山时，买的红叶卡背后有各种血型的性格特征。他对比了四种血型特征，觉得自己和A型最符合。血型和性格的研究本身就有各种争议，红叶卡背后更是断章取义，再加上六岁儿子望文生义的理解："完美主义者"A型就成了他眼里最完美的血型了。

等到扎完针、取好血，他突然有些闷闷不乐："我好像不是A型，A像个三角形，可我指尖上渗出来的血的样子，却不像三角形，倒更像圆形。圆的，就该是O型了吧。"接着他又自言自语地安慰自己："O型也不错，活泼热情、善良讲义气、热爱生活……"

十分钟后，检验报告出炉。他哇哇大哭："我怎么可能是B型呢？肯定搞错了！"他接受不了的是红叶卡背后对B型的描述："喜欢自由、有些粗枝大叶……"

学生之间的课余闲聊，或多或少都有一些类似的说法。让学生能够理性对待关于血型的各种说法，培养用数据来说话的实事求是精神，这是我选择"血型"

这一情境的初衷。

课堂实录

一、抢答比赛，体验统计图的直观形象

师：咱们国家，越来越重视儿童的健康。小小的学生卡里，记录着我们看得见的身高、体重，还记录着我们看不见的血型、肺活量等信息。孩子们，你们了解血型吗？

生1：有A型，B型，C型，……

生2：我纠正一下，没有C型，有AB型和O型。

生3：我知道，在那个时候，人类还不知道有不同的血型，所以就随便地给缺血的病人输血，有的病人救了下来，有的病人却死了。后来科学家研究后发现，人的红细胞有些不同。

师：你真厉害！知道的比我高中时候还要多！

生4：我知道，人的血是不一样的，有的血是甜的，蚊子爱咬。

师：有点意思！

（其他不少学生仍然高举着手）

（手势示意暂停）看来，同学们对血型都很有兴趣，就这么说下去，估计一节课都交流不完。每位同学桌上都有我调查到的整个北京市小学生的血型情况，你们是不是特想知道？

生：（迫不及待地）想！

师：别着急，那可是有条件的！还要回答我的问题！请听规则：我先提出问题，等我说开始，大家同时拿出资料来看，听到能回答了，就立刻把资料扣在桌上，并站起来说出答案，明白？

生：明白！

师：第一个问题是：哪种血型的人数最多？开——始

生（陆陆续续地站了起来，此起彼伏地）：B型！

师：真不错，似乎这边（用手示意右半边的学生）更快一些！

第二个问题是：哪两种血型的人数最接近？

生：（瞬间几乎都站了起来，激动地）：A和O！（也有个别的喊着：A和B！）

师：尽管你们的反应都特别快，但是我要说，凡是刚才抢答的同学都违反规则了！我还没说开始，就先看啦，不能算！

再来看，到底是哪两种更接近？

生（谨慎地）：A 和 O！

师：刚才有人一激动说错了吧！所以，看准了再答！第三个问题：O 型血的人数大约是 AB 型人数的几倍？

生：（参差不齐地）3 倍！

师：都很棒啊，右边的同学更出色一些！

（左边的同学有些不服气）

其实，施老师给大家准备的材料是不同的，左边的同学拿到的是表，右边的呢是图。屏幕显示：

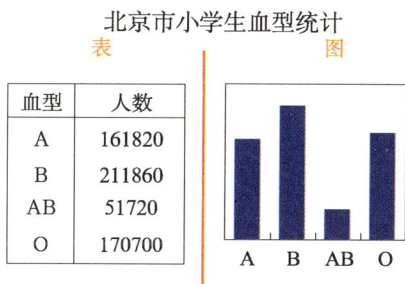

北京市小学生血型统计

血型	人数
A	161820
B	211860
AB	51720
O	170700

不少学生（激动地）：不公平，偏心！

师：我发现一个有趣的现象：好像两边都有人在喊，觉得自己吃了亏。想一想：回答刚才的问题，到底拿到哪种材料，是占了优势？

（学生静了下来，片刻之后）

生：（异口同声地）图！

师：说说看，怎么有优势了？

生 1：我看表吧，先要看它是几位数，然后再去比，而看图呢，很清楚，AB 最少，B 型最多！

生 2：刚才最后一个问题，一看就知道是 3 倍！

师：怎么看，一看就知道？

生 2：（跑到屏幕前边比划边说）你看，这是一个（指着图，以 AB 型的条形为标准，去量 O 型的条形），两个，三个。而这个呢（转身指表），O 型是一七多多多，（停顿了一下）是 17 万多，AB 型是 5 万多，17 万除以 5 万，大约是

3倍。我们要先算一个大概的数，然后再去除，有点麻烦！

生3（走上讲台，拿着教鞭指着图）：问哪两个最接近的话，A型和O型差不多高，就是他们两个最接近。

师：是的，这是我们学过的条形统计图，统计图可以把抽象的数，变成——

生（插嘴）：不抽象的！

师：不抽象的，也就是形象、直观的。这样，数量的多少，它们之间的关系从图上看就能一目了然。今天，我们就进一步研究复杂一些的条形统计图。

二、观察思考，认识1格代表多的条形统计图

师：咱们隔壁的四（8）班对全班的血型做了调查，调查结果做成了一幅统计图。你们有问题吗？

四（8）班血型统计图

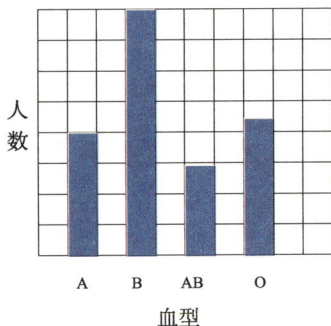

生1：我刚看到北京市小学生的数据是B型血的人最多，隔壁四（8）班的也是B型血的人最多。我有个问题：为什么B型的最多？

师：这个问题很有意思！同学们，他是怎么提出这个问题的？

生：他是看了两组数据，发现都是B型血最多，就想知道为什么。

师：通过联系、比较，找到不同的里面藏着的相同之处，是发现问题的好方法！B型血的人最多，是不是都有这样的规律？又是什么原因造成的？有兴趣的同学课后可以慢慢去研究。

【感悟】许多时候，学生的反应常常比老师还要敏锐。课堂上，学生提出这一问题时，其实我没太当回事。之后，当我看到汉族人的确是B型血居多，继而看到历史学家通过调查不同地区不同种族的血型分布，推断历史上曾经发生的战争、人口迁徙等重大事件，我才认识到这个问题的价值。幸好，我还知道尊重学生的思考。

生2：一格代表多少啊？没有标准，一般的图都是有标准的。

生3：O型有多少人？还有一个半格，是什么意思呢？

生4：我觉得一格肯定不是1人，也不可能有0.5个人。

生5：一格代表的应该是双数，2个或4个都可以。

生6：我猜一格代表的是2个人，一共19.5个格，39人。一个班差不多39人！

（全班学生给予了热烈的掌声）

师：我发现同学们特别会发现问题，一格到底代表多少人呢？而且还能利用自己的各种经验去分析、排除、解决。这里，一格代表2个人很合理。

师：孩子们，一格代表2个人，我们课堂里可是从来没有学过的，但是好像大家都会！我很好奇，你怎么会的？

生1："学而思"学的！

师："学而思"学的，不稀奇；自己自学了，再思考了，那才了不起呢！

生2：我在数学书上看到的。

生3：我在商店里见过这样的统计图。

生4：人口普查的统计图，报纸上看到的。

师：是的，学习不仅仅发生在课堂里，只要你是个有心的孩子，生活处处皆学问！

师：看来，我要向大家隆重推荐的一格代表2个的统计图，你们都认为特别简单，都不用教。那你有没有想过：为什么要一格代表2个人呢？你看，一格代表1个人，多好数！

生1：要是一格代表一个人的话，那么半格就是半个人了！

师：你是读图的时候，分析出一格代表2人的，那么画图的人，他们为什么要这么画呢？

生2：如果一格代表1个人，格子里都画不下了。

生3：如果一格代表1个人，40人就要画40个格，太麻烦了。

生4：40个人还不算多，如果有10000个人，难道真要画10000个格吗？

师：我明白了，一格代表2个人，甚至更多的人，是为了解决画不下，或者太麻烦的问题。可是，我还是有些担心，你看，1格代表2个人，条形就变短了。（屏幕对比显示：一格代表1人和一格代表2人的两幅图）

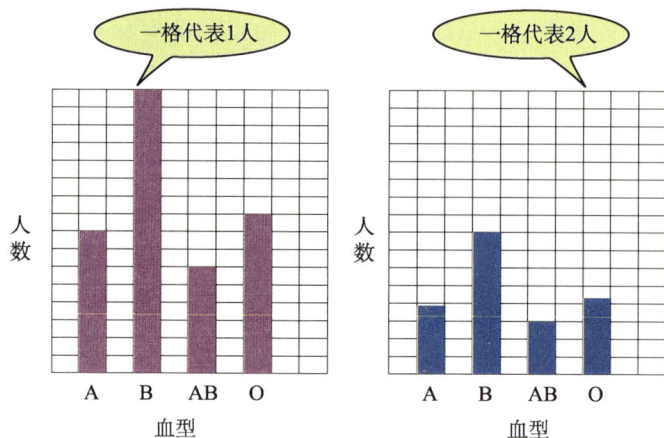

师：我担心的是：图变了，从图里看到的数量，数量之间的关系，会不会也变了呢？

有学生小声地说：不会变！

师：把你的想法在小组里交流交流，看谁能说服大家！

（约5分钟后）

师：谁愿意来组织下面的讨论？（示意生1）

生1：比如有4个人，一格代表1人，要4个格，一格代表2人，只要2个格，这2个格代表的还是4个人。所以数量是不变的。

生2：大家都学过乘法，就是一个乘数乘2，另一个乘数除以2，积是不变的，对吧？

（生点头附和）

生2：（继续说）比如：就看AB型的，这里是6格，一格代表1人，一共就是6×1=6人，到这幅图里呢，格数除以了2，但每格代表的人数乘了2，二三得六，所以还是6人。

生3：其实，我们也可以这么看，一格代表2人，如果我把每格都分成2小格，看小格的话，就是一格代表1个人，和原来的就一样了。

生4：原来是B型的最多，AB型的最少，一格代表2个人之后，每种血型的都只画了原来的一半长，因为大家是同步缩短的，所以最多的还是最多，最少的还是最少。如果有的缩短，有的不缩短，那就变了。

师：我特别赞同你说的"同步缩短"。再看看，原来，B型人数是A型人数的2倍，现在呢？

学生（齐）：2倍！

师：（若有所思地）哦，没有跟着缩小成 1 倍去。（生笑）为什么呢？

生 5：因为等号两边除以一个相同的数，等号还可以画上。

师：等号两边？我没太明白，谁听懂了？

生 5（犹豫着走上讲台）：就是这……（说不下去了）

生 6：他是说，这两个条形的长度同时缩短 2 倍，它们之间还是 2 倍的关系。

师：这么看来，一格代表 2，甚至一格代表 5，代表 10，100……，反映的数量和数量之间的关系完全没有变化，我们可以根据需要灵活使用。

师：再有一个小问题：我们见到的统计图，好像都不会写得这么复杂："一格代表 2"，那么应该怎么表示呢？

生 1：它旁边都写数。（边说，边用手比划）

师：没错！可是，这个数怎么写，还是有讲究的。出示：

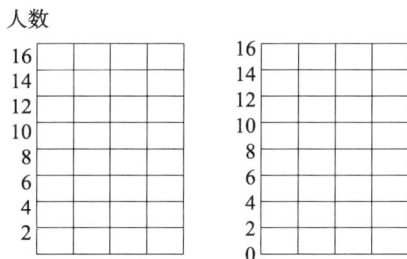

师：究竟是把这些数和每个格对齐，还是和这些线对齐？

生 1：我觉得左边的是对的，因为一个格代表 2 人，不是一条线代表 2 个人，所以应该把数和格对齐。

生 2：我不同意他的想法，把数写在格的中间，别人还以为是半格代表 2 人呢！

生 3：我也认为右边的好，左边没有 0，就没有起点了。

生 4：我给生 3 补充，看左边这个图，假如是 0 个人，该怎么画呀？

师：我也同意，右边的更好！在这个图里，我不仅能找到 0，2，4 等等，我还能找到 1，孩子们 1 在哪里你们找到了吗？

生：在 0 和 2 的中间！

师：不仅能找到 1，还能找到 1.5！

（生一起比划）

师：把数和线对齐，就能做到任何一个数，都能找到对应的高度。

生：（迫不及待地）其实，这就是我们学过的数线！只不过，数线都是横着的，这是竖着的！

师：你能联系学过的知识来思考，真了不起！

师：孩子们，学到这儿，你们是不是特想画一个咱们班的血型统计图？

生：是！（边说边拿出方格纸准备画）

师：现在能画了吗？

生：能！

个别学生醒悟：不能，还没有调查呢！

师：是啊，没有数据就画图，那不叫统计，叫伪造！出个主意，怎么调查，特别快地搜集数据？

学生在底下七嘴八舌地说了起来"举手！"，"四种血型的分别站起来"……

师：咱们班军师太多了！这样，说不如做，交给一位同学，1分钟内完成统计，谁来？

生1：走上讲台。

生1：请A型血的同学起立！

生2（小声地）：我不知道自己的血型怎么办？

生1：不知道血型的同学不要着急，最后我会让不知道自己血型的同学起立。

其他学生赞成。

生1（数后）：A型有12人；B型有7人；AB型有5人；O型有13人；血型未知有3人。教师帮助记录。

师：大家迫不及待地想画到图里去了吧！那就赶紧开始吧。

（学生安静地画，教师巡视，寻找典型作品。约3分钟后）

师：投影显示四幅学生作品（其中第2幅条形之间的间距不等，第3幅画错了），发现了什么？

生1：他们都是用一格代表2个人的。

师：是的，根据这组数据，以及我提供的方格图，一格代表2个人很合适。

生2：第3幅图中未知血型的画错了。他标的数是一格代表2人，但是他仍然画了3个格。

师：火眼金睛，真棒！作品主人来说说！

生3：我画到最后忘掉了，应该画一格半才对。

师：那有没有好办法，下回避免出这个错？

生 4：我有个办法，画图的时候，不要从下往上画，而是从上往下画，就不会错了。

生 5：可是，你仔细看，他就是从上往下画的呀！

生 6：我觉得从哪儿画起都没关系，关键是在画之前要先对着左边的数，找到 3 的位置，然后再画。

师（对第二幅图的作者）：看了其他同学的统计图，你有什么想说的吗？

生 7：我应该用直尺画，还有我的未知血型和 O 型的连在一起了，应该空一格再画！

师：一下子能发现两个问题，真会学习！

师：同学们对一格代表多个的统计图掌握得还不错！

关于血型，我知道同学们还有很多问题。比如：血型和性格的关系、血型和健康的关系、我的血型和爸爸妈妈的血型之间的关系等等。请同学们选择一个你喜欢的问题，课后组成小组去调查研究，作为我们这一周的长作业！

三、制造冲突，认识起点不是 0 的统计图

师：现在请大家来看一个新问题：统计身高！

哪个小组愿意把你们的身高数据告诉大家？第 3 组，请！

（学生依次汇报，教师键盘输入 139，135，142，141，143）

师：如果把这些数据画在这个图中，一格代表几厘米合适？

身高cm　　　五位同学身高统计图

生：20 厘米！

师：我也是这么想的！想象一下，画出来的图是什么样的？

（屏幕显示统计图）

生：（惊叹声）差不多一样高了！

师：一格代表 1 厘米，根本画不下；一格代表 20 厘米，又有新问题了！谁能想个办法，又要画的下，又要能很容易看出高矮来？

生 1：一格代表 10 厘米！

生 2：那还是画不下呀！

生3：我觉得可以画一个跟股票差不多的图！

（其他学生听得很茫然）

生4：我知道他那个股票啥意思，……

师：有请，小解说员！

生4：我猜她的意思就是，先画一条横线，然后在旁边标上140厘米，多1厘米就加1厘米，少1厘米就减1厘米。

生5：我知道了！他的意思是先在中间画一条横线作为标准，比它少的就往下画，比它多的就往上画。

师：能想到股票图，真不简单！施老师都没有想到！你能把他的股票图解释得这么清楚，更不简单！

师：我们来看看，如果我们不提任何要求，就让电脑根据这些数据自动地画条形统计图，看看是什么样的？

（屏幕显示电脑自动生成的条形统计图，纵轴的起点为120厘米）

师：看看，这幅图，和刚才的图有什么不一样？

生1：刚才的图起点都是0，这幅图起点变成120厘米了。

生2：我知道了，其实，这幅图是把0厘米到120厘米的那一段移到横线下面，藏了起来了！

生3：也就是以120厘米为标准，每个数都只画比120厘米多的部分！

生4：这样画，不但都画得下，而且五个人谁高谁矮，一眼就能看出来！

生5：我在报纸上见过和这个差不多的统计图！（边说边上黑板上画了起来）起点仍然是0，但是在第一格里画的是一条弯弯曲曲的线，第二格直接就标几百、几千的。意思就是这里是折叠的，没有完全展开来。上面每格代表10个或者别的数。

师：（冲生5竖起了大拇指）孩子们，通过这个问题的解决，我们又不知不觉地认识了一种新的条形统计图。面对这幅新图，同学们不仅能看懂，还能分析它的优点，并能和自己课外看到的联系起来，真为你们骄傲！

四、总结拓展，统计图掩盖了什么？

师：今天这节课，你学到了什么？把你的收获和大家分享！

生1：这节课我们学习了条形统计图。我知道条形统计图比数字统计表更好看一些，还学到了一格可以代表好多个的统计图。

生2：我还知道统计图的起点一般都是0，有时也可以是其他的数字。

生3：我以前认为统计图非常简单，但今天我发现统计图里有很多需要思考的。

师：当我们把知识联系起来看，就会发现很多值得思考的问题。我想，通过今天这节课的学习，你对这两个最简单的自然数0和1一定也有了新的认识。原来，1就是1个，现在呢？

生：（自由地）可以随便几个。

师：0就是没有。现在呢？

生：（自由地）可以把100、120，……看成0！

师：同学们学的真好！奖励大家一下：向大家透露一下秘密：我连续五年的工资收入。请看：

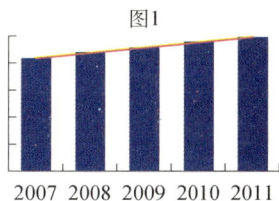

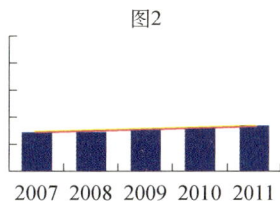

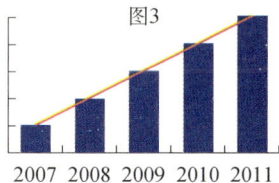

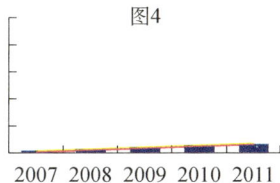

师：你希望是哪幅统计图？

生：（有的）图1！（有的）图3！（也有的）图4！

生1：我觉得图1最好！一直是高收入，并且还一直在增长！

生2：我更希望是图3，虽然一开始的工资没那么高，但是增长的幅度很大，2011年工资差不多是2005年的5倍了！

生3：我觉得大家有可能被骗了！施老师给的图，纵轴上又没有数，万一图2、图4纵轴上标的数很大，图1、图3上的数很小呢？

师：谢谢大家美好的愿望！特别欣赏生3的数学眼光！告诉大家，其实，这四幅图背后的数据是完全相同的！（显示纵轴数据）

学生：（惊讶地）啊？

师：我喜欢你们眼里的小问号！统计图里还有许多奥秘等着我们去探索！

课 后 反 思

●第三维目标怎么体现?

听完课后,老师们提到了几个即兴生成的问题。

当我问学生:"我从来没有教过你一格代表2个,你怎么会的?"一位学生说:"'学而思'学的。"我的回答是:"'学而思'学的,不稀奇;自己通过学了,再思了,那才稀奇呢!"

当连续几位学生都提出,曾经在数学书、数伴、试卷中看到这样的统计图时,我说:"孩子们,难道你们的生活中只剩下了课堂、书本吗?"有学生提到了报纸上看到的人口普查的统计图,我说:"学习,不一定要在课堂里,只要你是一个有心的孩子,生活处处皆学问!"

当学生迫不及待地要画自己班的血型情况统计图时,我问:"可以画了吗?"学生异口同声:"可以画了!"我的回答是:"没有数据,就画图,那就不是统计,而是伪造了!"

当老师们赞赏这些反应机智的同学的时候,我却为教学设计填写第三维目标发愁:我这节课,想要传达什么情感态度价值观呢?苦思冥想未果之际,我突然想到:这些片段难道不是对学生情感态度价值观潜移默化的熏陶吗?

于是,我有一个想法:一定存在着与某一特定的教学内容结合紧密的第三维目标,但更多第三维目标的实现,不是刻意预设的,而是教师的良心,对学生成长的全面关注,教师所持的教育观、儿童观等的自然反应!比如,我特别赞同的是卢梭的自然主意教育观,认可的是"早熟的果子既不丰满也不甜美","教育最大的本质是慢","闲暇出智慧",所以特别不赞成学生把课外时间都用在上各种各样的班上。当我听到学生提的问题就是从试卷数伴课外班学到的时,我是发自内心地心疼! 救救孩子! 我又听到了鲁迅百年前的呐喊。

●学生是否愿意参与,取决于教学是否兼顾数学与儿童两个维度

纵观全课,孩子始终保持着高涨的热情,我以为最大的原因在于几个问题都没有现成的答案,都需要他们深入的思考,适度的挑战性激起他们探索的欲望。让统计图与许多数学知识联系起来,有了数学味的课堂,才能真正吸引住他们。

另外,血型这个情境也功不可没。最初周围老师都认为血型离孩子有点远,不如近视、身高等统计更有实用价值。最终我坚持了血型,首先源于对儿童兴趣的调查,其次对血型的许多说法,让学生自己通过调查去检验,可以培养他们用数据说话的理性精神。

●问题讨论

（1）教学环节的取舍问题

本来计划把"纵轴起点不为 0"的统计图在解决问题的过程中适时地给予介绍，但是因为课堂时间的限制，把这个环节给砍掉了。回头再看录像，在体验统计图的特点、"老师没教怎么学会"的几个环节，用时较多，甚至为了更快搜集数据，学生都建议由老师来统计时，我还是放手让学生来，也耽误了时间。我现在看，仍然觉得这些地方花的时间是值得的，虽然有一些小遗憾，但再次给我机会的话，我可能仍然坚持这些选择。

（2）对学生发言的取舍问题

这节课上该谁发言很多时候都是学生做主，任由学生之间自由地互动。在一些重大问题的讨论中，有一些参与积极的孩子，但是他们的数学思维跟不上的，还有一些很优秀的孩子想说，但是没有机会，教师这时要适当调控一下，可能学生之间能相互学得更多。

（3）数据的来源问题

给学生提供的全北京市小学生的血型数据，并不是真正调查来的。我认为学籍卡管理中心应该有这样的数据，但是通过几种途径都未果。于是，我调查了全北京市的小学生人数，从权威医学杂志上看我国各个地区的四种血型的比率，请教了一些统计专业的学生，做了大致的推算。尽管我已经最大限度地考虑到了负面影响（万一有哪个学生特别执着地去研究血型，并且有渠道拿到可靠的数据与我算出的有出入），一下课，我还是把图表都收了上来。但我还是有一些忐忑，这么做是否合适？算不算伪造数据？

知识的价值如何凸显
——"比的认识"教学实录[①]

课前慎思

●关于比的定义

什么是比？这是上"比的认识"一课无法回避的问题。

---

① 本课执教于 2014 年 10 月，为中国教育学会小教分会学术年会观摩。

教材写得清清楚楚（人教版、北师版都是这样定义的）：两个数相除，又叫做两个数的比。可我不明白：如果比只是除法的另一种说法而已，或者说，比只是除的"小名"或"别名"，"比"又有多大价值？何必要花大力气来学它？

我发现有的教材，对"比"有不同的定义。

美国 Mcgraw-Hill 公司出版的 *California Mathematics* 和 Houghton Mifflin Harcourt 公司出版的 *Go Math* 教材中对比的定义都是：比是指两个量用除法作的比较（A ratio is a comparison of two quantities by division）。强调比是两个量的比较，并且这种比较是基于除法的。

台湾学者指出，比是指对等关系，即两数量 A，B 之间，由于某种原因，而产生一种配对关系，就称此两数量 A 与 B 有对等关系。在数学上有人用序数对（A，B）来记录，也有人用比的符号 A：B 来记录。尽管，在后面也提到比值即比的前项除以后项所得的商，但是在上述比的概念中，则只强调两个数量之间的关系（这里的配对关系，可以理解为对应关系）。

综合以上各种观点，比反映的是两个量的关系，且这种关系是用除法来刻画的。不提两个量的关系，只用除来定义比，比的价值就无从体现。

比与除法的关系，如果是教师告知"比就是除"，"前项—被除数，后项—除数，比号—除号，比值—商"未免过于机械。紧接着，在"比的认识"第一课时，就练习用除法来求比值，反而冲淡了比用来刻画"两个量关系"的价值。我觉得学生可以凭借一些经验和敏感的直觉，如：2：3，可以是 2 杯：3 杯，也可以是 2 桶：3 桶，还可以是 20 杯：30 杯等等，他们自己会发现比的前项和后项同时扩大或缩小相同倍数，比是不变的。由于这一规律和商不变规律的相似性，学生自己就能体会到比和除有着天然的联系！

● 关于比的分类

我们的教材，对比是不做区分的。一课时就让学生感受、认识各种比。美国教材，对同类量的比分成三类：部分比部分，部分比整体，整体比部分；并且单独地给不同类量的比一个新的名称：比（ratio），不同类量的比（rate）。在认识不同类量的比时，重点强调（unit rate），即后项为一个单位的比，如速率，频率等。

台湾学者根据情境，把比分成四类：组合关系（即部分比部分）；母子关系（即部分比整体或整体比部分）；交换关系（如 3 头牛换 5 只羊）；密度关系（即不同类量的比）。

民国时期赵缭编的《数学辞典》，上海辞书出版社的《辞海》，测绘出版社的

《数学小词典》中都把比限定在同类量之比，用现在的眼光来看，是有所缺失的。琢磨王尚志老师的话：从各种特定的具体的比（没有提比这个名称而已），到抽象出比这个概念，正体现了数学的一般性。我在想：没用比的时候，我们解决类似这样的问题：2千克黄豆可做成3千克豆腐，3千克黄豆可以做成多少千克豆腐？做5千克豆腐需要多少千克黄豆？通常用的方法之一：每千克黄豆可以做3÷2=1.5千克豆腐，3千克黄豆就能做3个1.5千克豆腐，即3×1.5；5千克豆腐里有几个1.5千克，就需要几千克黄豆，求一个数里有几个另一个数要用除法，故需要5÷1.5千克黄豆。我们思考问题的每一步，都要去想它的实际含义。而如果从中概括出黄豆与豆腐质量比是2：3，只要考虑3：？=2：3，？：5=2：3即可。一旦抽象出比，无论是同类量的比，还是不同类量的比，都无所谓了，解决问题的过程中，根本无需考虑其情境中的含义了，方法都是一样的。

　　但是，这些是不是需要在一节课内全部完成？对尚处于具体运算阶段的小学生而言，同类量的倍比关系和不同类量的对应关系，对应的是两种不同的除法，含义上是有区别的。只根据"比就是除"，把所有的除依葫画瓢地改写成比，在我看来这样过早形式化的做法有点欠妥。我觉得与其面面俱到的蜻蜓点水，不如分几个课时，让每部分都充分展开。如果学生能够对部分比部分、部分比整体进行灵活的转化，后面"比的应用"是不是就迎刃而解了？

●关于情境选择

　　人教版和北师大版教材，改版前后，使用的主情境没有变化。

　　人教版借助神五发射，介绍了同类量的比（国旗的长宽比）和不同类量的比（路程与时间的比）。探索味道显得淡了些。

　　北师版教材，则提供了长宽比不全相同的照片，并提出了一个有趣的问题：哪些照片比较像？看上去问题很具挑战性，把"像不像"这个很生活化的问题和数学中的相似，与本课要学习的比联系了起来。可惜的是，到考察长除以宽的倍数是否相等，或对应长宽放大的倍数是否相等时，学生的探索就结束了。等到引入比之后，限于没有学习比的基本性质，长与宽的比都保留了最原始的尺寸，（如长6厘米宽4厘米，就是6：4），不敢做任何改变。于是，无论像还是不像的照片，用的都是表面上不同的比来表示，换言之，比的引入，对问题本身的解决毫无帮助。我觉得，第一节课，可以不归纳出比的基本性质，但是学生应该能够、也必须感悟到和认识到比的基本性质。否则，根本谈不上认识比。

两版教材都用长方形的长宽比来引入,我想也是出于几何直观的考虑。一旦如人教版把比定格在"15∶10"(前后项两个数都过大),似乎这种好处也无从体现。另外,长度是一种连续量,与之相比,离散量对学生而言更为简单些。从离散量的比开始,从学生已有的经验开始,是否会更容易些?

第一次尝试

有了这些思考,我开始了尝试。先制定目标如下:

认识同类量的比和不同类量的比的各自含义。认识比的前后两项交换后意思不同,能灵活地对部分比部分,部分比整体进行转化,体会比的基本性质,感受用比表示的简洁和直接。

培养用图形和联系前后知识来思考的能力。

大致设计如下:

一、举例,认识同类量(离散)的比

师:(板书:1∶3)认识吗?谁来正式地介绍一些?

现在的学生课前或多或少知道些比的知识:基本都会读、会写,部分知道前项、后项等概念。这些也没有什么思维含量,但后续的交流又必不可少,干脆课程开始便单刀直入,并且从学生知道的开始,由学生讲,往往比让他们听参与得更积极。

师:1∶3是什么意思,谁能举个例子来说?

学生应该能结合实际,说清楚1∶3可以是1个苹果∶3个梨,也可以是1筐苹果∶3筐苹果等。通过大量的实例,感悟到1∶3是1份与3份的关系。如果学生一时举不出例子,教师可以提供一些材料供学生选择,如两种颜色的小磁钉,杯子、勺子、糖与水等。估计学生只会举部分比部分的例子,教师可以补充:1个男生,2个女生,在这里能找到1∶3吗?让学生体会可以部分比整体。学生也可能会举出体育比赛比分的例子,可暂时不予纠正。等认识到比表示倍数关系后再回顾,从而发现体育比分的特殊性。

二、操作,认识同类量(连续)的比

师:按照规定,国旗长与宽的比是3∶2,下面哪面旗符合要求?把符合要求的旗子挑选出来。(给每个学生提供5种规格的长方形纸片,分别为:3×2,6×4,

12×10，4.5×3，8×8。单位：cm）学生操作，选择。小组交流后，全班讨论。

讨论时聚焦这样一些问题：

哪些是 $3:2$？怎么看的？哪些不是，又为什么？

对 $6cm \times 4cm$，$4.5cm \times 3cm$ 的长方形，学生凭直觉就能看出，这种形状是符合比例的，但不一定能说清道理。教师可以故意地：长 6cm，宽 4cm，我看到的是 $6:4$，没有 $3:2$ 啊？你能不能在图上画一画，让我们都能一眼就看出 $3:2$来？ 用数与形结合的方法，进一步体会比不表示具体的数量，而是数量之间的倍数关系，体验比的基本性质。

不是的，怎么改一下，能变成 $3:2$？

本问题既可以长不变宽变，也可以宽不变长变，方法多样。

把长宽比相等的几个长方形左下顶点对齐摆放，发现了什么？

提供纸片，我猜测学生在操作过程中，会很自然地把符合 $3:2$ 的三张纸片从大到小摆整齐。当左下顶点重合，右上顶点就连成了一条直线。这不就是形象的正比例函数图像吗？

小结：

通过刚才的活动，你对比有些什么认识？

比表示两种数量的关系，和我们以前学的哪种运算很相像？为什么？

介绍比值，并练习。（判断比是否相等的方法之一）

概念辨析：体育比赛中的比分，是不是我们讨论的比？

三、延伸，认识不同类量的比

提供阅读材料。

最智慧的陆地生物：人；最智慧的海洋生物：齿鲸。

给出以下数据：成人脑均重，成人平均体重，成人平均身高；齿鲸脑均重，齿鲸平均体重，齿鲸平均体长。

能找到哪些比？有什么发现？

（如成人脑均重：成人平均体重，齿鲸脑均重：齿鲸平均体重，成人身高：齿鲸体长等。学生可能的发现，如齿鲸的绝对脑质量比人的大，但相对体重比则小于人类等。也有学生可能会想到用身高：体重，看肥胖情况等）

结合学生的交流情况，灵活处理。如果学生举的例子中有像"身高：体重"这样不同类量的比，问：这个比和我们前面讨论的有什么不一样？它又表示什么意思？在此基础上，出示系列数学问题：谁跑得快？哪种牛奶便宜？谁的脚印深？哪个泳池拥挤？等问题让学生讨论，感受不同类量比的价值。

按照上面方案第一次试讲，我写板书 1∶3，学生争先恐后地介绍它的含义。他们除了用语言描述之外，还创造性地就地取材进行表演。如学生说："做糖醋排骨，糖和醋的比是 1∶3。意思就是 1 勺糖，3 勺醋。""也可以是 10 克糖，30 克醋。"随即，小组四人走上讲台，1 人扮演糖，另外 3 人扮演醋。有学生提出了质疑："我觉得你们表演的不是标准的 1∶3。1∶3，应该糖 1 份，醋 3 份，并且每一份要同样多。"台上最高个的同学立刻会意地往下蹲了蹲……整节课学生都在轻松愉快的氛围下学习讨论，他们思维的活跃比我预想的还要好！

然而，刘坚老师的评价却给了我当头一棒："你不停地追问比的价值，可北师版教材的探索情境'照片像不像'为何弃之不用？这一问题恰恰就是体现比的价值！"刘老师还指出，学生在研究照片像不像这个问题时，如果能够想到量长和宽，就是很了不起的事，千万不要小看这一点！再次重新解读教材，我有了新的认识。下面便是第二版的实录。

课堂实录

问题 1. 选照片

师：上周末，我市一位老画家的工作室失窃了（ppt 显示洗劫一空的画室）。经过排查，发现小张有作案嫌疑，可此时，小张却不见了。警察想利用大家的力量寻找小张，需要在不同的媒体上发布照片。两家图片社第一时间印制了大小不同的照片。你们选哪家的照片？

甲　　　乙

学生（异口同声地）：甲！

生1：甲图片社的照片很清楚，一看就是小张，乙图片社的照片把原来的照片要么拉长了，要么压扁了！

生2（边笑边说）：乙图片社的照片像哈哈镜里照出来似的！用这个照片去辨认罪犯，难度太大了！

师：是啊，凭感觉就能看出来，甲的照片和原来比较像，而乙的却变形了。（话锋一转）不过，我们学数学的都知道，仅仅凭着感觉，这是远远不够的。同学们是不是在想一个问题："像和不像"的背后，藏着什么数学奥秘呢？你又准备怎么去研究呢？

生1：我觉得甲图片社第1张照片和原来比长和宽都放大了，第2张长和宽都缩小了；乙图片社那张拉长的照片，长拉伸了，宽反而变小了！所以，照片的长和宽不能一个放大，一个缩小！

生2：我同意她的观点，一定要长和宽都扩大，或者都缩小。我再补充一点，如果长扩大3倍，宽扩大2倍，那也是不行的。

生3：我在电脑上画过图，要想不变形，一定要沿着对角线方向拉，要是拉边的话，就不像了。更简单的是输数据，只要在高度和宽度缩放的百分比那里填相同的数，就可以了！

师（对生3）：你知道的真多！

师：我发现三个同学的发言里有共同的地方，你发现了吗？

生：他们说的都是照片长和宽变化的规律！

师：照片像不像，究竟和大家猜测的长和宽的变化规律有没有关系呢？这些照片我发给大家，大家需要的长宽数据也已经量好。（如下图）

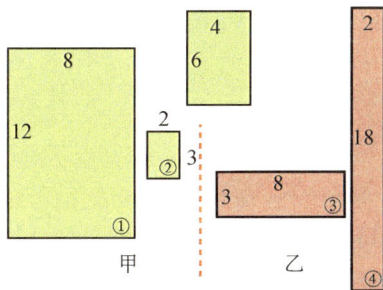

"像与不像"的奥秘

我的研究过程：
（提示：可以用文字、算式，画图等方式表示你的想法）

我的结论：

甲　　　乙

请每个同学先独立思考，可以在纸上写一写，画一画。小组里交流一下你的发现。

（小组交流后的汇报）

组1：我们发现，原始图片的长和宽都扩大2倍，就是甲的1号图片；长和宽都除以2，就是甲的2号图片。而从原始图片到3号图片，宽从4cm变成8cm，扩大了2倍，但长却从6cm变成3cm，缩小了2倍。4号图片也是类似的情况。

师：你们的表达很清楚！最后，你们组的结论是？

组1：我们组的结论就是只要照片的长和宽扩大相同的倍数，或者缩小相同的倍数，照片还是像的，否则，就不像了！

组2：我们的方法和他们组不一样。我们是算每张照片长是宽的几倍。原来的照片，长是6cm，宽是4cm，长是宽的1.5倍。通过计算，我们发现，甲的两张照片都是1.5倍，但是乙的两张照片，分别是$2\frac{2}{3}$倍、9倍，倍数变了。我们的结论是，像的照片，长都是宽的1.5倍；不像的照片，倍数就变了。

组3：我们组的方法和你们是一样的，但是，我们认为乙图片社的第一张照片，不应该算长是宽的几倍，应该算宽是长的几倍！

组2（疑惑地）：可是如果用宽÷长，肯定要比1小，不可能等于1.5倍呀！

组3：这么说吧，如果乙的这张照片，宽是3厘米，长如果不是8厘米而是4.5厘米，按照你们的算法，4.5÷3也等于1.5，可是这张照片一看就和原来的是不像的，原来是瘦长的，这张是矮胖的。所以我们认为，看照片像不像，不是用长÷宽，应该统一用高度÷宽度。

组2（恍然大悟）：谢谢你们的纠正！

师（对组3）：不仅能发现问题，还能举例说得大家都明白，真好！大家能从不同的角度，发现像的照片里高度和宽度变化过程中存在着不变的倍数关系！

问题2. 调颜色

师：我们重新回到破案现场，有位细心的同学，看到现场有一些绿色的脚印，原来是小偷慌乱之中，踩到了画家调的颜料盆里。

我们知道，蓝和黄两种颜料，可以配成各种不同的绿色。画家说，这种绿色呢，他是用3桶蓝颜料和1桶黄颜料调出来的。新的问题来了，警察需要配出完全相同的颜色，有两位同学出了主意：

Ａ：还要用 3 桶蓝颜料，1 桶黄颜料。

Ｂ：只要蓝颜料比黄颜料多 2 桶就行。

师：你赞同谁的？还是你有更好的方案？同桌两人商量一下。

生 1：我认为甲的方法能调出相同的颜色，但是可能太死板了，如果不需要这么多，可能会浪费！乙的方法更好！

生 2：我觉得乙的方法是错的，应该是蓝颜料是黄颜料的 3 倍才对。

生 3：我也认为乙是错的。我给你举个例子吧，比如蓝颜料是 4 桶，黄颜料是 2 桶，可是这时候蓝颜料的数量是黄颜料的 2 倍。那就错了！

生 4：我举一个更明显的例子：如果蓝颜料是 2 桶，黄颜料是 0 桶，同样符合蓝颜料比黄颜料多 2 桶的条件，但是调出来的肯定还是蓝颜色！

师：一个极端的例子更能说明问题！

大家都认为只要蓝颜料数量是黄颜料数量的 3 倍，就能调出相同的颜色。比如：

3 桶蓝，就要配——（生）1 桶黄！

6 桶蓝，就要——（生）2 桶黄！

6 桶黄，就要——（生）18 桶蓝！

⋯⋯

（教师随之板书）

师（故意地）：可是我们都没有试过或调过，大家怎么这么肯定颜色会相同呢？

生 1：只要这个倍数关系不变，颜色肯定是一样的！

生 2：3 桶蓝+1 桶黄，调成绿颜色，再来 3 桶蓝+1 桶黄，调出的颜色和原来相同，相同的颜色再混在一起颜色是不变的，所以不管每种颜料究竟有多少，只要按照这个倍数关系去调，颜色肯定是相同的。

师：说的真清楚！用数学的方法来分析，能让我们看到眼睛不能看到的！

师：解决了两个新问题之后，我们该停下来想一想了。

颜色同不同，图片像不像，看上去是完全不一样的问题，但从数学的角度去看，你能发现它们之间共同的地方吗？

生：都和倍数有关系！

师：能具体地说说吗？

生：颜色同不同，要看两种颜料数量的倍数关系；图片像不像，要看图片长和宽的倍数关系！

师：像这样，生活中许多问题，都不能只看一个数量，需要我们考虑两个量的关系。这种倍数关系非常重要，我们通常还用另外一种新的形式来表示：比。

比如说，这个长方形长 3 厘米，宽 2 厘米，我们就可以说：长和宽的比是 3：2。

看着黑板上的这些图形，以及调颜色时两种颜料的数量，你也能找到比吗？想想它是什么意思？

生 1：1 号图形长和宽的比是 12：8。

生 2：也可以说 1 号图形宽和长的比是 8：12。

生 3：我认为 1 号图形长和宽的比是 3：2

（学生点头称是）

师：明明我看到的是 12cm，8cm，你的 3：2 的 3，2 又从何而来？

生 3：12 和 8 同时除以 4，就是 3：2 了！

师：你能不能在这个长方形上画一画，让我们大家都能看到 3：2 来？

（生 3 在 1 号长方形上添加了几条分割线如下）

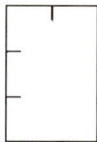

我把长和宽都是每 4cm 分一份，这样，长就是 3 份，宽就是 2 份，所以长和宽的比就是 3：2。

（学生鼓掌）

师：图形能帮我们解释得更清楚！

12：8，同时除以 4，成了 3：2，比是不变的。这个规律怎么看着这么熟悉，在哪儿见过？

生：商不变规律，还有分数的基本性质！

师：原来比和除法、分数之间有着天然的联系！

生 4：我认为在配颜料的问题中，无论是 3 桶蓝和 1 桶黄，还是 6 桶蓝和 2 桶黄，18 桶蓝和 6 桶黄，蓝颜料数量和黄颜料数量的比都是 3：1！

师：原来，这个比不能反映具体的数量是多少，只能看出——（生）两种数量之间的倍数关系！

生 4：我找到的比是 4：1，我——

师（打断）：你先别说，让我们大家猜一猜，好吗？

生5：我猜是1号图形宽比上2号图形的宽，1号图形宽8cm，2号图形宽2cm，它们的比是8∶2，2cm看成1份，所以也是4∶1！

生6：也可以是1号图形的长比2号图形的长！

生7：我认为还可以是1号图形的面积比原来图形的面积，原来图形的面积是6×4=24平方厘米，1号图形的面积是12×8=96平方厘米，96∶24就等于4∶1。

生8：我也认为1号图形面积比原来图形的面积是4∶1。把原来图形放在1号图形里，正好摆4个，所以它们面积的比就是4∶1。

师：大家这么快就能举一反三，灵活应用，我想一方面是你们学得认真，还有一个原因，是用比表示两个量的关系特别直接和简单！

师：通过刚才的学习，你对比，有些什么认识？还有什么问题？

生1：比不表示具体的数量是多少，比表示两个数量的倍数关系。

生2：我给他解释一下：像3∶1，不一定是3cm∶1cm，或者3桶∶1桶，3∶1只表示前面的数是3份，后面的数是1份，它们之间是3倍的关系。

生3：我还想提醒一下大家：3∶1和1∶3是不同的。

生4：我有一个问题，我们学的比表示两个数的倍数关系，可数学书上写的却是"两个数相除"，我想问：这两句话含义相同吗？

师：欣赏你的问题，有谁和他有同样的疑问？

（两位学生举起了手）

师：能提出这样的问题，说明自觉进行预习了，并不是书上说什么就信什么，或者施老师教什么就记什么，而是自己动脑筋去琢磨！（学生鼓掌）

师：倍数关系和相除关系，大家想想，是不是一样？

生1：我认为倍数关系就是用除法求出的，所以含义是一样的。

生2（犹犹豫豫地）：我觉得不太一样，但是我也说不好到底不同在哪里。

师：相除，比"倍数关系"含义更广了，倍数关系，限于同类量之间，而除法，可以在不同类量之间进行。你觉得有没有不同类量的比？

生1：性价比！就是一种东西值不值得买，要看它的性能和价钱的比！

师：你能联系自己生活中看到的去思考，真好！

不同类量的比，究竟有没有？大家看看书，很容易知道：这个可以有！

其实，这样的比，我们早就见过！

（出示问题）

三年级

谁跑得快？

我2小时行驶了120千米。

我3小时行驶了210千米。

谁的脚印深？

四年级

哪种包装便宜？

9.8元

4.2元

哪个泳池更拥挤？

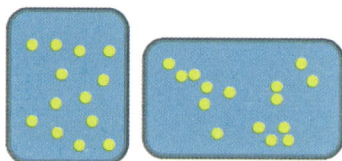

师：可是，这样的比不再表示倍数关系了，又表示什么？需要你去思考！

不同类量的关系也能用比来表示，听上去好像有些别扭。究竟这样的比有什么好处呢？这个更需要你慢慢地去琢磨，体会！

问题3：找证据

师：最后，我们再回到失窃案来——

经过大家的努力，小张找到了。可小张却向警察提供了一张在海边度假的照片，证明当时不在现场，警察怀疑照片是合成的，但没有证据。你能看出什么破绽吗？

照片刚出示，一些学生便激动地说：照片是 PS 的！影子，影子的长度不对！

师：猜测，可以很大胆；不过，下结论还得要小心。这张照片留给你，用数据来说话！关于影子的规律，施老师建议，找一个好天气，到阳光下好好观察一下，做个小实验，看看你想的对不对，再想想你发现的规律能解决什么问题！一周后我们再交流！

自主前习，聚焦问题
——"圆的认识"教学实录①

🌿 课前慎思

● 上课背景

"课前参与，课中研讨，课后延伸"三段式是我校经过多年实践探索总结出的行之有效的课堂教学模式。近年来，从高校到基础教育如火如荼开展的"翻转课堂"实验引发了我们更深入的思考。今年北京市教委又有了新的规定：小学生一周只做一次书面作业，"减负不减质"要求课堂更为高效。在这一背景下，让学生带着"有准备的大脑"进课堂，课前参与显得尤为重要。学生的课前究竟该参与些什么、怎样参与，才能让学生的能力习惯和态度同步发展？不同年级、不同学科、不同教学内容，是否有不同的课前参与方式？怎样避免课前参与成为另一种"灌输"？……一个个问题扑面而来，李烈校长带领我们经过多次研讨后，初步定下了"自主前习，聚焦问题，研究讨论，对己负责"的有理念、有方法的一套改革方案。即以"问题"为切入点，课前参与，重在提出问题；课中研讨，聚焦重要问题；课后延伸，就问题开展小课题研究等，并自始至终注重对学生"对己负责"态度的培养。李校长建议，六年级学生有多年的前参经验，具备一定的自学能力，可以率先尝试研究。

肩负改革重任，暑假里，我主要做了两件事。一是梳理六上教材，看看各部分内容分别适合怎样的前参，最核心的问题是什么？二是以小学生的眼光，寻找并记录生活中的数学问题。

---

① 2015 年 9 月 9 日，西城区教委丁大伟主任来学校视察开学工作，在李烈校长等学校领导的陪同下，听了六（5）班的数学课"圆的认识"。

●我的思考

关于"圆的认识"这节课，当时的初步考虑是，这节课因为"事实性"知识较多，这些知识也不是能探究出来的，所以课前阅读加思考是合适的方式。

假期收藏了一个和这节课有关的，微信画圆的游戏，手机屏幕上显示圆心和半径，徒手画圆。程序会根据画的圆与标准圆的关系，用百分数表示所得成绩，评价语也算幽默有趣。（如下图）

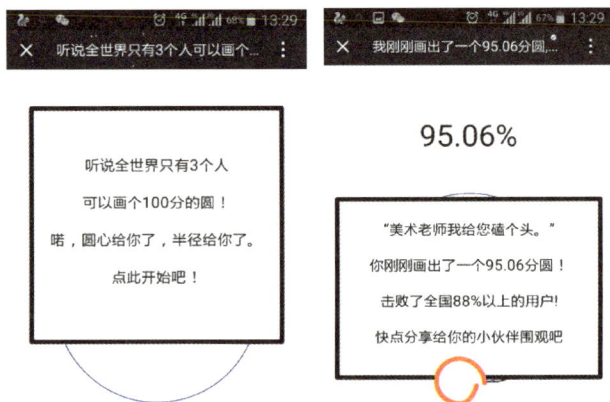

徒手画圆，很难和标准圆完全一致，在手指的运动中能体验圆作为曲线图形的特点。当时就想，上课前，我把游戏发在群里，上传一个不太高的分数（让学生努力一下就能超过我），学生应该会有兴趣。而得高分的愿望，会让学生注意指尖到圆心的距离保持不变，正好和圆的特点有关系。

上课前一天，我又思考了这节课的目标：认识"圆心、半径、直径"，理解"直径和半径的关系"等，学生可以通过课前学习完成；"圆规画圆"这一技能的掌握，有了对圆特征的认识之后，还需要一定量的练习，与其课上教一些技巧，不如布置一些有趣的设计画圆活动，让学生自己去感悟；在所有认知目标中，最重要的应该是"体会圆一中同长的特征"，课堂上所有活动都应围绕这一点进行，然后在通过一个核心问题"生活中一些事物为什么是圆形的"让学生体会得更充分。

因为是新接班的第二节数学课，师生之间还很陌生，更多的鼓励必不可少。至于方法上的指点，看课堂情况再说吧。

我布置的课前参与任务如下：

①玩游戏（看班级群）；②带圆规；③提问题（看书2~4页）。

课堂实录

一、画圆感受特征

1. 徒手画圆游戏总结与展示

师：昨天我在微信群里给大家推荐了一个画圆小游戏，有 25 位同学参与，其中超过我画圆成绩的有 22 位，真棒！咱们班的最高纪录是浦子烨同学，画出了一个 98.24 分的圆。（同学们轻轻地感叹道："哇！"）的确很厉害啊！这是施老师画了无数次也达不到的成绩。

师：接下来，我们有请班级记录的创造者小烨来展示一下，好不好？（教师把手机放在事物投影仪上，示意小烨上台）

（面对一教室的老师和同学，小烨明显有些紧张。同学们自发地鼓掌激励后，她现场画了一个 95.45 分的圆。）

师：这么大的压力下，画出的圆得分依然很高，真的很棒！（带头再次鼓掌）施老师想采访一下你，昨天你画的圆分特别高，有 98 分多。你是次次都能画出来吗？

生：不是的，一开始我只能画 80 多分，我发现画的时候左半边的圆老是有点往里，右半边的圆又往外了，我就调整，再调整，最后才画出来。

师：哦，原来是画了好多回，拿一个自己最满意的成绩和大家来分享。其实生活中好多事情都是这样，别人看到的是台上最漂亮的成绩，可是在大家看不到的时候，背后花的功夫可多了！真的是台上一分钟。（生接着：台下十年功！）

师：徒手画圆同学们都有了许许多多的体会，大家都奔着要当全世界拿 100 分的那三个人，但是……

生：太难了！不太可能！

2. 尝试练习圆规画圆

师：好像真要画个 100 分的圆，最好有个工具！

生（众）：圆规！

师：带了吗？（带了！）用圆规你能确保画出一个 100 分的圆吗？多少人能，把手举起来。（班中所有同学都举起了手。）

师（吃惊地）：你们都画过吗？

生（七嘴八舌）：画过了！昨天晚上就画了！我画了好几个呢！

师（赞许地）：在微信群里玩画圆游戏是我布置的作业，圆规画圆我没有布置，只是让大家带圆规。但是，我发现全班每个同学都去尝试了，而且有的同学还不止试了一回，真好！我特别欣赏大家。第一，这就是主动学习，对自己负责。那个圆规是干什么的呢？肯定是画圆的，那圆怎么画呢？自己可以试试。第二，拿到一个新东西，不是很麻木的放在那里，而是很好奇。希望大家对新事物永远充满好奇！

师：大家的课前自学有了很好的基础，我就提高要求：请在课堂本上，画一个直径 5cm 的圆。

（学生画圆，一开始有三五个画错的，画完之后同桌两人自动交流后，全班都改对了）

师：一个圆怎么才能画得特别圆，有经验的同学课下可以去指导一下旁边的同学，自己觉得画圆画得还不太熟练的同学，也可以去请教一下别人，好吗？（好！）

师：我看了看，咱们班同学先自己思考、自己做，再和同学去交流，已经成了习惯。这点非常好！请看这个同学的作品（实物投影展示一位学生画的两个圆，分别为半径 5 厘米、半径 2.5 厘米），要求画一个圆，他为什么画了两个？

（学生不明白要干什么，一副很茫然的表情）

师：他先画了这个圆，你猜猜同桌交流时发生了什么，他才重新又画了一个？

生 1：我觉得这个同学可能一开始没有听清楚，他画的是半径是 5cm 的圆。后来看到和同桌画的圆不一样大，肯定知道有人错了。老师要求的是直径 5cm，自己的这个圆太大了，所以又重新画了一个。

生 2：我猜也可能是这个同学直径、半径的概念混淆了，他的同桌提醒之后才明白的。

师：把圆画错了，可能是要求听错了，也可能是概念不清楚，还有其他可能。如果你是同桌，你会怎么提醒？

生 1：老师要求直径 5cm，你画的是半径 5cm 了！

生 2：直径 5cm，其实应该画半径 2.5cm 才对！

师：大家说的都不错！如果不直接告诉，而是让你用问题来提醒同桌，你会怎么说？

生 1：老师的要求是什么？

生 2：什么是直径？圆规两脚分开的长度，是直径吗？

师：同样是交流建议，换成提问的方式，有什么好呢？

生：可以让错了的同学自己发现问题出在哪里。

师：没错，这样交流，能让说的和听的都再学习、再思考！

二、小组交流收获

师：玩游戏、带圆规，这是昨天我布置的前两项作业，第三项作业是自己看书学习，然后提问题。今天早上我收到了同学们提出的这么多问题，很棒！那我想，肯定还有许多收获，你没有写下来。那就是，你已经通过自学知道了哪些知识？明白了什么道理？关于"圆的认识"的第一课，咱们这些没有写下来的收获，现在，在四人小组里交流一下，可以采用互相提问的方式哦！

（学生分小组开始交流。教师深入了两三个小组，下面是组1的交流实录）

生1：我知道了圆最中心的那一点，叫做圆心。请问圆心可以用哪个字母表示？

生2：字母O！

生2：请问半径和直径分别用哪个字母表示？

生3：半径用字母r表示，直径用字母d表示。我还知道，这些字母是英文单词半径和直径的第一个字母。

生4：我问大家一个问题：两端在圆上的线段是直径。这句话说的对不对？

生（其余）：对！

生2：我觉得要加一个条件，还得是最长的！像这样随便连一条（边说边画）不叫直径。

生4：你说的对！也可以加上一句：要通过圆心！

生：从图上就能看出来，两条半径等于一个直径。

师：对圆的有关知识同学们刚刚交流的特别充分，非常好！我很高兴，在小组里不仅听到了介绍，还听到了相互提问。在这施老师有一个问题想问问大家，圆是一个平面图形，之前我们还学过很多其他的平面图形，比如？

生（七嘴八舌）：长方形、正方形、三角形、梯形、平行四边形。

师：学习了这么多的平面图形，在研究这些图形时，我们已经有了一套非常成熟的方法了，是分别从哪几方面研究它们？

生：都是从边和角两个方面来研究的。

师：概括的真好！我们再看今天学习的圆，研究的却好像不一样：我们不去研究圆上的边，非要在里面另外新画一条线段（半径吗）？不研究圆上的角，而是另外找一个中心的点？这是为什么？

（学生们都陷入了思考，沉默着）

师（自言自语地）：研究正方形时，我们从来没有在中间找过一个点，给它一个名字，说这个点叫做方心。三角形也没有三角心。为什么研究圆的时候，就非得在里面找一个点，在里面画一条新的线段研究呢？

生：我觉得要是在边上找一个点的话，就没有办法画出这个圆来了。而长方形呢，要是找出来四个顶点，连起来就可以画出一个长方形。

生：首先圆的半径是一样长的，从圆的中心位置找一个点，这样圆心到圆上都是一样长的。正方形要是也在中心找一个点的话，这个点到边的距离就不一样长。

生：我帮你补充一下，找到圆心可以画出来圆，可是方心画不出正方形，要找四个顶点才能画出来正方形。

生：我是觉得，圆没有角、没有边。我们以前都学过，角要有顶点，顶点是由两条边相交形成的，而圆就是用一条曲线圈起来的，所以圆就没有顶点。再说了，只有一条曲线，没有边，所以边的长度是不是相等、是不是平行，都没有办法研究啊！

生：还有在以后的学习中，我们要是求圆的周长、面积都要用到半径，而长方形都是用边。

生：我想到的是，长方形、正方形他们的对称轴只有几条，而圆的对称轴有无数条，说明圆也是很特殊的。

师：刚刚同学们从很多不同的角度去思考了施老师提出的这个问题，我觉得大家都说得特别好！其实这个问题的答案到底是什么，我也不知道（学生很惊讶！）。我也想了很久，也没有想出来最好的答案。但是我觉得通过对这个问题的思考，大家好像对圆这个图形和之前我们学习过的这些平面图形相比，对它的特殊性感受更深了。

（学生们频频点头）

师：回头再来看长方形、三角形、平行四边形、梯形，和圆……既然他们都是平面图形，研究方法上还是有相同的地方的。我们都知道点动成线，（学生接：线动成面）和面比，线和点是更基本的。长方形、三角形，我们都要看边和角；圆，我们看圆心和半径。实际上可以说都是研究更为基本的线和点。

（学生点头表示赞同）

三、聚焦问题探讨

师：课前同学们也提出了很多自己的问题。

（实物投影展示学生问题：①为什么大树的年轮是圆的？大树的根也是圆的？②画圆可以不用圆规吗？用别的工具能画吗？③老师为什么让我们玩画圆游戏呢？想告诉我们什么呢？④要画一个特别特别大的圆，圆规用不了了，该怎么办呢？⑤为什么车轮是圆的，而不是正方形的呢？⑥为什么西瓜是圆的呢？……）

师：我发现咱们班的同学，特别善于问为什么，我很欣赏！

可能有一些同学的问题特别多，我们还需要给他们分分类。怎样问问题，会让多的变少，少的再变多，后面我们会再来深入地讨论、交流。（停顿）这里有一个问题，是好多同学都感兴趣的——为什么生活中某个物体的面是圆的？我们今天先集中解决大家提的最多的一个问题："车轮为什么是圆的？"

生：我以前也想过这个问题，我现在觉得要是把车轮变成长方形或者正方形，他们都是有顶点的，不会像圆形滚得那么快。

生：车轮要是换成方形，走的过程中就会上下波动一下，而圆形走起来就会比较平稳。

师：两位同学思考的方法是相同的。问"车轮为什么是圆的？"不好回答，他们便换了一个角度，"如果车轮是其他形状的，会出现什么问题？"非常棒！

生：我昨天在家想这个问题时就做了三个车轮，正方形的、椭圆的、和圆的，我可以给大家展示一下。（学生拿着自制车轮，就地取材，拿米尺当轨道，在黑板上滚动演示。）大家看这是正方形车轮，大家可以想象一下，如果这有个位置，我们坐在上面肯定会很颠。这个是椭圆形车轮，和正方形车轮一样，也会上上下下。只有圆形车轮，坐在上面是最平稳的。

（课堂里不约而同地响起了掌声！）

师：头脑里想象有点困难，动手做一做，就很明白了。谢谢你！有没有想过，为什么只有圆形车轮，才能滚动平稳？

生：其实我们可从车轴的角度来思考，车轴安装在圆心，那么滚动的时候，车轴到地面的距离都是一样长的，所以才平稳。要是换了别的图形，车轴到地面的距离就变了，就会上下颠簸了。

（课堂里再次响起了掌声！）

师：车轮是圆的，原来离不开圆的什么特点？

生：就是轴心到车轮边上的距离都是一样的。

师：车轴就是圆的什么？到车轮边上的距离又是什么？用概念来说话，更简单！

生：就是圆心到圆上的半径都是相等的！

师：圆心到圆上的距离，就叫半径。我们可以说圆心到圆上的距离都相等，或者简单地说半径都相等。圆的这个特点很重要，我国古人只用四个字就概括了圆的这个特点。（教师板书：一中同长）（学生们佩服地："哇！"）

师：中是指什么？

生：圆心！

师：同长的长呢？

生：半径！

师：有点遗憾打下课铃了。我本来还想，黑板上还缺一个圆，我也没有大圆规。这正好是同学们提到的问题：没有圆规，有什么办法，可以画一个100%的圆？同学们课前还提了很多问题，时间关系，我们不再讨论了。学了这节课，大家可以回头看一看，现在这些问题能不能解决了？把解决不了的问题做上标记，一段时间后，我们再来讨论！

课 后 反 思

有些没有完成的环节，学生也没有完全放开，也情有可原吧！又是新老师上课，又有校长、教委主任等听课。上课，有许多未知的因素，不能彩排也无法重来，永远是"遗憾的艺术"！回顾整节课，要实现的目标基本达成，课堂上我也很放松，能心无旁骛地和学生进行对话，对一些即兴生成内容的处理，也算得体，不仅要随时给予学生温暖的鼓励，还要有一些数学思考方法、课堂交流技巧等多方面的引导。一晚上的准备，能有这样的效果，我对自己还挺满意的。

整理这些年的案例，我在邮箱里偶然翻到自己数年前"圆的认识"的教学设计。回忆起来，当时是华应龙校长带领我们组老师进行"圆的认识"同课异构研究时写下的。"在你画的圆里找一个你认为最重要的点，画出来（学生肯定会找圆心）。为什么大家都不约而同地要找圆中心这个点？……我们还给这个点取了个名字，叫'圆心'。这个点不仅有中文名，还有英文名，叫'O'。原来学习的其他平面图形，有的也有中心点。可从来没有这么隆重地对待过！比如正方形，可没听说有'方心'啊！"看当时的文字，我发现，我的基本认识，由研究圆和研究以往平面图形方法上的不同，感受到圆心和半径的重要性，继而引出圆的最重要特征"圆上任一点到圆心距离都相等"，这么多年没有变化，同样的想法，似乎当时精心准备的教学语言还要生动有趣些。要说有点进步，可能就是那时只强调圆的特殊性，现在则兼顾了所有平面图形的一般性，另外能以更为开放的心态接受学生的各种思考。这么看一个人认识上要有所突破，还是挺艰难的。一些问题，如果只是在头脑里想想，"雁过不留痕"，不容易想深入，更可怕的是或许原地踏步多年自己也意识不到。于是越发认识到了叶澜教授告诫青年教师写反思的重要性。

刘伟男老师给我整理课堂实录时，特意提了意见："师父，您课上说的话太多啦！"会是这样吗？统计了一下字数，把我自己吓了一跳。4000多字的课堂实录，我说的超过了2500字，占60%。身处课堂时，觉得是学生的"弱"逼着我多说，回头看文字记录，某种程度上说，学生表现得不够出色，和我的强势脱不了干系。细细读来，发现小题大做的多了些，教育的痕迹浓了点，数学方法的渗透也急于求成。每个地方都想要提升一下，显得高于学生的地方太多，或许效果只会适得其反。

专家点评

好老师课堂上会更漂亮[1]

丁大伟[2]

先和大家说说我最近学习的体会。

最近我看一本书中提到，美国有个研究"知识是有个性的"，换一句话说，"知识是人性化的"，我很认同。我没想到，他们这个研究竟然是20世纪60年代就有了；第二个，是我个人有这个感受，一个好的老师在课堂上解读的是不可被记载的东西，我觉得这一点十分重要。如果一个好的老师所传授的都能形成文字，那么全世界的老师都能和你有一样的水平了。这些不可被记载的东西，其实就是你、你的学生、当时的环境等，可能就出现一次，再出现就不一样了；最后一句话是我以前常说的，好老师在课堂上会显得更漂亮。一个老师，登上讲台就进入角色，应该展示你最精彩的一面。

我从当老师到当校长，再到教委工作，有一个切身体会：你教数学，如果只听数学课，或者你只研究你那个学段，你的成就不会太大。因为知识是普遍联系

---

[1] 根据丁大伟主任课后即兴评点的录音整理，标题为作者所加。

[2] 丁大伟，北京市西城区教委主任，中学数学特级教师。

的，知识也是有连续性的。

二小课上的生生互动很突出。我现在要说的还不是这一点，就说老师传授给孩子的东西，我觉得二小的课有一个鲜明的特点，一直是很综合的，不仅仅是数学。今天这节课，有对学生学习方法的指导，对学生正确学习习惯的肯定，告诉孩子成功需要默默无闻的努力，等等，这个也是传承了二小课的特点。这个综合，可以说是横向的综合。今天的课上，我还看到了第二个综合，纵向综合，即课里做了许多为未来发展奠基的事，不是把眼光盯着现在。这让我想到了我们最近做的事情。我们追踪各个小学毕业生三年后的中考成绩，二小连续三年都是全区第一。我们现在整个的评价都在调整。二小的孩子，他们做的贡献，不在于六年级毕业时的状态，而在于未来三年、六年甚至一生对他所在的新集体、对整个社会所做的贡献，这才是一个科学发展、持续进步的理念。

回到课本身，我们说好课是始于课内终于课外，我看到了课堂的开放。不是把什么东西都讲死了，给学生一个肯定的、权威的结论，而是让学生思考。今天这节课上有一个特别好的地方，让学生对比，将来的数学也是这样。我学过长方形正方形（就是矩形）、三角形、平行四边形、梯形等，现在我要学习圆。研究前面四个图形和研究圆的方式是不一样的，虽然都是平面图形，但前四个是直线图形，而圆是曲线图形。图形特征不一样，研究方式也不一样，把这些放在一起，这已经是一大进步。这里有一个核心的东西，叫基本量，数学有一个基本量法。前四个图形，是两点确定一条线段，它们都是由线段围成，所以是直线图形；而圆的基本量是圆心和半径。圆是平面内到定点距离等于定长的点的集合，但这些点里没有圆心，圆心恰恰不是圆的组成部分，它是画圆的辅助东西。我感觉老师差一点就讲到了圆的两个基本定义：轨迹定义（动态的）和集合定义（静态的），今天课上很开放，我觉得讲到这种程度就行了，很难得。

再说学生的问题，他们问："为什么树干是圆的"。这里涉及一个问题，就是周长一定的情况下，圆的面积最大，这是它的几何背景。

最后再说一个，前面让学生画一个直径是5cm的圆。老师抓住了学生画的两个大小不同的圆，学生不知道你要干什么，后来才明白。我当时在旁边记了一句话："你看到的，是你想看到的。"比如在这个屋听课，这个屋所有的东西，物理学上讲，都在你的视线内，但是有的你却没看到。不是你没看见，而是你看见了，但你的脑子不去采纳它。接下来一句话"你想到的，是你所能想到的"，那你想不到的怎么办，就要靠团队，就要小组合作。总体非常好，我就说到这里！

应景的一课
——"打电话"教学实录

课前慎思

严格地来说，上这节课之前的一点儿想法真的谈不上"慎思"，选择这个内容，甚至都是进了教室后才做的决定。虽是临时起意，却没有丝毫的犹豫；尽管都没来得及写上两笔，但内心还算有谱。于是，很自然地想到苏霍姆林斯基《给教师的建议》中提到的那位历史老师的话语："对这节课，我准备了一辈子。而且总地来说，对每节课，我都是用终身的时间来备课的。但对课的直接准备，我只用了大约 15 分钟。"

● 上什么？

新课还剩两个单元，"数学好玩"和"百分数的应用"（较复杂的百分数问题）。组里统一的计划是先学后面的"百分数的应用"。这样安排也是有考虑：和"数学好玩"相比，"百分数的应用"更为重要，学生更容易有困难，早点学，如果有问题还有弥补巩固的时间。瞄准最难点，加大火力集中猛攻，是大家常用的做法。

可在我看来，简单问题解决不好，就专门练复杂问题，是头痛医头脚痛医脚的短视行为，解决不了根本的问题。我的想法不太一样，并且这一想法近年来越来越清晰，那就是：原理都是相通的，基本的才是最重要的。理解了基本的，题目简单还是复杂，都无所谓。所以，我更愿意把时间花在简单的问题上，学生有了对基本原理深入的理解，自己就能独立解决更为复杂的问题。我认为，整个分数、百分数问题的重中之重是分数乘法的含义。因此我在分数乘法的含义上花了极大力气，变换了各种方式，以期待学生能深入理解。效果慢慢地开始显现，但据我判断，少数学生对分数乘法含义的理解还有浮于表面之嫌，面对新问题时做不到灵活迁移。此时要教学复杂的百分数问题，我认为准备还不够充分。可原地踏步的话，一定要换个形式，否则学生也会厌倦。已经预想了多种方式！或者给学生布置个任务，刚刚学完的比，这一单元所有书本上的问题，全部改编成分数应用题？同一个问题，不同角度思考，知识之间的联系或许能帮助学生理解"旧瓶装新酒"，也会让学生眼前一亮……犹豫间，人已早早进了教室。

那天空气已然不好，根据建议，教室不宜开窗，学生也停止了户外活动。一推开教室门，浑浊的气息扑面而来，看着学生强打起精神认真早读的模样，我打心底里心疼。想着我即将要上课的内容，对大部分学生而言，其实并无必要，让学生受着罪却没有新的收获，良心上有点过不去。而上"百分数的复杂应用"，我还是觉得时机不够成熟。干脆，先上"数学好玩"单元！分数单元有问题的学生可以找我私下辅导，其他同学也好沉淀一下。脑子里快速回忆了"数学好玩"里的几个专题，就它了——"联络方式"！

● **怎么上？**

（1）提出什么样的问题

这部分内容的生长点，不是知识上增加了什么，而是给学生方法上的启迪："能利用画图、列表表示问题"的工具意识，"遇上复杂的问题，能从简单的想起"的转化思想，"探索过程中善于寻找规律"的概括能力。教材（如下图）有这样的追求，但教材呈现的方法似乎不足以达成这些目标：

联络方式

星星体操表演队为联络方便，设计了一种联系方式。一旦有事，先由教练同时通知两位队长，两位队长再分别同时通知两名同学，依此类推，每人再同时通知两个人。每同时通知两人共需 1 分。

时间/分	示意图	通知到的同学数
1	<	2
2	‹‹	2+4＝6
3	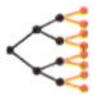 ‹‹‹	2+4+8＝14
4		
5		

1. 你能画图表示出联络方式吗？

2. 你发现了什么规律？如果有 126 名同学，需要多长时间通知他们？

首先，"教练同时通知两位队长，两位队长分别同时通知两名同学"，问题的陈述已经从头开始，学生无需动脑，只要把文字"翻译成图"即可，"难的不会想简单的"转化思想无法体现；其次，画图是指定要求，并不是学生的自主想法，学生也感受不到画图的好处；同样的，寻找规律也不是学生的内在需求。总地来说，因为问题呈现缺少探索性，上述目标都无从落实。再有，为了让学生认识"指数函数"爆炸式增长的模式，编造出"一人同时通知两人"的情境，不真实还是次要的，主要还是带来的语言叙述别扭，不易理解的新问题。

所以，解决某个无从下手的新问题，需要从简单的想起，再寻找规律。而在交流表达时，画图是学生的自然选择。好吧！让问题更真实些，学生人数、老师姓名全部是这个班的真实信息：

天气突变，突降暴雪。为了安全，学校紧急通知停课。网络全部中断，只能靠电话联系。张老师要把停课的消息通过电话通知到全班 42 名同学，如果老师和同学、同学和同学之间打一个电话都要 1 分钟，最少需要几分钟？

（2）上课的基本模式

对于这样的内容，我认为"提出问题、独立探究、讨论交流"是这节课的必然选择。让学生充分地探究和表达，我要做的，便是捕捉课堂里学生们忽略的问题，以及学生发言中值得大家学习、思考、改进的种种可以放大的细节，更好达成教学目标。

课堂实录

一、情境，问题

师：天气突变，下起了暴雪。为了安全，学校紧急通知停课。网络全部中断，只能靠电话联系。张老师要通知到全班 42 名同学，电话可以怎么打？

生 1：张老师按全班的学号顺序，一个接着一个打，一共打 42 个电话，就通知到了全班同学。

生 2：这样张老师太累了！我觉得可以是张老师通知 1 号，1 号再通知 2 号，2 号通知 3 号，……最后也能通知到全班同学。

生 3：如果要省时间的话，可以给全班同学分组，就像我们班的联络网一样。比如就分成 6 个组，每组 7 人，每组都有一个组长。张老师只要给 6 个组长打电话，再由组长通知组里的其他 6 个人。这样张老师和组长都只要打 6 个电话，不太累，并且也能节省时间。

师：同学们的方案真多，这些方案都能解决问题！大家很自然地想到不能让老师或哪个同学太累，让我感动！还有同学想到要节省时间，和我想到了一块儿！紧急通知，往往希望能在最短时间内通知到全部同学。那么，问题来了：

现在只有张老师一人知道了停课通知，如果打一个电话需要1分钟，通知到全班42名同学，最少需要几分钟？

师：每个同学先独立思考，可以在本上写写画画。

二、探究，交流

（五分钟后小组交流，教师巡视，指定组2的作品做全班交流）

组1（实物投影仪上显示下图）：我们的方案是，先把全班同学分成2大组，每组21人。第一次，张老师先打给2个大组长，需要2分钟；每个大组除组长以外有20人，再分成2个组，每组10人。第二次，大组长打电话给2个中组长，需要2分钟；这时候，只需要通知每个中组的其他9个人了。再把9人平均分成3组，第三次，中组长打给3个小组长，需要3分钟；最后小组长再通知组里的另外2人，需要2分钟。一共要9分钟。

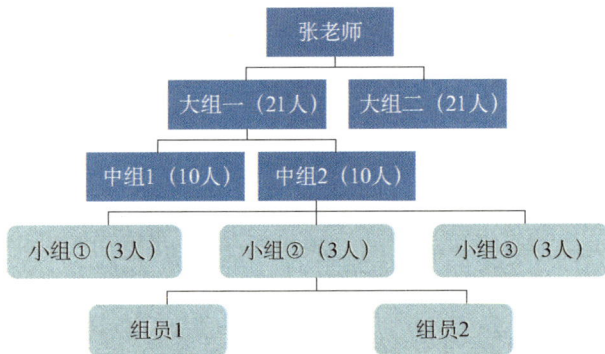

生4：我们有个问题想问你们组：你们确定这是最省时间的方案吗？

组1：我们是受生3的启发，他们分成6组，需要打12分钟；我们想，如果组数少一些，比如全班就分成3个大组，每组14人，张老师只要通知3个大组长；每个大组除组长外还有13人，再分成3个小组，每组有4人或5人，每小组再有一个小组长，大组长通知3个小组长；然后小组长通知组里的其他3人或4人，一共需要的时间是3分+3分+4分=10分钟。

我们发现，从张老师自己打电话给每一个同学，变成张老师打电话给组长，组长打电话给同学，再到我们设计的张老师打电话给大组长，大组长打电话给小组长，小组长再打电话给其他同学，分的层数越多，需要的时间就越少。我们就想到每次都只分2个组，除了一次是9人没办法平均分，才分成3个组。我们每次都让组数最少，这样层数就最多，所以我们认为时间也是最少的。

组2：我们有更省时间的方案——

师：我先插一句，组1的方法是不是用时最少，我们先不讨论。大家从组1的发言里有没有学到什么？

生5：他们在探究过程中能发现规律：分组分的层数越多，需要的时间就越少。我觉得这点特别好！

生6：他们是受了生3办法的启发，改进的！

生7：他们组用图来表示打电话的过程，非常清楚！

师：大家说得真好！组1能从别人的方法里进行学习，研究过程中善于思考和发现，真棒！

（组1鞠躬，同学们为组1鼓掌）

组1：有请组2来补充！

组2（一名学生说，另一名学生在黑板上画图如下）：

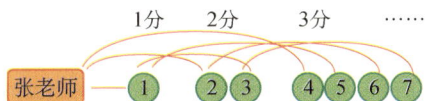

我们的方法是第1分钟，张老师通知1号同学；第2分钟，张老师通知2号，1号通知3号；第3分钟，张老师通知4号，1号通知5号，2号通知6号，3号通知7号；……

就这样画下去，我们发现，最后只要6分钟，就能通知到全班所有的同学，这是最快的方案。

生1：我不明白6分钟是怎么来的，你们才画到第3分钟，通知了7名同学。

组2：我们一开始是一直画到42号同学的，是6分钟。但是后来，我们觉得这样太麻烦了。我们想，能不能找找规律。大家看：第1分钟，通知了1个同学，第2分钟通知了2个同学，第3分钟通知了4个同学，大家发现规律了吗？

（学生们恍然大悟："哦"）

组2：所以，第4分钟，会通知——

生（自由地）：8个同学！

组2：第5分钟，通知——

生（自由地）：16个！

组2：第6分钟，就能通知32名同学，6分钟后，接到通知的人数是

1+2+4+8+16+32，超过了 42 人，所以答案是 6 分钟。

（教室里响起了热烈的掌声）

生 2：你们的方案用的时间是比组 1 少，可是能确定这是最省时间的方案吗？

（这个问题把全班同学问住了，沉默片刻，学生自发地小声交流之后）

生 3：我们可以问问：有没有哪个组用的时间比 6 分钟更少？

（学生均摇头）

组 2（有点犹豫地）：我们认为这是最省时间的，我们的安排是：凡是知道通知的老师和任何一个同学，都要不停地打电话通知其他人，时间一点儿都没有浪费。比较一下组 1 的，前 2 分钟张老师打电话给两个组长，其实第 2 分钟张老师打电话的时候，组长 1 可以同时打电话的却没有打；再往后，张老师可以不停地打电话的却再也不打了，所以他们浪费的时间比较多，用的时间就多了。

（掌声再次响起）

师：特别要感谢生 2 的问题带给大家的思考！回顾组 2 的方法，你最欣赏哪一点？

生 2：他们的思考非常有顺序！

生 3：他们组找到答案后还不满足，而是寻找规律！

生 4：他们能跳出常规分组的想法，而是从"怎样最不浪费"想起！

师：跳出常规思路，从总的原则想起，总结得好！

生 5：他们不是先考虑 42 人怎么办，而是从最简单的想起，先考虑第 1 分钟，第 1 个人！

生 6：我想给他们组的图改进一下（边说边跑上讲台），他们一开始的方案很具体，连通知到哪个学号都记下了。但是后来找规律的时候，其实他们已经不考虑学号了，也不考虑谁打电话给谁，只是考虑每分钟能通知几个人，所以，我觉得图这样画更好！（把黑板上的连线和学号擦掉，只留下学号外面的圈）图变得简单，更容易发现规律！

师：没错！电话是谁打给谁的，不重要；重要的是第几分钟，有几个人接到电话，也就是时间和接电话人数之间的关系。把不重要的扔了，重要的规律就会"水落石出"！（边说边分别指着 1 分、2 分、3 分、4 分，学生默契地喊：1 人、2 人、4 人、8 人。教师依次板书如下：

1分　　2分　　3分　　4分……

1人　　2人　　4人　　8人……）

师：你们说的1人、2人、4人……是什么人数？

生1：是接电话的人数。

师：更准确地说，是——

生2：是这一分钟新接到电话的人数，不是接到电话的总人数。

师：发现了什么规律？

生3：每分钟新接到电话的人数都恰好是上一分钟的2倍。

师：有了这个规律，问题就很好解决了，只要看什么？

生4：只要看1+2+4+……加到几等于42人。

生5：我给你纠正一下，不是等于42，如果小于42，就得再加一个数，一定要等于42或者大于42才可以。

生6：我提醒大家：这道题，是1+2+4+8+16+32大于42，一共加了6个数，所以是6分钟，不要以为加到32，就是32分钟了。

师：找到了每分钟新接到电话的人数规律，问题就迎刃而解了。同学们，我们的问题是几分钟能通知到全班42人，从这个问题出发，干脆让你找找接到通知的同学总数的变化规律，你有什么发现？

生7：1分钟，有1个同学知道；2分钟，有3个同学知道；3分钟后，有7个同学知道。我们看：1，3，7，……它们的规律恰好是$1 \times 2 + 1 = 3$，$3 \times 2 + 1 = 7$，每次都是"乘2加1"，4分钟能通知到$7 \times 2 + 1 = 15$人，5分钟通知到$15 \times 2 + 1 = 31$人，6分钟就是$31 \times 2 + 1 = 63$人。所以需要6分钟。

师：从不同的角度去看，同一个方案，能发现不同的规律！有没有想过，为什么会有"乘2加1"的规律？

生8：因为上一分钟知道通知的同学，每人打一个电话，这样知道通知的同学就会翻倍，再加上张老师也打了一个电话，所以要加上1人！

师：发现是什么，再想想为什么，思考越深入，越觉得有趣！

生9：我觉得"乘2加1"的规律有点复杂，干脆把张老师也看成一个同学，一开始有1个同学知道通知，1分钟后有2个同学知道，2分钟后就变成4个同学知道，每分钟知道通知的同学都是上一分钟的2倍。也可以说第几分钟，知道通知的同学人数就是"几个2相乘"。这个规律更加简单！

师（冲生9竖起了大拇指）：太棒了！如果这样想的话，问题就应该改一改，变成——

生（迫不及待地）：全班一共43人，需要几分钟？

三、总结、延伸

师：一个问题成功解决了，按我们一贯做法，下一步该干什么了？

生1：先回顾总结，再提出新问题！

师：好，下面的时间交给大家！（示意生1组织）

生1：同学们，回顾刚才我们解决打电话问题的整个过程，你学到了什么？

生2：遇上一个复杂的新问题，可以先从简单的想起，画图表示，哪怕一开始方法很笨，但是只要不断改进，忽略不重要的，就能找到规律。

生3：问题解决的过程中，不能满足于得到一个答案，一定要想想规律和方法，还要想想为什么。

生4：要学会从不同的角度去想问题，才能找到最简单的方法。

生1：大家总结得都很好，收获也很多。下面到了提出新问题的时间了。

生5：我提出的新问题是：如果需要通知100人，那么最短需要多少时间？

（生1在原来42人下面用红粉笔写上100人，并在前面标上①）

生6：我的新问题是：如果每打一个电话需要2分钟，其他条件不变，那么最短需要多少时间？

（生1在黑板上写上②一个电话2分钟）

生7：我提一个新问题：如果保证大家得到充分休息，每人打一个电话后都要休息1分钟，其他条件不变，那么最少要几分钟？

（生1在黑板上写上③打一个电话后休息1分钟）

生1：问题都很有水平！看看哪些问题能解决？

生8：我觉得问题①和原来的差不多，只要按照刚才的规律往下想，第6分钟能通知32人，第7分钟能通知64人，所以这7分钟一共能通知到1+2+4+8+16+32+64=127，超过100了，所以答案是7分钟。问题②和原来的几乎一样，每个电话时间都延长到了原来的2倍，那么总时间也会变成原来的2倍，所以答案就是12分钟。

生9：我赞成你的观点，补充一下，问题①用刚才最后一种方法，把张老师看成同学，我们就可以用最简单的规律来解决，每过1分钟，知道消息的同学人数都会扩大2倍。这样，6分钟知道消息的人数是$2×2×2×2×2×2=64$人，是不够的，7分钟后知道消息的人数就变成128人，这128人中包括1个张老师，所以是7分钟，这个方法更好！

生1：大家都会举一反三！问题③有解决的吗？

生10：问题③有点复杂，我还没做出来，我的想法是像刚才那样，从第1分钟开始，把每分钟接到电话的人数表示出来，再找找规律，应该是能解决的！

师：是的，不管问题怎么变，从最简单的想起，找到了规律后，答案就会有！

师（示意生1退下）：感谢生1的主持，让我休息了五分钟，这五分钟我一直在欣赏大家的精彩互动，我的心情可以用一个字来形容，就是：爽！掌声送给积极参与的所有同学！

师：佩服生7，提出有水平的问题！我把你的问题改得稍微简单些，好不好？如果从张老师开始，每个接到电话的人，都先要用1分钟整理电话记录，再打电话。其他条件不变，请问，通知到全班42人，最少需要几分钟？

（学生独立探究，片刻后，一些学生窃窃私语："兔子数列"，面带不可思议的神色。）

师：同学们是不是发现了什么？

（有六位同学举起了手，并情不自禁地喊了起来：兔子数列！）

师（指名生1）：你来，不要说你的思考过程，提示一下大家，你找的是什么的变化规律？

生1：我找的是每分钟知道消息的人数的变化规律！

师：我们也一起来找找看！先做什么？

生（七嘴八舌地）："1分钟有几人知道消息？""写上1分钟，2分钟，3分钟……"

师：就按大家说的，我先写上1分钟，2分钟，3分钟……一开始，只有张老师1人知道消息（板书1人），1分钟后有几人知道消息？

生（自由地）：2人！（也有人喊）还是1人！

师：有不同意见了！各自说说为什么？

生2：因为张老师先要用1分钟整理电话记录，不能打电话！所以1分钟后还是只有张老师一个人知道消息。

生3：他说的对，我没考虑这一点，应该是1人。

师：只说答案，你说你的，我说我的，那不是交流。把想法说出来，就能看出谁的问题有道理，也能发现问题所在，这才是交流！（师在1分钟下板书：1人）

师：2分钟呢？

生3：有2人，这时张老师通知了1人。

（师在2分钟下板书：2人，并把粉笔放到3分钟下，眼神示意学生）

生4：3分钟后有3人知道了，因为只有张老师可以打电话，第一个同学还要整理电话记录，所以只能增加1个人）

生5：4分钟后增加2人，因为张老师和第一个同学都能打电话。所以1，1，2，3，5，……正好是兔子数列！

生6：我认为你的结论下得有点早，最好再往下看看！

生5：往下看也是符合这个规律的！第5分钟，正好是张老师和前两个同学都可以打电话，所以就增加3人！

生7（激动地）：我知道为什么了！兔子数列的规律是前两个数的和等于第三个数。在这个问题里，每分钟知道通知的人数，正好是上一分钟知道的人数上增加了这一分钟接到电话的人数，而这一分钟接到电话的人数等于这一分钟能打电话的人数，哪些人这一分钟能打电话呢？已经知道消息的人里，上一分钟接到通知的人是不能打电话的，所以能打电话的人数其实就等于上上分钟就已经知道通知的人数。正好和兔子数列的规律是完全一样的！

（听着生7语速极快略带磕巴、像绕口令一样的发言，班里同学哈哈大笑）

师：大家都笑了，不知道谁的笑是会心的笑？

（教室里安静了下来，学生们若有所思）

师：到现在为止，这个新的问题解决了吗？

生：我们发现了每分钟知道通知的人数正好是兔子数列，只要按兔子数列写下去，看几分钟时人数达到43就可以了。

师：有什么感受吗？

生1：太神奇了！打电话和兔子数列居然能联系在一起。

生2：这个规律恰好是兔子数列，不是巧合，而是有道理的！

师：同学们，问题就是这样，你觉得它难，它也会躲着你；反过来，你越琢磨，就会越觉得它有意思！这个兔子数列，还有一个名字叫"斐波那契数列"，是以一位数学家的名字命名的，这位数学家，除了这个数列，好像没听说有别的研究。你看一辈子专注做一件事，也可以做得很成功。今天回家后同学们可以对这个数列好好研究一下，比如刚才那个数列1，2，4，8，16……，前后两项的比值始终是1/2，那么这个兔子数列呢？你也可以上网查找一下，更多的神奇会等着你！

课 后 反 思

这是一节没有教案的数学课，课前只定了目标、研究的问题、大致模式。粗线条的规划，让我课堂上的倾听更为专注。学生的各种想法，都是新鲜有趣的，如何评价和引导这些想法，对我来说是不小的挑战。大脑处于高度兴奋状态，几次即兴的评价还算得体有效，使我内心愉悦。我又是喜怒哀乐都写在脸上的人，这份积极的情感体验大概也会感染学生吧！学生也学得放松而投入。

组 1 的打电话方案并不在我的预设里。一开始，我对这一方法是不屑的，且不说一看就不省时，"张老师通知大组长、大组长通知中组长、中组长通知小组长"，对于崇尚民主的我来说，听到这种层级森严的安排就心生反感了，但在同学的追问下，他们叙述的思考过程真值得我点 100 个赞！或许，就是我课始对学生的观点采取了更为理解、欣赏的态度，才有了后面更为通畅有质量的交流。

总结延伸阶段，把学生提出的问题，进行了简单改造："先做 1 分钟的电话记录，再开始打电话"，就把规律变换成了"斐波那契数列"模式，这也是瞬间迸发的灵感。平时看相关的书，遇上个问题都愿意自己啃，才会有这样的敏感。或许有老师会有疑问，"斐波那契"数列，是否过于高深？课堂上探究这样的问题是否有些"不务正业"？重新聚焦目标，心中自有答案。如果学生有画图意识，有从简单问题想起的转化思想，有探究规律的能力，问题难易的边界就已模糊。

补 记

本节课上于 2015 年 11 月 30 日。那天，北京 PM2.5 指数爆表，当天晚上，学校领导敢为天下先，当机立断开启了"雾霾天停课不停学"模式。"数学课讨论停课，居然真就停课了！""施老师未卜先知，是大神吗？"我班学生在微信群里惊叹着这种巧合。回头看，这样的巧合也暗藏着某种必然，在二小浸润这么多年，孩子的健康和内心需求已成了我自动的关注。

真实而又有数学味的问题引起了学生极大的兴趣，课后的探究也格外充分，还有一项副产品让我偷着乐：计算"斐波那契数列"前后项比值时，许多学生的竖式写了满满好几页，不知不觉中练习了不少小数除法。雾霾之后的复课，学生们交流了许多"斐波那契数列"的规律，一些规律让我吃惊。由"斐波那契数列"带出的黄金分割数又让学生赞叹，知识之间的神奇联系让学生着迷！

第四篇

我的研究

作为教师的研究，一定和学习、行动密不可分，需要仰望星空的同时脚踏实地。本章既有对一些大问题宏观整体的思考，也有对实践中产生的真实细小问题的关注。

对算术思维和代数思维的再认识[①]

国内外许多研究表明，学生从算术学习过渡到代数学习普遍存在困难。近年来，研究从学习内容深入到其背后的思维。然而一个有意思的现象是，人们对算术和代数概念本身没有争议，可一旦深入其背后的思维，大家的观点却并不一致，有些甚至互相矛盾。

一、不同说法

关于算术思维和代数思维，研究者们普遍强调二者的差异，并且公认二者的区别与字母符号无关。2012 年弗赖登塔尔奖获得者，长期研究儿童代数思维的 Luis Radford 用正反两方面的例子说明了"对代数思维而言，字母的使用既不必要也不充分"：欧几里得在《几何原本》中使用的字母与代数思维无关；而中国古代的数学家用代数思维解方程组时也没有用任何符号标记（Radford L，2014）。但究竟什么才是算术思维和代数思维的分界点，则众说纷纭。

（一）代数思维与算术思维的区别在于一般化

有许多学者认为，代数的本质就是"一般化"，如：代数的本质是"一般化"（kaput，1998），代数即概括（郑毓信，2011），"建构、表达、证明数学的一般性"是代数思维的核心（Blanton M & Kaput J，2011）。代数思维并不等同于代数符号的运用，而是指在算式及运算中识别出概括化与结构关系的思考方式。（章勤琼，等，2011）刘加霞认为："代数思维……具有一般性和形式化的特点。"（刘加霞，2013）更有人明确提出"算术思维是特殊化思维，而代数思维是一般化思维"（曾小平，等，2011）。

这种观点不难理解。一旦抽象到符号体系，摆脱了具体的、特殊的数的制约和限制，其方法和得到的结果往往更具一般性。例如：韦达用 $ax^2+bx+c=0$ 来表示一般的一元二次方程，因为字母系数 a，b，c 可以表示任何数，得出的求根公式可以适用于任何一个一元二次方程。

有意思的是 Radford 却说："一般化不是代数思维的本质"，他认为一般化对学生代数观念的产生有重要作用，但其本身并不是代数思维。有研究表明：

[①] 本文摘自我的博士学位论文《算术与代数的一致性研究》。

猩猩能把物体分为"能吃的"和"不能吃的",即猩猩具有抽象的一般性概念。但仅凭这种单一的认知能力并不能断言猩猩在进行代数思维（Radford L，2011）。

而另外，"从个别想到一般，从特殊想到普遍，是数学家看问题的基本方法。"（张景中，2007）胡作玄也认为：数学的风格在于它的衍生性，由一个问题、一个方法、一个结果，衍生出大量问题、大量方法、大量结果，从中体会到数学的滋味（胡作玄，2008）。米山国藏提出的数学精神之一便是扩张化、一般化。课程标准2011版特别提出了数学的基本思想之一：即为抽象，无疑，一般化是抽象的必然结果。在他们看来，一般化并非代数思维独有的特征，至少是整个数学思维的特征。

（二）算术思维和代数思维的区别在于是否对未知数像已知数一样进行运算

Radford认为：代数为了对未知数，或者一般不确定的量（如变量、参数等）进行运算，需要分析性思维；即必须把不确定的量视作已知的量，就好像它们是具体的数一样去运算。这种把未知数与已知数同等对待的分析性思维，正是代数与算术的区别所在，也正因如此，韦达把代数看成是"分析的艺术"（Radford L，2012）。为了说明这一点，他举了如下例子：

［例1］比较两个方程：（1）ax+b=cx+d 与（2）ax+b=d

解（2），学生往往从已知的d中先减去b，再除以a，这种算术思维是有效的；而解（1），原来的算术方法则不再适用，学生必须采取真正的代数观念：对未知数进行运算。

国内也有类似的观点认为，这两种方法分别对应着算术和代数，大家认为用d减b再除以a的方法解方程（2），这是利用四则运算各部分的关系，即逆运算的办法，相对而言是算术的方法，也是现在不太提倡的方法；而如果用等式的性质来解方程，则更有代数的特点（张丹，2012）。但是理由却并不相同：我们是从"特殊"与"一般"的角度来分析这一问题的。因为用"逆运算"来解方程，需要判断未知数在方程中处于什么位置，对于不同的位置，其方法是不一样的，如"减数=被减数－差"而"被减数=差+减数"，所以用"逆运算"来解方程，需要用到多个公式；而如果用等式性质，不管加减乘除，不管处于什么位置，则只要考虑一条：即对于等式两端施以相同的运算，等式依然成立。正因如此，课标2001版、2011版都强调小学阶段"用等式的性质"来解方程。

而在kieran眼里，关注"逆运算"本身，恰恰是代数思维的特征之一。Kieran提出：从算术思维到代数思维需要五个方面的转换，其中之一便是"要同时关注运算和逆运算，以及它们之间的关系"（Kieran C，2007）。蔡金法老师提出：中国、新加坡等国的教材，以加（乘）法的逆运算来引入减（除）法，在低年级就利用逆运算来解决形如（　　　）+3=5 的问题，作为培养早期代数思维的好的例子（蔡金法，等，2013）。

（三）算术思维排斥方程

［例2］小明6岁，再过几年他就10岁了？

方法1：10-6=4

方法2："小明现在的岁数+经过的年数=将来的岁数"设：再过 x 年。则 6+x=10，x=4

通常的理解是：方法1为算术的方法，方法2则是代数的方法。许多学者把这两种方法进行比较，寻找它们之间的差异，进而把这些差异总结为算术思维和代数思维的区别。

例如：张奠宙先生认为算术思维和代数思维方向是相反的：算术思维是从已知出发，一步步接近未知；而代数思维则从未知出发，根据已知和未知的关系再求出未知。对此，他还打了个十分形象的比方："过河取宝"和"拴线拉宝"（张奠宙，2013）。

类似的，"用算术的方法寻求问题的结果，是从具体问题的已知数出发，通过对已知数或计算产生的中间数进行一系列的计算而达到问题的解，思维过程是逆向的。算术方法只允许已知数参与运算，问题即未知数始终处于关系链的末端，被动地等待由已知数算它的值。而用代数的方法解决问题，首先分析问题中的等量关系，把问题表示为含有未知数的等式，把问题形式化，然后利用等式的性质对方程进行恒等变形，在变化的过程中始终保持方程两端对称的等量关系。在代数方法中，已知数与未知数地位是相同的，未知数可以插入关系链的任何部分，思维过程是顺向的"（曹培英，2004）。

从事实际教学的老师们对此颇有同感。学生在第二、三学段开始学习方程时，在列方程时存在很大困难，往往不会列或列出形如……=x 的方程。

也有一些学者不赞同把方程作为算术思维和代数思维的分界点，他们认为，究竟是哪种思维，决定于对方程的看法。如果方程被看作是用于计算的公式，或者是对数的产生的一种描述，那么还是算术思维；如果被看作是对不同量之间的某种关系的描述，那么便是代数思维（Stacey K & MacGregor M，1999）。

而在另一些研究者看来，代数思维和算术思维的分界点在于方程的任务类型。如果方程只涉及一个未知数，那么所需要的只是算术思维；如果方程涉及两个未知数，就需要代数思维（Herscovics N & Linchevski L，1994）。

［例3］如：（1）15+__＝40是算术的方法；而（2）__＝4+__是代数的方法。

因为回答方程（1），一个孩子只需要问：空白处应该填入什么数，当我将它加上15，便得到了40？这只需要算术的概念；而方程（2）涉及两个数之间的关系，空白处不能随便填任何数，两个数必须相差4，并且是前一个数比后一个数大4，这种关系是代数的概念。

这一观点又遭到了质疑，有人认为，究竟是在做代数还是做算术，和任务或问题本身关系不大，而是取决于解决问题时所采用的方法。例如：上述方程（1）不必然是一种算术任务。如果一个学生解决它通过这样的推理"因为他们是相等的，等号两边同时减去15，等号两边仍然保持平等"，那么他就是在做代数；另一种解决方程（1）的方法是，把40表示为15加上另一个数，即，15+__ ＝ 15+25。这可能是一个简单的方法，但它涉及另一个非常重要的原则：因为等号两边的数量是相等的，15等于15，则空白处必须等于25。这是代数推理！至于方程（2），即使学生可以得出上百组正确的值，如果他们看不到两者之间的关系，他们也不是在做代数问题（Ronda E，2009）。

（四）代数思维是关系性思维，算术思维是程序性思维

徐文彬认为，"算术主要是由程序思维（plocedural thinking）来刻画的，即，算术思维的核心是获取一个（正确的）答案，以及确定获取这个答案与验证这个答案是否正确的方法；而代数思维则是由关系或结构（relation or structure）来描述的，它的目的是发现（一般化的）关系、明确结构，并把它们联接起来的方法"（徐文彬，2003）。

类似的说法还有"算术思维着重通过数量的计算求得答案，这个过程是程序性的，……；代数思维着重的是关系的符号化及其运算，这个运算是结构性的，……"（刘加霞，2013）。"算术关注解决问题的程序，而代数则重视问题的结构"（曾小平等，2011）。当一个人在进行"关系性思考"时，他便是在"做代数运算"（Ronda E，2009）。

持有程序性、关系性这一标准，他们因此举出不少算术中有"代数思维"，而代数中有"算术思维"的例子。

［例4］78-49+49=78

这一算式中隐含着一个代数关系：a-b+b=a。如果学生仅仅局限于78和49这两个具体的数字，并通过计算来发现等式的正确性，那么这种思考方式是属于算术的程序思维；但是，如果学生不仅仅局限于这两个具体的数字78和49，而

着眼于等式所隐含的代数关系和结构（"减去一个数再加上这个数，结果不变"），那么尽管思考对象是算术的，但思维方式却是代数的（徐文彬，2003）。

[例5] 一元二次方程，通过把 a，b，c 的值代入下面公式：

$$x = \frac{-b \pm \sqrt{b^2 - 4ac}}{2a}$$，求解。

因为这一过程只是按照既定程序操作，因而并非代数的思维，而是算术的思维（Devlin K，2011）。

关于算术思维和代数思维的区别，还有其他一些观点，如：代数除了计算，它还包括证明，除此之外，它与算术别无区别（Subamaniam K & Banerjee R，2011）；学生用"试验-错误"法得出公式，那是算术思维，不是代数思维（Radford L，2012）等等，不一而足。

二、问题的提出

从上文可以看出，研究者们对算术思维和代数思维究竟是什么，并没有明确的定义，但是却拥有共同的立场：即把算术思维放在了代数思维的对立面，毫无例外的强调二者之间的区别。但对于什么才是二者的区别，则众说纷纭甚至互相矛盾。面对这一混乱的状况，我们开始怀疑最初的立场，算术思维和代数思维真有本质的差异吗？

而有意思的是，与此同时，研究者们又共同呼吁"以算术内容为载体培养代数思维，建设中小学连贯、一致的代数课程"。如果算术思维和代数思维真的水火不容，一个合乎逻辑的结论便是：从算术向代数过渡的种种困难是不可避免的，"以算术内容为载体培养代数思维"是不可能的。也就是说，从实践的角度看，强调二者的差异，并无益处。

算术思维和代数思维，真的水火不容吗？这些所谓的差异，是本该如此吗？具体的把特殊化、程序性、关注结果、不需要证明等等作为算术思维的特征，是否合适？是算术必然会培养出如此的思维还是不恰当的教学所致？要明确二者的关系，首先要对算术和代数进行界定。大家讨论的算术和代数是教学中的概念，分别对应着小学与初中的"数与代数"，这与数学中的概念，即"算术"与"代数学"之间，又存在什么关系？下面，我们从"数学中的算术与代数"—"教学中的算术与代数"—"重新审视算术思维与代数思维"这三个层次进行具体的分析。

三、分析与讨论

（一）数学中的算术与代数：算术是代数的一部分

提起算术与代数，研究者们往往会引用词典中"算术"和"代数学"的释义，即数学中的概念。

算术：数学中最基础与初等的部分，是研究自然数、分数、小数的简单性质及其加、减、乘、除、乘方、开方运算法则的一门学科（谷超豪，1992）。

代数学：代数学是研究一般性代数运算的学科，是数学的一门分科。由于客观的需要，在发现了数及数的运算规律和性质以后，进一步用字母表示数，研究数和字母间的运算规律，从而把实际中的很多问题归结为代数方程或代数方程组，……（谷超豪，1992）。

据此，人们往往把算术和代数看成是数学中并存的两门分科，二者以"字母表示数"为界限。如：史炳星"算术的基本对象是数，而代数还出现了更具广泛意义的对象——符号"（史炳星，2004）。"字母表示数"是从算术进入代数领域的分水岭（刘加霞，2013）。顾名思义，算术是计算的方法，而代数可以理解为"以符号替代数字"，即"数字符号化"（龚昇，2001）。"算术主要集中于自然数、分数、小数的认识，还包括相应的计算方法；代数的研究对象则由具体的数扩展到了由字母和数字组成的（代数）式，更加侧重于方程的研究与应用。"（郑毓信，2011）用字母表示数并参与运算，是由算术跨越到代数的桥梁，也是代数与算术最显著的区别（曾小平等，2011）。

而在我们看来，一门分科独立存在的依据是它的研究对象，从定义中可以看出，算术与代数的研究对象之间有包含关系。循着代数的定义，"……由于生产和科学不断发展，代数学的对象也由数扩大到向量、矩阵等，因此研究更为一般的代数运算的规律和性质就成为抽象代数学的主要目标，这就推动了以讨论群、环、域、格、线性空间等的性质和结构为内容的抽象代数学的发展，形成了……许多分支"。我们可以看到这门学科的发展，从研究式、方程到向量、矩阵，乃至群、环、域等，代数的含义在不断地发展，而在这一过程中代数不变的研究对象是"运算"。既然，代数的研究对象是"运算"，而算术的研究对象是"自然数、分数、小数的运算"，我们便有了一个大胆又自然的想法，那就是把算术纳入代数之中，即让代数研究的运算对象的起点从含有字母的"式"提前至"数"。这样看来，算术与代数并非一般所认为的并列关系，而是包含关系，即算术包含于代数之中。

持这样的"大代数"观，整个代数的层次也更为清晰：（1）算术：运算对象为数；（2）初等代数：运算对象为含有字母的式；（3）高等代数：运算对象为向量、矩阵；（4）抽象代数：运算对象为群、环、域。

由此，我们认为，大家强调算术和代数的区别，其实是代数内部不同层次（即算术和初等代数）之间的差异，代数的运算对象从数到字母表示的数，再到字母表示的其他量，体现了从具体到抽象，从情境性到规定性，越来越形式化的趋势。然而，始终不变的是运算，所以都要围绕运算的含义、运算对象、运算律、运算的应用这几个方面展开，它们的共性尤为重要。并且，算术和初等代数研究的都是数（字母表示的仍然是数），因而它们相同的性质更加突出。

明确提出算术包含于代数，我们会更为自觉地考察二者之间一致和一脉相承的东西，从代数的共性出发去认识和教学算术；从而为"在算术教学中培养代数思维"，使学生更加顺利地实现从算术到代数的过渡提供理论基础。

（二）教学中的算术与代数：中小学的"数与代数"不都属于数学里的代数

教学中所说的从算术到代数过渡中的算术和代数概念，与数学中的概念不尽相同。那么，是不是中小学的"数与代数"，都将走向数学中的代数呢？

我们不妨先以大学数学的构成为例，重新审视数学的各个分支，按研究对象，可以分为以下四类：

分支	研究对象
数学分析	函数
高等代数，抽象代数，近世代数	运算
解析几何，射影几何，拓扑学	图形
概率统计	数据

对比义务教育阶段三大内容领域：数与代数、图形与几何、统计与概率，后两者分别以图形和数据为研究对象，对应于上表中后两个数学分支。而考察"数与代数"领域的内容：（中华人民共和国教育部，2011）

第一学段：数的认识，数的运算，常见的量，探索规律。

第二学段：数的认识，数的运算，式与方程，正比例和反比例，探索规律。

第三学段：数与式，方程与不等式，函数。

我们发现中小学的"数与代数"内容，包含代数和函数两条主线，具体的，像"数的认识""数与式""数的运算"等研究运算和运算对象的，它们都走向数学里的代数；而像"探索规律"、"正比例和反比例"、"函数"等，研究的是量之间的关系，它们则走向数学里的函数。

因为在中小学阶段，代数与函数是不加区分的，以往研究者往往把这二者混为一谈。而数学里代数与函数是相对独立的，因为二者有着各自特有的研究对象和研究方法。函数研究的是关系，即两类事物的关系；而代数研究的是一类事物的运算关系。

我们做这样的区分，并不是说函数不重要。恰恰相反，我们很赞同克莱因在1893年、1908年两次国际数学家大会上的演讲中强调的函数是中学数学的"灵魂"，应该成为数学教学的"基石"。我们明确提出从算术到代数的过渡中，运算和函数两条主线需要平行推进，我们把这一点显性化，实践时就能更为自觉去注意。

由此，我们回头再来看一些研究，就能豁然开朗：2012年弗赖登塔尔奖的获得者，Luis Radford以模式（pattern）为载体研究儿童早期的代数思维、Maria L Blanton和James J Kaput提出的函数思想都是学生进入代数的途径，徐文彬，Fujji，Stephens等学者提出的"关系性思维"、"准变量思维"等，严格意义上说，都是"函数思维"。

（三）重新审视算术思维和代数思维

由以上我们对算术和代数概念的分析，我们已确定一个基本的出发点，即算术包含于代数，而算术和初等代数则是一脉相承的。由此我们认为，算术思维本身，应该具有代数思维的特点，二者应该是一致的，不应该有质的区别。基于上述认识，我们重新审视一些普遍认同的关于算术思维和代数思维的观点，发现尚有不少值得讨论的地方。

1. 算术思维并不排斥方程

在我们看来，把方程和算术对立起来，从而认为算术和代数思维的方向相反，这一被广为接受的观点给教学上带来了尴尬。学生最初学习算术时，面对这样的问题："小明6岁，再过几年就是10岁了？"在没有教学之前，学生往往列式"6+4=10"，这么做是基于一个十分自然的想法，即6岁加上几岁是10岁？再通过尝试或逆运算的方法得出结果。即思维过程本是这样的：6+？=10，要使等式成立，？=4。但小学生往往不太会表达自己的思维过程，或者说因为问题的简单，他们往往把问题的表征和解决两个步骤合二为一，直接列式6+4=10。但是这样的算式是不允许的，所谓的算术强调把已知数写在等号的一侧，把求得的数写在等号的另一侧。长期训练之后，就好比婴儿天生会游泳，后天一直没有给予游泳的机会，过了几年反而又要从头学起。

我们不禁要问：难道，算术真的排斥等量关系吗？看算术本身的定义，是研究自然数、小数、分数的性质及其运算法则的学科。那么"6 岁加上几岁是 10 岁"，是不是用自然数的运算就能解决的一个问题？也就是说，这种障碍是人为导致的，并没有数学上的依据。

2. 算术中有大量的一般化

从算术到初等代数，因为有了字母表示数，给了我们一个机会去描述一类问题，把连接已知量和未知量的关系表达清楚，从而解决一类一类的问题。算术和初等代数的差异在于，前者是一个一个地解决问题，后者是一类一类的解决问题，但这不足以导致二者有本质的差异，不存在一般化与特殊化的分界。

因为一般化并不是代数所独有，算术中也有大量的一般化。

以最简单的数字 1 说起，1，指 1 个苹果、1 个人、还是 1 座楼？……1 表达的是所有有着相同数量特征的一个符号，1 就具有高度的概括性和一般性。任何数字都是抽象的，它舍弃了观察对象的一切其他属性，而只关注其数量。数字"1"既可以代表一个苹果，也可以代表一只羊，或一座山。

所以，我们认为，一般化不是代数思维的特征，而是整个数学思维的特征。因为一般化本身是有层次的、渐进发展的，我们需要做的是通过好的教学，让学生适应渐进的一般化。

3. 算术思维和代数思维都兼具程序性和关系性

我们认为，算术运算，是有一定的程序，如异分母分数加减法，先通分，化成同分母分数，再加减。而代数运算同样需要遵照程序进行，如解一元一次方程，通常按照一定的步骤：去分母，去括号，移项，合并同类项，求解。无论算术运算还是代数运算，都包含程序性思维，都重结果。并且，在我们看来，为了能一批一批地解决问题，程序化本身就是代数最主要的目标。

反过来，算术中，同样存在着关系。比如：应用题教学，其功能就有对量的关系的分析和关系性思维。不是说只有到了用方程法解题，才开始分析量的关系的。量的依赖关系、相等关系等在算术中也处处存在。

所以，我们认为，算术思维和代数思维都是既重程序，又重关系。

4. 算术中也有推理和证明

我们认为，推理和证明本身，不是代数的专利，它应该是数学的特征。"数学研究对象的抽象性决定了数学的演绎性。……数学要确定一条规律只能依靠严格的逻辑推理，而不能靠经验或实验数据，更不能依靠人们的直觉"（李忠，2012）。

既然如此，算术中应该有严格的推理和证明。只不过，一方面这种推理和证明是否需要学生掌握，需要掌握到什么程度；另一方面推理和证明必须以学生接受的方式来进行，可能很形象，但一样要严密，不能望文生义，认为"算术"就是计算之术，理所当然只有术而没有理了。当然，由于我国的教育有着重应用、轻推理的传统，数学教育或多或少带有一些"只要会，不管懂"的特点，这些都需要我们共同努力和进一步商讨来取得共识。

总之，在我们看来，强调算术思维与代数思维的对立，一方面与数学的实际并不相符；另一方面，如果二者对立，又怎么谈得上"在算术里培养代数思维"？有些看似存在的对立，并非数学本身所致，而是由不恰当的教学所造成的。像推理，注重一般性的概括、关系等，本是数学思维在代数中的具体化，也是学习代数重要的方法，作为包含在代数之中的算术思维本应有所体现。所有这些，都需要循序渐进地培养。正像克莱因所说："有关的每一个分支，原则上都应看做是数学整体的代表"（菲力克斯·克莱因，2008）。站在更高的、统一的观点来审视事物，才能显得明了而简单。我们有一个假设：如果能站在整个代数的立场，连贯、一致地进行中小学"数与代数"内容的教学，学生可以更为顺利地实现算术到代数的过渡。

除法竖式中是否需要教学"下蛋法"？

一、问题

小学数学竖式计算因数末尾有 0 的乘法时，可以先把 0 甩在后面，只把 0 前面的数相乘，最后再在积的末尾添 0。如：

$$
\begin{array}{r}
1\,6\,0 \\
\times\ 1\,5 \\
\hline
8\,0 \\
1\,6 \\
\hline
2\,4\,0\,0
\end{array}
$$

这种方法因其简便常常受到教师推崇。此类计算题在小学三四年级的数学考试中经常出现，并常以竖式中是否把 0 甩在后面作为扣分的依据。但是在初次接触这类试题时，尽管就这一方法的道理进行讲解，但学生大多并不认可，并且在机械模仿的过程中反而会出现一些新的错误，也因此在不少教材中明确指出因数末尾有 0 的乘法为教学难点。教师往往通过示范、要求以及反复的纠正让学生接受并掌握。有教师称其为"下蛋法"——"这个 0 就是蛋，先把蛋搁后边不管它，最后一定要把蛋下下来"。这一无稽之说倒是比较形象的帮助学生更好地记忆，但也因此我开始产生了一丝怀疑：简便竖式真有那么重要值得老师和学生费那么多时间来掌握吗？我思考：

1. 简便竖式的价值究竟在什么地方？它又能给学生带来什么？

2. 如果不教简便竖式，会给学生造成什么损失？对后续的学习又会产生什么影响？

带着这些问题，我开始进行以下的调查研究。

二、研究

（一）与教材的深度对话

1. 教材解读

我首先阅读了国内两套主流教材（人教版和北师大版教材）对这部分内容的处理，以及教师用书中的相关说明和建议进行了分析。第一次出现因数末尾有 0 的乘法竖式都在三年级上册：

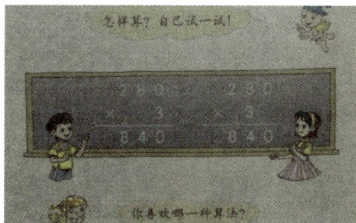

人教版

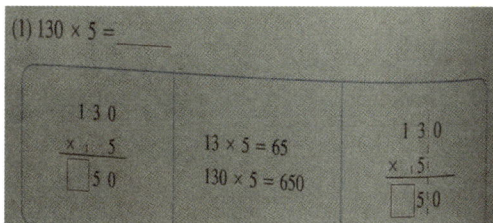

北师大版

我们看到，两套教材都是把简便竖式作为多种方法中的一种来呈现的。人教版更理想化些，认为学生很可能自己想出这种方法，随后还讨论"你喜欢哪一种算法？"以突出简便竖式的优越性。北师大版教材没有对不同方法的比较，而在简便竖式中添加的一条虚线似乎带有更多的示范意味。

2. 教参解读

（1）人教版教参

下面是人教版教参对教师引导的指导：

0×3 这一步能不能省略？

如果要省略，那么因数 3 应该移到什么位置上？

这时书写积应该注意些什么？

人教版认为简便竖式是逻辑推理的必然结果。但是细细分析却不那么必然。我们看引导语背后的逻辑（以人教版 280×3 为例）：因为 0 乘任何数都得 0，所以 0 乘 3 这一步就能省略（只因为得 0 就省略不乘了吗？）；因为 3 不用去和 0 相乘了，所以 3 就要前移写在 8 的下面（写在哪个数字的下面和乘不乘有什么关系？难道说 13×15，15 十位的"1"写在 13 十位数字下面，这个"1"就不用乘个位的"5"了吗？）。

人教版后续教材中再次提到"利用 0 在乘法运算中的特性，使乘法竖式简便"，从中我们可以提炼出这样两个关键词：省略、简便。这里的省略简便只是少写几个 0 从而达到快的目的，但是快得有限。小学里过分强调的"省略简便"的副作用在后续的学习中逐渐显现：令中学老师颇为头疼的"跳步骤"皆因省略引起。如在多项式的计算中，往往先展开，再整理合并，最后化简，几个步骤有理有据；但是当有些学生看出某两项可以正负抵消时往往在展开环节时就省略不写了。一来"跳步骤"增加出错的机会，二来对思考过程的表达也不够有条理。

（2）北师版教参

北师大版教参则指出，尽管这种竖式很有道理，"……但是较为简洁的乘法竖式的书写方法，学生可能难以独立完成，教师可以指导学生学习这种写法。"而到四年级上册学生学习三位数乘两位数乘法因数末尾有 0 的乘法时，教参则认为学生只需将已有的方法迁移来即可。

显然，北师大版认为这种竖式有难度，但是因为其独特的价值又有教的必要。

3. 简便竖式的价值

这种竖式的价值究竟在哪里呢？依我看，在于这种算法背后的道理。我们以 130×5 为例来分析：

1）13 乘 5 得 65，所以 13 个十乘 5，得 65 个十（直观的解释）；

2）一个因数不变，另一个因数扩大 10 倍，积也扩大 10 倍（抽象的规律）；

3）130×5

$= （13 \times 10） \times 5$

$= 13 \times （10 \times 5）$

$= 13 \times （5 \times 10）$

$= （13 \times 5） \times 10$

$= 65 \times 10$（形式的定律）。

无论是直观解释背后对单位的认识，还是抽象的积的变化规律或形式的乘法交换律与乘法结合律，都能促进学生深入理解数学的道理，因而都很重要。问题是：教会简便竖式是否能帮助学生更好地理解这些道理？

（二）对学生的调查

为了解学生对简便竖式的理解与掌握情况，以及简便竖式与理解背后道理的相关程度，我对学生进行了调查。

1. 问卷设计说明

问卷分为两部分内容，竖式计算和填空。三道竖式题分别为两位数乘两位数，普通三位数乘两位数，因数末尾有 0 的三位数乘两位数。

1）为剔除数字本身的干扰（如可能某句口诀本来错误率就特别高，或者数字的大小对计算正确率有影响等），对三组基本数据进行适当调整形成上述三种不同的类型，再组合成三份不同问卷随机发放。如 46×39 这一算式，在三份问卷中分别呈现为：46×39，460×39，246×39。确保在全部问卷中三类计算题的计算难度相当。

2）一组填空题为：已知 $26 \times 17=452$，那么 $260 \times 17=$（　　　　），$2600 \times 170=$（　　　　），$26 \times 170=$（　　　　）。为了从学生的答案中能分辨出学生是通过推理还是通过计算得来的，故意在已知条件中给出错误的答案 452（正确的答案应为 442）。

3）为尽可能测出学生真实的情况，最大程度剔除学生不重视不认真的因素，问卷抬头写的是"计算测验"，并要求写上姓名。

2. 调查情况说明

1）调查对象为北京市某重点小学四五年级九个班的学生共 364 人。学生分为三种类型：四年级学过三位数乘一位数（包括因数末尾有 0）和两位数乘两位数，但还没学过三位数乘两位数的（以下简称四未学），三个班共 119 人；四年级刚学习三位数乘两位数（包括因数末尾有 0，上完新课，还没有充足的练习）

（以下简称四刚学），三个班共 117 人；五年级，三位数乘两位数已学完将近一年，三个班共 128 人。

2）测试一般在 10 分钟内完成，允许个别没做完的同学适当延长。

3）因提供了错误答案，恐怕个别学生发现后的当场提问会影响其他同学的独立思考，测试前要求学生如有任何疑问都举手示意，个别回答（事实是被调查的 364 名学生没有一位同学对提供的计算结果提出怀疑的，这一现象让笔者有点意外。因与本调查目的关系不大，故不作具体分析）。

3. 调查结果分析

（1）三道竖式计算的正确率

学生类型	两位数乘两位数正确率	一般三位数乘两位数正确率	因数末尾有 0 的三位数乘两位数正确率
四（未学）	92.4%	71.4%	51.3%
四（刚学）	93.2%	86.3%	86.3%
五年级	96.9%	97.7%	82.8%

表中数据可见：两位数乘两位数，一般三位数乘两位数乘法，随着同学学习和练习巩固，正确率在不断提高。一般而言，数据的繁杂程度会影响计算的正确率，但五年级学生三位数乘两位数的正确率 97.7% 竟然高于两位数乘两位数的正确率 96.9%，这里细微的差距可能出于偶然的因素，也从另一个角度提出了假设：可能因为小学生心理成熟度的关系，计算正确率达到某个级别（如 95% 或 90%）之后还要提高不再是巩固所能解决的问题了，也许更多的是运气使然。所以为达到 100% 的正确率这一不太现实的目标而进行的大量练习可能收效甚微甚至徒劳无益。

在没有学过的前提下，能正确计算一般三位数乘两位数的同学有 71.4%，正确计算因数末尾有 0 的三位数乘两位数的同学有 51.3%。考虑到有不少学生参加奥数班的现状，真正没学过而能独立解决的比例应该要低一些。相对一般三位数乘两位数，因数末尾有 0 的乘法的正确率要低出 20 个百分点。由此可见普通的乘法竖式的迁移性更强，迁移源于对原理的深刻理解，乘法竖式背后的乘法分配律更容易为学生理解掌握。而因数末尾有 0 的乘法，不少学生只机械地记得要把 0 甩在后面却不明白后面该怎么乘、怎么对位，简便竖式的迁移性较弱使学生没有达到真正理解的程度。

因数末尾有 0 的乘法在初学时正确率能达到 86.3%，但学完一年的五年级学生的正确率反而只有 82.8%，与其他计算正确率不断上升的趋势有显著不同。导致这种情况的原因是什么？我对因数末尾有 0 乘法的全部错误进行了整理与分析：

学生类型	出错人数/百分率	主要出错类型的出错人数/百分率				
		没完成	部分积的对位错误	积末尾丢 0	口诀、进位等问题导致乘错或加错	抄错数漏得数等
四（未学）	58/48.7%	11/9.2%	9/7.6%	8/6.7%	15/12.6%	7/5.9%
四（刚学）	16/13.7%	1/0.9%	3/2.6%	5/4.3%	5/4.3%	2/1.7%
五年级	22/17.2%	0/0%	2/1.6%	14/10.9%	4/3.1%	2/1.6%

没完成指的是没做以及只乘了一步，主要原因就是不会。因为口诀、进位等问题导致乘错或加错，抄错数等，这是整个乘法计算中普遍的问题，纵向看这类错误在逐渐减少。而部分积的对位错误（如下左）和积末尾丢 0（如下右）的问题则是用简便竖式计算因数末尾有 0 的乘法独有的错误。

$$
\begin{array}{r}
460 \\
\times\ 39 \\
\hline
4140 \\
138 \\
\hline
5520
\end{array}
\qquad
\begin{array}{r}
460 \\
\times\ 39 \\
\hline
414 \\
138 \\
\hline
1794
\end{array}
$$

从表中可以看出导致因数末尾有 0 乘法的正确率较低与简便竖式有关。五年级因积的末尾丢 0 而出错的有 14 位同学，其中有一道题 750×68 出错率尤其高，38 位学生中有 9 位得 5100（正确应为 51 000），占 23.7%。可能是 75×68 积末尾乘得的 0 "欺骗"了部分学生，也从另一个角度说明部分学生对简便竖式还没有达到程序性掌握的程度，他们很可能只是基于朴素的想法 "如果因数末尾有 0，那么积的末尾一定也有 0" 来完成最后在积的末尾 "添 0" 这一步的。

三类学生中用普通的乘法竖式（即把 0 和其他自然数同等对待）计算因数末尾有 0 乘法的分别有 31 人，20 人，14 人，他们的正确率分别为 61.3%，95%，92.9%，均高于整体的因数末尾有 0 的正确率（分别为 51.3%，86.3%，82.8%）10 个百分点左右，也说明因数末尾有 0 的乘法正确率低与简便竖式有关。

（2）填空方法和正确率统计

学生类型	依赖推理填空的正确率	使用简便竖式学生完全依赖推理的百分率	未用简便竖式学生完全依赖推理的百分率
四（未学）	91.9%	84.0%	93.5%
四（刚学）	90.8%	85.3%	85.0%
五年级	98.7%	100%	100%

说明："依赖推理填空的正确率"指答案是经过推理得出并正确的题数/全部题数，不包括经过计算得出的正确题数。

"完全依赖推理的百分率"指的是三道题全部通过推理来解决的人数占总人数的百分比。如果有的题是推理的有的是计算的学生，则不包括在内。

和竖式计算相比，整体填空的正确率都较高，就算没学过积的变化规律的四年级学生正确率也在 90% 以上。也就是说，对因数的变化规律，学生有着较好的灵敏直觉，并不需要通过简便竖式来强化。对比是否使用简便竖式的两类学生的推理情况，从表中数据可以发现，用简便竖式的学生对推理掌握情况并不优于未用简便竖式的学生，尤其是四（未学）阶段，未用简便竖式的学生对推理掌握情况（93.5%）反而优于使用简便竖式的学生，可能是后一类学生更善于机械模仿而不太注重理解。这些数据至少可以表明：简便竖式对学生掌握因数的变化规律并没有促进作用。

（三）结论与建议

1. 小学数学教学因数末尾有 0 的乘法时，可以不教简便竖式

1）简便竖式并不能提高计算正确率，某种程度还降低了计算正确率。

2）简便竖式的最大好处便是少写了几个 0 而已，加快了计算的速度，但这种快也是有限的。

3）简便竖式对积的变化规律、乘法结合律等的理解没有促进作用。

2. 对于因数末尾有 0 的乘法的教学建议

1）可以把 0 当成普通的自然数强调基于乘法分配律的通性通法。

2）当学生对积的变化规律有一定感悟之后，可以只列出不完整的竖式。如计算 460×39，竖式只算 46×39，再推理得出 460×39 的结果。否则两个步骤浓缩在一道竖式中，导致过分浓缩与机械化，反而不助于理解。

3）在小学数学中还有不少类似的内容都可以进一步思考教学的价值。如商中间有 0 或商末尾有 0 的除法等等，因为有 0，强调用 0 乘那一步省略，导致新

的难点和易错点，这种人为的因素让学生付出了更多的时间和精力去掌握。这种付出是否值得，是需要进一步研究的问题。

"所有的判断都是统计学"
——关于小学数学统计与概率教学的判断[①]

当今世界上最伟大的统计学家之一Ｃ Ｒ 劳先生断言："在终极的分析中，一切知识都是历史；在抽象的意义下，一切科学都是数学；在理性的基础上，所有的判断都是统计学。"（Ｃ Ｒ 劳，2004）诚哉斯言，我们关于新课标下小学数学统计与概率教学的判断，就是建立在我们的统计基础之上——阅读的统计、实践的统计、思考的统计。Ｃ Ｒ 劳先生说："如何建立新知识？这个问题取决于我们对知识概念的认知。以一个哲学家的观点，知识存在于（真实的或确定的）谬误之中，推理是获得这样的知识的工具。而从一个科学家的观点来看，一切知识都不是绝对正确的。通过任何方式所得到的一个科学理论知识，如果能引导出可接受限度内的预示，就能获得认可。"源于此，我们释然。

一、统计与概率，小学数学的四分之一？

原来我国小学数学教材中只有统计而没有概率，并且统计只占很小篇幅，可以说都属于古典统计学范畴。一方面，可能与我国传统文化重整合轻分析，重人伦轻自然，重义轻利，重道轻器有关；另一方面，在计划经济时期，人们遇到的更多的是大量确定的现象，没有感受到统计与概率的必须性。

而在新课标中，"统计与概率"与历来数学教学中重量级内容"数与代数"、"空间与图形"三分天下（实践与综合应用并不是独立的教学内容），受到了前所未有的重视。

1. 信息社会的需求

在以信息和技术为基础的社会里，人们面临着更多的机会和选择，而数据则日益成为一种重要的信息。"生活已经先于数学课程将统计推到学生的面前"（数学课程标准解读，153 页），报刊中大数、百分数、图形图表出现的比例越来越高便是证明。图表本是统计的一部分，自不必说。许多大数、百分数本身也是统

---

① 本文是我与华应龙老师合作完成，发表于《人民教育》2006 年 13-14 期，有删节。

计或推断的结果，可以说他们的背后还是统计与概率。今天，统计学的普遍存在如图所示：

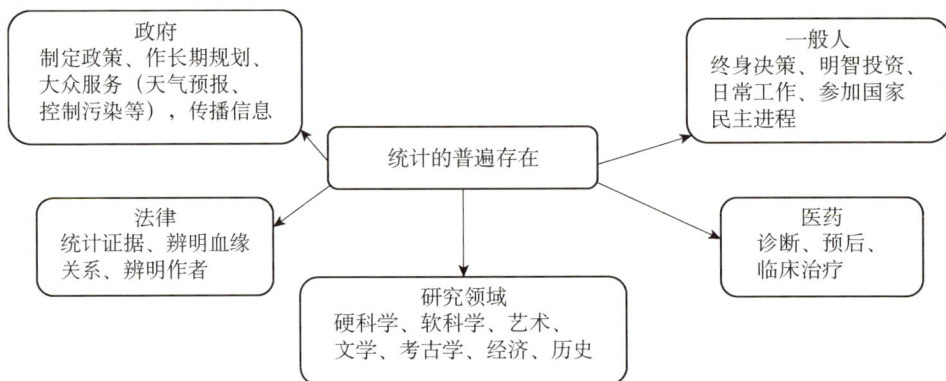

学会处理各种信息，尤其是数字信息，收集、整理与分析信息的能力已经成为数字社会每一个公民基本素养的一部分，就如威尔斯（Wells）所预见的那样："就像读和写的能力一样，将来有一天统计的思维方法会成为公民效率的必备能力"（C R 劳，2004）统计与概率所提供的"运用数据进行推断"的思考方法已经成为现代社会一种普遍适用并且强有力的思维方式。世界各地的一个普遍经验是：使用统计方法的工厂在不增加投资和扩大工厂设备的情况下，产量可增加10%到100%。最近出版的一本关于近代发明的著作中，把统计质量控制列为20世纪最伟大的技术发明之一。在小学进行统计与概率的教学中，可以让学生逐步形成统计观念，进而形成尊重事实，用数据说话的态度。

2. 与数学其他领域的密切联系

在学习统计与概率的过程中，会涉及解决问题、计算、推理，以及整数、小数、分数、百分数、图形等许多数学知识，实际上学统计与概率的同时又复习和运用了过去的旧知识，发展了学生解决问题的能力。

3. 独特的思维方式

以不确定性为研究对象的统计与概率有其固有的思想方法，它有别于讲究因果关系的逻辑思维。不少研究表明，如果学生缺乏对随机现象的体验，往往很难建立这一观念。所以，有必要在学生系统地进行理论知识的学习之前，在小学里积累丰富的对随机现象的经验。一方面，有助于学生今后更好的理解问题；另一方面，可以使学生所学的数学更加贴近现实。

二、是"统计与概率"，还是统计+概率？

1. 统计学与概率论的产生和发展（略）

2. 小学生学习统计与概率的过程

小学生学习统计与概率的过程，与统计和概率的历史发展是一致的。

一开始，统计的对象更多的是确定性的（或者说学习内容是与概率没多大关系的古典统计学）。例如，北师大版教材第一册"统计"中，统计的对象是全班每个同学最喜欢吃的水果，它们在数量上是确定的。利用统计对象的确定性教学统计表，不仅充分考虑了一年级学生的学习能力，而且有利于学生更好地学习简单统计表。

随着学习的深入，统计对象更多地具有随机性。例如，"估计你们班所有同学的家庭一个月内共丢弃多少个塑料袋？通过实际调查验证你的估计。"在该统计活动中，每个同学家庭每个月要丢弃多少个塑料袋，统计对象的总数非常大，统计起来既浪费时间，又浪费人力和物力。此时，就可以渗透抽样统计的方法，帮助学生自己选择统计对象。这里统计对象可以是全班每个同学家庭的某些天丢弃塑料袋的个数，或部分同学家庭的某个月丢弃塑料袋的个数。

随着学生相关知识的增多，统计与概率越来越密不可分。例如《数学课程标准（实验稿）》第29页例7，"调查两支球队以往比赛的胜负情况，预测下场比赛谁获胜的可能性大，并说明自己的理由。"这样的教学研究是建立在随机现象的基础上的，要求学生能够用统计的方法收集有关两支球队以往比赛胜负的资料，进行有效的整理分析，推断下场比赛的胜负情况。

三、统计=计算+制图制表？

1. 为什么计算和制图制表不是统计的核心？

在计算机尚未普及的年代，统计被演绎成枯燥的制图制表和繁杂的计算。在信息技术日益发达的今天，计算、画图等工作不应该再占据学生过多的时间，事实是它们远非统计教学的核心，小学统计教学的核心目标是发展学生的统计观念。统计观念体现在以下几个方面：认识到统计的作用，能从统计的角度思考与数据有关的问题；能通过收集、描述、分析数据的过程，做出决策；能对数据的来源，收集和描述的方法、分析的结论进行合理的质疑。

2. 让学生经历统计的全过程

观念的形成需要人们亲身的经历。建立统计观念最好的办法是让学生经历完整的收集、整理、描述、分析的统计全过程。

（1）关于收集数据

我们发现，教师往往把重点放在收集数据的具体方法上，比如：多样化的符号表达，画正字记录等等，当然，这些对初学统计的小学生而言，不容忽视。但我们认为，首要的一个问题是应该收集什么样的数据。显然是能够客观反映实际背景的"好"的数据，可以说这是统计成败的关键。获得"好"的数据，首先，需要尽可能多的利用对实际背景已有的先验知识。比如要预测某一天的天气情况，我们可以搜集天气的历史数据。以下两种方法哪种更恰当呢？一、搜集近三十年该日期的天气情况；二、搜集近三十年来相似卫星云图的天气情况。根据我们的先验知识，"天气情况与卫星云图有很大的相关"，我们就会选择后者。其次，采用简单的方法。一个简单的方法往往可以节省很多统计成本。这方面有一个很经典的统计案例：1997 香港回归，民心民意到底如何？只收集一项数据的调查（回归前后市民关于"你是哪里人？"答案的比较）很好地回答了这个问题。利用简单需要去把握纷繁复杂现象背后的本质，这一切依赖数学化。

（2）关于数据整理

绘制图表原来是很重要的部分。统计图表的格式和绘制规则仍然是必不可少的，但绝对不是整理数据的全部：计算机的广泛使用，让统计教学的重心转移——数据整理后，首先需要面对的是选择什么样的方式呈现？这就需要学生通过观察、比较、讨论等活动对各种统计图表的特点有一个明确的认识。

（3）关于数据描述

主要包括集中趋势的描述和离中趋势的描述两部分。小学阶段只涉及前者。集中趋势，就是指整体水平，一般用平均数来表示，有时也用众数、中位数等描述。这里需要强调的平均数的统计意义：首先，它是一组数据的代表数值，可以用来说明这组数据的整体水平或典型情况；其次，它可用来进行数据之间的比较。教学时要重视学生对平均数意义、特点的把握，注重对其统计含义的理解。学生往往因为平均数和平均分分辨不清，而不理解平均数的假设性，从而误以为平均数是真正的移多补少，导致学生常常有这样的困惑："平均每户 3.1 人，人数怎么会有小数呢？""足球比赛的比分是 2：4，平均每队的进球数是 3，两队是对抗性的，怎么可以平均呢？"

（4）关于数据分析

信息时代，生活中充斥着各种数据经过处理得到的统计图表，给人们带来了很大的视觉冲击，所谓的"读图时代"便源于此。为了人们能在这个"读图时代"更好地生存，首先就必须能从大量的"图"中获取有用的信息，作出独立的分析，并理智地对待新闻媒介、广告等公布的数据，对数据的来源、收集方法、呈现方式及由此得出的结论进行合理的质疑。

统计并不是"计算+制图制表"，建立统计观念才是统计教学中最重要的。陈希孺先生说："统计规律的教育意义是看问题不可绝对化。习惯于从统计规律看问题的人在思想上不会偏执一端，他既认识到一种事物从总的方面看有其一定的规律，也承认存在例外的个案，二者看似矛盾，其实并行不悖，反映了世界的多样性和复杂性。如果世界上的一切都被铁板钉钉的规律所支配，那么我们的生活将变得单调乏味"。（陈希孺，2000）

四、学生凭经验能判断，还需要做实验吗？

1. 调查的结论（略）

2. 实验的价值

学生在正式学习概率之前就已经具备一定的经验了，在面临简单的可能事件时凭经验就能判断，那还需要做实验吗？例如：盒内有 9 个白球，1 个黄球，这些球除颜色外完全相同。让学生说出摸到哪种颜色的球的可能性大？学生凭经验完全能判断出摸到白球的可能性大，还要进行实验吗？是不是低估了学生，或者是为了实验而实验？（略）

3. 实验的目的

1）体会随机现象的特点。

2）通过实验获取概率。

3）概率实验可以帮助学生澄清一些误解。

五、学生在实验中是"操作工"，还是"探究者"？

不管是教学统计，还是教学概率，往往需要做试验。那么，试验的主体是谁？学生在其中又该充当怎样的角色呢？

1. 案例分享：如何让学生在操作中有更多的思考？（略）

2. 案例分享：如何让学生的思考延伸到活动前后？（略）

六、是直面学生的错误认识，还是回避它？

学生并不是脑中空白地等着从教师口中得到概率的正确理论，在正式教学之前，学生对概率统计已经有了自己心中固有的直观判断、偏见和观念。教师需要了解学生潜在的错误观念。在学习概率的过程中，教师不仅要关注学生是否动了、做了，更要关注学生是否想了、说了；不仅要关注学生是否想了、说了，更要关注学生想了什么、说了什么；要善于发掘学生话语背后的潜台词，再通过动手实践或讨论，逐步消除错误的观念，帮助学生建立正确的概率观。

1. 学生常见的错误直觉（略）

1）确定性思维

2）可能性偏见

3）预言结果

2. 概率教学的特殊性

概率是一个难教又难学的内容，因为概率有其固有的思想方法，有别于讲究因果关系的逻辑思维和确定性思维。要真正了解学生的思维，不仅要知道学生的观点，还要知道他们是如何思考从而达到这个观点的。

我认为，要有效地教学小学数学的概率和统计，就要增强教师的知识背景，增加概率统计的概念，正视学生和教师关于概率统计的观念。教者如果明白陈希孺先生"概率就是当试验次数无限增大时频率的极限"的话语，教学勇气就会增添许多。ＣＲ劳先生指出："对统计学的一知半解常常造成不必要的上当受骗，对统计学的一概排斥往往造成不必要的愚昧无知。"（ＣＲ劳，2004）

概率从它本身发展成为一个独立的学科到广泛地进入中小学课程，只用了很短的时间，这种速度是代数、几何等其它内容无可比拟的。然而，正是由于这样的推进速度和很多国家中小学的概率教育又都刚刚起步，所以从事概率思维研究的人员很少，加之与概率相关的某些错误概念又比较隐蔽，就造成了关于概率的教学研究滞后于课程改革步伐的局面。

因此，我们要说，关于小学数学统计与概率教学的判断只限于有限的统计，期待着您的修正。

关注学生课堂出错的体验[①]

"课堂"与"教室"翻译成英文是同一个单词：classroom。尽管我们是用两个不同的词去指称他们，但人们仍然把"课堂"和"教室"相等同：以为一道

---

① 摘自我的教育硕士论文《课堂错误资源化研究——以小学数学为例》。

墙，一排篱笆围出一个院落，围出一方空间，人置身其中便有了读书的感觉。然而，课堂并非教室。课堂不仅是教师教学，学生学习的物理空间，更是一个特殊的社会舞台，其中蕴藏着复杂多变的结构、情境与互动，是一个充满生机与活力的系统整体，远比物理空间具有更加鲜活的生命取向。充满生命活力的课堂要求：不仅要关注学生学习的质量与效果，更要关心学生学习的过程以及在这一过程中的感受与体验。叶澜教授七年前的呼唤"让课堂焕发生命活力"还在耳边，当今的课堂，学生体验到的又是什么呢？笔者就课堂上出错学生的体验，通过调查、访谈和课堂观察的方法进行了初步的研究。

一、调查：出错学生的体验

学生们是怎么看待课堂上出错的呢？课堂上他们愿意暴露自己的错误吗？他们担心出错吗？出错后他们体验到的是什么？他们希望别人怎么对待自己的错误？他们又是怎么对待别人的错误的？……2004 年 5 月，我就这些问题设计了一份共 12 个项目的调查问卷，在二、四、六这三个年级中分别抽取 2 个班级进行调查。共发放问卷 314 份，回收问卷 314 份。其中，无效问卷 21 份（所有选项都选的、回答题数不足 2 道的），收回有效问卷 293 份。

1. 失败、耻辱

问题："错误这个词，让你联想到的是什么？"调查中发现，共有 123 位学生认为错误意味着失败，占 42.0%；有 51 位学生把错误和耻辱联系在一起，占 17.4%。值得注意的是选择耻辱的比例随着年级的升高而增加得很快，特别是高年级女生，接近 1/3。

从调查中可以看出，绝大多数学生都是用二元对立的观点来看待错误的。错误便是正确的反面，由错误引起的大都是"失败、耻辱"一类负面的体验。

2. 担忧、恐惧

课堂发言不担心出错的学生只有 5.4%。在担心出错的同学中，共有 7.2% 的学生担心老师批评，而担心同学嘲笑的学生分别为：68.9%、81.3%、83.7%。

问题："你最愿意回答什么样的问题？"选择最愿意回答简单、有十分把握问题的人数，低、中、高年级分别占 15.7%、26.8%、40.8%。

从中可以看出，学生对出错的担心随年级的增高而增长。访谈中的一个例子也表明，高年级学生对出错有着很强烈的恐惧：

张是六年级学生，数学课代表，学习成绩优秀。数学课上，他一直是积极参与、踊跃发言的学生之一。但据笔者观察，在挑战性大的问题前，他很少举手。

课后他告诉我："老师每节课都要叫我发言，我又是数学课代表，碰上难题老师就要想到我。所以我就趁有把握时赶紧举手，回答一次后我就可以安安心心地听课了，不用担心出丑了！"

Margaret Taplin 博士也发现，大学生出于对出错的恐惧而迟迟不愿交上他们的作业，他们会反反复复地检查再检查他们的答案。Margaret Taplin 敏锐地发现了一个问题：越来越多的学生因为担心失败而害怕尝试新事物，一旦他们真的出错，则变得沮丧而怀疑自己的价值。数学，因为有着一套公认的公理体系，十分强调答案的"对"与"错"，会潜在的增强学生的恐惧。当然，出错后，适度地体验到沮丧是十分正常的，如果出错后依然愉快反而让人吃惊。但是，学生出错后强烈的耻辱感和对出错高度的恐惧让课堂学习变得胆战心惊，让学生变得不愿真正的"敞开"。调查中发现：有问题课堂上不问的低、中、高三个年级段的人数分别为：56.4%、69.2%、87.7%；即使在被迫面对自己的错误时，不少学生仍然采取尽量回避的态度。

如：在学习"商不变规律"这节课上，教师出示判断题：（750－50）÷（150－50）=750÷150，让学生举牌表示对与错。绝大部分学生都举了表示错的红牌，一位学生先举了表示对的绿牌，而当学生意识到教师正注视着他时，学生立刻翻转成了红牌。教师询问："我看到你刚才举了绿牌，现在改成了红牌。能和大家说说，你是怎么想的，才变回来的？"这位学生支支吾吾，小声嘀咕了一句："我把绿牌当成了红牌，不小心看错了。"老师便说了些"要细心"等不痛不痒的话。而第二次，另一个同学也是以类似的方式回答了老师的询问。课后，我问老师："你真的以为这些学生都是因为大意看错、举错才出错的吗？"老师一脸无奈。

教学就是教师与学生运用想象力来从事意义创造和分享的过程。教师不是知识的提供者，而是与学生共同进行有关学习主题、意见、思想、情感的交换和分享。这就要求师生之间形成真正的交流。而师生之间教育交往的主要形式是对话，因为对话真正使教师和学生在相互作用中达到了理解，即精神获得了沟通（金生鈜，1997）。对话不仅是教育交往的方式，也是教育情境。在对话中，教师和学生都被教育活动所吸引，他们共同参与、合作、投入和创造相互交往的活动，因此，对话不仅仅是指二者之间狭隘的语言谈话，还指双方的"敞开"和"接纳"，是对"双方"的倾听，是指双方共同在场、互相吸引、互相包容、共同参与的关系。在这种对话式的相互作用中，师生双方敞开了自己、接纳了对方，师生面对面地交谈，共同参与活动之中。因此，对话表现为"敞开"、"接纳"、

"承认"和"包容"。可是，面对错误，我们的学生却做不到"敞开自己"，我们的教师也屈就于学生的"封闭"，精神层次上的疏离，怎可能形成真正的对话？

二、分析：学生对出错消极体验的原因

在课堂观察中可以看出，教师对学生的错误基本呈宽容态度；问卷、访谈也可以验证这一点。学生们普遍认为教师对错误处理公平，并且很少指责批评。那么，究竟是什么原因造成学生对错误的担忧恐惧和耻辱感呢？我认为，还是应从教师的行为、教师行为背后的潜在观念去分析。

1. 教师拒绝错误

错误本是学习中十分正常的部分，然而传统教育是"永远正确"的教育。夸美纽斯认为"只有要求学生在课堂上不犯任何一个错误，才能在练习中没有错误，"他建议教师"不要使学生在第一次学习新教材时就在语法规则上犯错误，不要使学生在第一次学习数学规律时就解错例题和应用题"（夸美纽斯，1984）。长期以来，这样的观念深深地影响着教育工作者，人们视错误为"洪水猛兽"，错误是教育的"敌人"，"不错"等于成功，"不错"是教育的永恒追求。尽管教师们不同程度地认识到错误的价值，但是在实践中，受传统观念的影响，受考试的束缚，真正能做到不拒绝错误的教师寥寥无几。在可能出错的"冒险"与不会扣分的"保险"的较量中，教师无条件地倾向于后者。

如：三年级学习"分数的初步认识"，课上老师让学生用分数表示图中的涂色部分。他出示了一幅图：

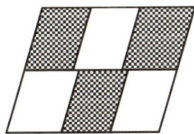

在一个学生回答"$\frac{3}{6}$"之后，又有一名学生非常激动地说："还可以用$\frac{1}{2}$来表示"。此时，教师既没有让学生陈述想法，也没有对学生简洁漂亮的答案大加赞赏，而是："$\frac{1}{2}$也对。不过从图上看，这里是把一个平行四边形平均分成6份，涂色部分有3份，用$\frac{3}{6}$表示更好。"我问讲授的老师为什么如此"霸道"，他坦言："我知道$\frac{1}{2}$体现了孩子对更简洁、更漂亮的表示法的追求。如果我在此

大做文章，那么其他孩子以后都会想方设法地寻求更漂亮的答案，问题是这么做是要冒险的！因为约分的知识是五年级才学的，三年级本身不要求约分。不约分不化简又不扣分。约对了，也不加分；约错了，倒是要扣分的！何必画蛇添足呢？"

"画蛇添足"一词让我们感受到应试教育评价体系的强大束缚。应试教育要求学生循规蹈矩，进行理性冷静的思考，一旦他们脱离现实的轨道，想象出"不成样子"的东西，就会被父母训斥为不务正业，被老师认为前途堪忧。而且，在应试教育的评价体系下，一切问题都有"标准答案"，学生常常在"标准答案"面前如履薄冰、举步维艰，学生会担心一不小心便失去高分，失去父母和老师的欣赏，"负责任"的老师也不会容许学生去冒险。因此，他们只能死记硬背"标准答案"，以求万无一失，有可能出错的求新求异遭到忽视。正是这种消灭错误、鄙视错误的教育让出错的学生体验到了恐惧和耻辱。

2. 教师保护错误

与拒绝错误相比，教师们往往会走向另一个极端：保护错误。在与学生的访谈中，一位六年级的学生谈到，他对一次课堂上的出错的经历记忆犹新："那天，我回答错了一个问题，引得同学们哈哈大笑，我很窘，这时老师帮我解了围。他说：'你其实不是这么想的，你想说的是……但是站起来有些紧张，是口误，对吗？'我觉得老师这么处理非常好，保护了我的自尊心，我非常感谢他。"

这是某特级教师的一个教学片断，曾令不少教师赞叹。

在"画圆"的教学中，在学生们跃跃欲试之际，以往教师都会三令五申让学生收起圆规，正襟危坐听教师讲解画圆的注意点，看老师如何画圆。现今，有些教师把这一步变成同学通过课前预习交流画圆的注意点，其实质并没有多大改变。这样的教学，学生按部就班，课上个个都画出了标准、完美的圆。而特级教师潘小明却独辟蹊径，他先让学生用圆规在自己的练习纸上尝试画一个圆，学生动手操作时，教师巡视。然后，教师选择几幅典型的学生作品放在投影仪上让学生观察。（选择的作品有：1 起点和终点不在同一位置上的；2 把"圆"画成了鸡蛋状的；3 将弧线画得时隐时现、时粗时细的等等。）看到这些作品（不知名的），学生们哄堂大笑。"你们在笑什么呢？"教师微笑着问。"这些都不是圆形，画错了！"学生意见一致。随即，教师便让学生分析出现问题的原因。此时的学生就像炸开了的锅，你一言我一语，纷纷发言：甲的圆心没有固定好，所以连不上了；乙画的时候圆规两脚间的距离老在变，半径变了，所以画成了"鸡蛋"；丙用力不均，才会出现问题……错误的原因一个个被学生找出。教师继续问："画圆时应该注意什么问题？怎样才能画出一个既规则又美观的圆？"同学们情绪高涨、思维活跃，自己总结并概括出了画圆的方法。

人们称赞教师能从学生已有的数学事实出发，巧妙地利用学生的错误进行指导，还称赞教者的细心与爱心，他煞费苦心的隐去出错者姓名，照顾了学生的感受，很好地保护了学生的自尊心。教师这么做，谁都明白这是在为出错者隐瞒，遮羞。

但是，对于一个成长中的学生而言，他在求知的过程中所出现的错误无论如何都不能算作"羞"。正是教师的"避重就轻"、"刻意保护"的行为在暗示学生，这样的错误是严重而不可原谅的，是值得嘲笑的。学生在感激教师为其解围的同时，体验到的更多的是紧张、羞愧和无地自容。

三、建议：关注学生课堂出错的体验

托拜厄斯（Tobias）认为："忧心忡忡的学生，把一部分注意力分给所教内容，另一部分注意力则被对失败、批评、嘲笑和无地自容的担忧占据。"学生的这种过度体验已严重影响了他们的课堂学习质量。只有教师和学生一起真正视错误为学习中完全正常、不可避免也不应避免的一部分，看到错误的宝贵价值，树立正确的错误观，才能使学生适度体验，做到真正的"敞开"。

1. 讲述数学家犯错误的故事

人们普遍认为，在众多的科学中，数学知识最具有绝对性、确定性、客观性和普遍性。诚如 Bidwell 所说：传统的数学课堂让学生们觉得"数学乃是一切都已发现好的。也如美国著名数学家和数学史家 M·克莱因（M.Kline，1908—1992）所说：通常数学课程使学生产生这样的错误印象：数学家们"几乎理所当然地从定理到定理，数学家是永远正确的"。

M·克莱因曾指出：历史上数学家所遇到的困难，课堂上的学生同样也会遇到，因而历史对于课堂教学具有重要的借鉴和指导作用。他认为：数学家遭遇困难、错误、挫折、失败的经历对学生有着很好的教育意义。英国数学史家 J.Fauvel 则认为：数学家的出错故事可以起到"因为知道有错误、有失败的并非只有他们自己而感到欣慰"，以及"改变学生观念"的作用。讲述数学史，真实地讲述数学家出错的故事，有助于学生树立正确的错误观。

如：素数判定

17 世纪，法国著名数学家费马（P.Fermat，1608—1665）曾得到一个后人以其名字命名的定理：如果 n 为素数，a 为任意自然数，那么 an-a 是 n 的倍数。上述定理的逆命题是否成立呢？费马之后，研究者数不胜数。德国著名数学家莱布尼兹（G W Leibniz，1646—1716）就曾提出：如果 n 不是素数，那么 2n-2 就不是 n 的倍数。因此，在莱布尼兹看来，当 a=2 时，费马定理的逆命题是成立的：如果 an-a 是 n 的倍数，那么 n 必为素数。无独有偶，中国清代大数学家李善兰（1811—1882）于 1869 年归纳得到了一个判定素数（李善兰称之为"数根"）的方法：用 2 的对数乘已知数，以所得乘积作为对数值，求出相应的真数，从中减去 2。如果余数能被已知数整除，则已知数为素数；否则，就不是素数。上述方法简单地说来就是：设 n 为已知自然数，如果 2n-2 是 n 的倍数，那么 n 是素数，否则 n 就不是素数。一个名叫萨吕斯（A Sarrus）的数学家所发现的反例彻底否定了莱布尼兹和李善兰的结论：尽管 2341-2 是 341 的倍数，但 341=11×31 却是一个合数！后来人们又相继发现了更多的反例：561，645，1105，1387，1729，1905，2407……数论中由不完全归纳得到的结论有时并不正确。

　　像这样，介绍历史上数学家的种种失误和数学发展的曲折艰辛，可以改变学生对错误的错误看法。让他们明白："高贵"的数学也不过是人类的一种文化活动，任何学习和研究都会遭遇错误、挫折和失败。因此，用数学史来改变学生的错误观，是很有效的方法。

　　2. 公开地讨论错误

　　课堂上，教师为了保护出错学生的自尊，常常采取为他们隐瞒的策略：隐瞒出错者的姓名，隐瞒出错的原因，而不采取公开讨论的方法。正是这种隐瞒，让学生增加了对错误的耻辱感，从而无法坦然面对错误。

　　如果说，分数是学生的隐私，而错误完全可以公之于众。通常，考试之后的试卷讲评课上，当讲评试卷中的错误时，教师不敢公布出错者的姓名，但又暗暗地注视着出错者的参与情况；一旦发现出错者心不在焉，禁不住气上心头。我们则不同于通常老师地做法：对典型的错误，详细的出错情况以及出错者姓名全都予以展示。提请出错者注意是一方面，另一方面，让学生明白，对待错误完全可以采取十分坦然、坦诚的态度才是更重要的。公开的讨论也从另一个角度说明：这个错误是有价值的，因为它值得研究和讨论。

　　如上述"画圆"的例子，笔者认为，如果在此之后，让刚才画错的孩子根据总结的方法重新画一遍（掌握要领之后，一定会比刚才画得好），再一次进行展示。让孩子们自己感受到自己的改变和成长，因为学习本身就是为了"改变"。

这种在学习活动中获得的充实感，从错误走向成功的快乐感，是最激动人心的。比煞费苦心地不让同学们知道作品的作者是谁，更能保护孩子的自尊。因为真正的自尊来自于成功。

3. 创建一个互相支持的课堂

"一个充满互相攀比、敌意和疏远氛围的课堂只会引起学生的焦虑和苦恼，决不能促进学生的智力发展。相反，在一个教师和同学相互支持的课堂里，学生可以建立自尊，增进学习的动力，并且有机会最大限度地发挥学习潜能。"（Vernon F.Jones & Louise S.Jones，2002）前面的调查表明，课堂上学生的"封闭"很大程度上是因为害怕同学的嘲笑和教师的否定。良好的师生、生生关系是建立互相支持的课堂的前提和表现。

首先，建立民主、平等的师生关系。平等，有两层含义，一是人格地位的平等（关于人格的平等论述颇多，这里限于篇幅，暂不赘述）；二是知识面前的平等。教师相对而言，是知之甚多者，有着天然的权威。在教师与学生的关系中，教师不应要求学生接受其权威；相反，教师应要求学生延缓对那一权威的不信任，与教师共同参与探究，探究学生正在体验的一切（小威廉姆·E.多尔，2000）。教师应更多地扮演顾问和伙伴的角色，要从居高临下的强势位置走下来，走到与学生平起平坐平等交流的关系中来。只有这样，才能努力与学生们共同形成一种真诚对话的氛围，才能让学生大胆地表达自己，表达自己的独特想法，表达自己的疑惑、错误。

其次，建立友好、互助的同学关系。学生之间的良好人际关系有助于共同解决问题，在课堂里为教学活动创造一个愉快的空间环境。学生课堂上的"敞开"需要心理上的安全感和保障感，而这一切都是建立在学生之间互相认可、互相关爱、互相支持的基础上的。创建一个互相支持的课堂，良好的同学关系是至关重要的因素。这就要求教师开展一些促进集体凝聚力的活动、增进相互了解的活动等，帮助学生学会聆听他人，共同解决问题，更好地与他人合作。这样"同学的嘲笑"不再是学生封闭自己的理由。

四、行动：让错误成为教学资源

1. 运用"产婆术"

苏格拉底"产婆术"的主要规则是：①使自以为知者知其不知：在对话开始时，苏格拉底承认自己的无知，而对方却自以为能够回答这个问题，经苏格拉底不断质疑问难，才意识到自己难以自圆其说，终于知其不知；②使自以为不知者知其所知：苏格拉底从别人可能比自己聪明、比自己知道得多的假设出发，主动找人谈话，当谈话对象从自以为知到知其不知时，他也未失去对参与谈话者能够解决问题的信心，鼓励对方，转入更为简单的话题，使谈话对象触类旁通，最终自己得出结论。

课堂上，当然不能照搬苏格拉底的"产婆术"，毕竟我们面对的情况完全不同：苏格拉底面对的是一位谈话对象，课堂上教师面对的是几十位学生；苏格拉底的谈话内容以伦理道德为主，我们处理得更多的是学科知识。需要借鉴的不是苏氏连珠炮似的发问，而是通过暴露、展开思维，启发学生找到矛盾之处，从而自觉放弃根深蒂固的错误观念。

当然，"产婆术"可用在许多错误的处理中，而最需要使用产婆术的便是"合理性"错误。因为"合理性"错误的克服十分困难，学生尽管学习了新领域内的正确理论，但仍会自觉坚持这种错误观念。唯一解决办法便是，"迫使学生去明确地面对他们的错误概念与所学过的科学原理之间的矛盾"（D. A. 格劳斯，1999）。

四年级的一节期末复习课，复习内容是长方形的面积。教师让学生判断书上总复习中的一道判断题："4个1平方米的小正方形拼成的图形面积一定是4平方米。"有一个学生站起来说："不一定。如果4个小正方形摆成一排，或者是拼成一个正方形，那么它的面积是4平方米。可是，如果你角对角的拼，那么它的面积就不是4平方米。"所有的学生都一头雾水，他们的"啊"声也明确表示了他们的不理解与不赞成。这位学生此时十分发窘。教师并没有急于否定他，而是："很难用语言来表述，是吗？那就把你的想法画在黑板上！"学生画图如下：

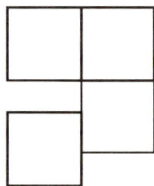

随即，学生边指图边说："这个图形的面积就大于4平方米。"原来，他把两个正方形中间的空隙也算入图形面积了！教师没有简单纠正，而是："这一块到底算不算？还得看究竟什么是面积。"一句话激活了学生相关的旧知，学生纷纷发表观点："面积是围成的平面图形的大小，这个图形是这么围成的（生指图形的周长），所以，那一块没有围在里面，不应该算在面积内。这个图形的面积还是4平方米。"教师总结说："通过刚才的讨论，我们对面积的意义有了更深的认识。那么，同学们，是谁帮助我们复习了面积的知识的？"全班学生不约而同的将视线集中到刚才出错的学生身上。这个学生如释重负，先前那种羞愧消失了，取而代之的是自信和投入。

"产婆术"的应用，让学生把"面积就是围成的平面图形的大小"这个书本上的定义真真切切的转化成了学生持有的观念，"产出"知识的同时，还产出了"态度"——在随后的这节课上学生的争论更积极了。

接着学生说："如果4个正方形重叠的话，面积就不到4平方米了。"立刻有学生反驳："'拼成'应不包括'重叠'，因为生活中的拼图游戏就是不重叠的。"

有学生说："无论如何，拼了以后就会少掉一些边，所以要从4平方米中减掉一些边长。"学生反驳说："面积与边长是不同的量，是不能相减的。"

这样的课堂，受鼓励的并不是错误本身，而是其背后的独立思考以及不人云亦云的勇气。"空隙风波"之后的那些有趣质疑的出现，与教师"产婆术"的运用是分不开的。无疑，学生们也认识到了错误的价值，教师对错误是宽容而不纵容的态度，这种开放而又严谨的治学精神影响了学生，同伴的支持与鼓励使真诚而又深入的课堂对话成为可能。只有如此，才能实现"错误价值"的最大化。

2. 运用同学互教

同学互教适用于个别学生的错误。

在遭遇个别学生的错误时，教师常常陷入两难的境地。顾及出错的孩子，却怠慢了全班其他的同学。这里，一个较好的办法，便是让同学互教。在课堂中使用同学互教的方法，首先能在学生中形成这样一种观点：需要和提供帮助是良好的行为，这种行为鼓励相互合作和关心他人，因此创造出一个更加互助和安全的学习环境；让一个学生指导另一个学生会给他带来胜任感，并体现个人价值；另外，一个学生在指导另一个学生时，通常能把内容学得更透彻，不断提高的理解力与指导他人相结合，常使该生更加振奋，更加自信（Vemon F Jones，Louise S Jones，2002）。然而，现在的课堂，生生互动倒很是热闹，但大多是某些学生充当了传统的讲授者的角色（而且是不合格的讲授者），另一些学生充当倾听者（茫然的倾听者）的角色。教师要对学生之间相互指导的技能给予指导。

如《三十六军官问题》片段：

生1：我还排出了五行五列的：

A1　B2　C3　D4　E5

B2　C3　D4　E5　A1

C3　D4　E5　A1　B2

D4　E5　A1　B2　C3

E5　A1　B2　C3　D4

同学们请看,我这么排,每行每列都有各个部队、各个级别的军官。

(教师看到有几个学生举起了手)

师:同学们有问题想问你呢!

生2(思索片刻):我想问你,你的25名军官是怎么挑的呢?

生1:5个部队中各挑5名级别各不相同的军官。

生2:也就是说这25名军官的部队、级别是不可能完全相同的,对吗?

生1:是!

生2:那么,你排的方阵中第一行有A1,第二行、第三行⋯⋯都有A1,你怎么解释呢?

生1(思索了一会儿,恍然大悟):我明白了,我其实一直只用A1、B2、C3、D4、E5这五个人在排方阵!

(学生发出了善意的笑声)

师:你这么一说,我也清楚了,一开始,我还以为是对的呢!

生2:其实刚开始我也犯了和你一样的错,我提个建议:你先把这25个军官都表示出来:A1　A2　A3　A4　A5

B1　B2　B3　B4　B5

⋯⋯

E1　E2　E3　E4　E5

然后再分别从每行中选一个排一行。

生1:谢谢你的指点!

师:刚才这位同学尽管排错了,但是正是由于这个错误,引发了我们更多的思考,让我们想出了卓有成效的好方法,避免了不少弯路!

如果没有教师的那一句"同学们有问题想问你呢!",学生可能只会是生硬地否定或迫不及待地展示自己的正确。教师的提示为学生的互教指明了方向:提问。问题让提问者更温和,让他从"好为人师者"变成"友善的提示者",让出错者更深入地思考。教师随后故意的一句:"我还以为是对的呢!"巧妙地维护了出错者的自尊,并且激起了其他学生指导和帮助他人的热情。

3. 延迟评价

延迟评价就是在孩子做出一件事情或说出一种想法之后,不急于对他的言行进行评价、做出结论,而是让它暂时处于一种自然发展的状态。延迟,可以是数分钟，也可以是数天甚至更长的时间。教师不要轻易剥夺学生犯错误的权利，教师应有足够的耐心去等待。急于否定学生一个又一个的错误，让学生获得的是岛屿式的、实时性的知识，而不是知识的结合；是不完整的知识碎片，而不是一系列观点与观点的连接；是形式操作的，毫无意义的，无法控制的技巧，而不是各种可以表述的体验；使人获得标准化的感觉，而不是对各种不同意义的思考。延迟评价最适合于意外的错误。

如在教学"近似数"一课时，学生理解了 74500 更接近 7 万后，对写法却有了不同的声音：

有人说应写成：74500≈70000，也有学生坚持：74500≈7 万。

我抱着试试看的心态让学生说出理由（换了以往，我对学生的这些小问题是不屑的），然而，学生的争论让我惊叹！

认为要写"70000"的学生说：

"为了和'≈'左边的'74500'保持一致，所以要写'70000'，如果用万作单位，左右就不对称了。"

"289 约等于 300，就写成'289≈300'，而不是'3 百'。同样的道理，要写'70000'不写'7 万'。"

"'70000'比'7 万'更清楚，更准确。"

……

而认为是"7 万"的学生说：

"'7 万'比'70000'更简洁，数学不是最崇尚简洁美吗？"

"书上写的就是'7 万'！"

"'7 万'，我一看就知道是省略万后面的尾数求出的近似数，'70000'就不知道是省略那一位后面的尾数了。"

……

学生的争论中有合情推理（289≈300，所以 74500≈70000），有对数学"简洁美"的体验，有对近似数精确度的认识。与这些相比，各有局限的"7 万"，"70000"到底哪一个才是标准答案，已并不重要。学生的发言，不正体现了对更美、更清楚、更统一的表示方法的强烈需要吗？当他们有朝一日接触科学记数法时，内心一定会产生"灯火阑珊处"的激动和愉悦。

延迟评价并非不评价，即时评价更容易简单的判定是或非，而让学生充分陈述理由，那么任何错误都不是十分错的。给教师充分思考和判断的时间，不是依赖于课本，依赖于标准答案，而是与学生一同去探求未知，这本身就是令人鼓舞的。有时，延迟评价产生的效果真让人感到不可思议。

课快结束时，突然有一个学生一本正经的提醒大家："明天我们全年级去春游，早上6：40集合，可别有那个同学用四舍五入法求近似数，到7：00才来，我们的车可不等你啊！"他的话音刚落，就传出了不少会心的笑声。可是，有学生不同意了："6：40四舍五入，应该是6：00呀！"

"问得好！6：40取近似值，到底应该是6点还是7点呢？"

"我觉得约是7：00，因为6：40离7：00只有20分，而离6：00有40分，更接近7：00。"

"我可以画图表示：6：00和7：00的中间是六点半，而6：40在六点半和7：00之间，所以应该是7：00。"

"四舍五入已经不合适了，是二舍三入！"有个机灵的孩子插了一句。

"我知道了，我们平时都用四舍五入，那是因为数是十进制的，而这里，时和分的进率是60，所以就不适合用四舍五入！"

"四舍五入"法，在小学数学中从来都是不容置疑的真理，学生在大胆的怀疑之后理解得更深刻了。

仅仅因为我没有立刻否定学生的"无意义"的错误，就生成了这么多的精彩！

延迟评价，允许学生适度发表自己的独特见解与感受，心灵开放一分，就会多一分意外的惊喜。这种意外的惊喜，能让师生投入更多的激情，而这种激情，正是碰撞出更多思维火花的催化剂。

寻找每个孩子的最近发展区
——我与小蒋"战斗"的这两年①

还没落笔，眼前浮现小蒋眨巴着眼的机灵样，我忍不住从心里笑了起来。

然而，两年前的初次见面，我却欲哭无泪。

一、"见面大礼"

新学期，新班级，第一节数学课。

---

① 本文发表于《小学教学》数学版2014年第10、11期。

　　自我介绍："我姓施……"话没说完，就被一句脆生生的问话打断了："是植物大战僵尸的尸呢，还是风湿病的湿？"从来没有遇上这样的"见面大礼"，我既生气又尴尬。看着那双清澈无辜的眼睛，我控制了一下情绪，顿了顿说："我的这个姓呀，既不是僵尸的尸，也不是风湿病的湿，而是西施的施。"说完，我郑重地把"施"写在了黑板上。

　　"西施，还貂蝉呢！"安静的教室里这声嘟囔十分清晰，我循声望去，依然是他——小蒋。

　　"姓施的呀，既有西施，也有东施"，在同学们的笑声里，我不紧不慢地讲着："不过呢，我既不是西施，也不是东施，而是老师。大家叫我———"

　　"施——老——师！"

　　"正过来读读，再倒过来读读，发现了什么有趣的现象？数学里也有类似的现象吗？"

　　孩子们被我的问题吸引住了，我松了一口气。

　　可是，40分钟里，像这样的窘境总是突如其来，我始终忙于招架，无可奈何之际干脆装聋作哑。听到下课铃声，满头大汗、脸上笑容早就僵硬的我如释重负，正要最后嘱咐一句时，小蒋大声喊着："下课喽，您刚说要我们监督您不拖堂的！"说完，飞奔出教室，留下了站在讲台前怔怔发愣的我……

　　听课的老师们围了上来，一脸的同情。徒弟对我说："师父，你太有涵养了！居然一点都没有发作！"其实，她不知道，我心口堵得慌，很生气，但是一方面碍于有听课的老师在我不便发作，另外一方面确实是我毫无办法！

　　现在想来，第一节课我没有采取什么措施，算是正确的行为。首先，我只看到他的行为，对他的想法一无所知，不分青红皂白贸然出手说不定会造成不必要的伤害；其次，在不确定是否有效的情况下，还是别轻举妄动的好，如果采取了某种激进措施仍然无效，尤其是在集体面前，学生判断你无能之后会更加为所欲为，我不能冒这个险；最后，我知道自己是很温和的，治理学生没有什么狠招，手段也很有限，一开始三把火烧完没有后续，黔驴技穷之后更无法收拾，所以还是珍藏着一些方法慢慢使比较好。

　　两年后的今天，小蒋上课的发言得到了校长的表扬，一直听课的老师们都夸他的变化。和他朝夕相处的我知道，他依然有许多小毛病，但回首两年来走过的路，我真为他的进步感到欣喜。

　　也说不上哪件事情或哪个做法导致他产生了质的飞跃，因为教育和结果之间的关系从来不是立竿见影的。下面这些让我印象深刻的故事，有的让我兴奋，有的让我沮丧，但是无一例外的，让我对教师这个职业充满了热爱。

二、"连这都不知道，还博士呢！"

那天我带着队伍放学时，正好有教过小蒋的老师经过，"小蒋，你现在是施老师教啊，你太幸运了，你知道吗？施老师可是博士哎！"小蒋没有说话，盯着我看了好一会儿，半信半疑的样子。

第二天，小蒋一进班就急匆匆地来找我："施老师，你会做小数除法吗？"我反问了一句："小蒋，你都会小数除法了？"

"那当然！"他十分得意。

"哟，你真厉害，刚上三年级，我们小数还没学，你就会小数除法啦！"我由衷地感叹。

他并不理会我的夸奖，继续着他的提问："那你会算 5÷8 吗？"

"5÷8，我得想想"，我沉吟片刻，故作为难地说："一时还真不知道得多少，你会算吗？"

"5÷8=0.618，黄金分割数，连这都不知道，还博士呢！"

我听得瞠目结舌，天哪，什么什么呀！看他那副不屑的神情，我又气又好笑。无疑，他是想拿自认为最得意的知识来考我这个博士是否货真价实，似乎他知道的还真不少，小数除法、黄金分割、甚至还记得 0.618。只是，在他那里，这些过早被灌输而并不理解的东西全都混在一块，又是被超前教育害的。"小样，学成这样还想给我下战书！"我忍不住非常小人地心头狂喜，一天来的郁闷一扫而光。然而，教师的职业自律让我隐藏起了这份见不得人的情绪，而是极为真诚地，至少看上去极为真诚地说："小蒋，我学了这么多年的数学，从来没有听说过 5÷8 等于 0.618。如果你能把 5÷8=0.618 的道理说清楚的话，我相信那是一个大发现！数学史上一定会留下你的名字！"这番话反而把他说愣了，脸上没有了得意与不屑，而是出现一副若有所思的神情。

这件事似乎就这样过去了。

让我意外的是，一周以后，小蒋再一次地找到我："施老师，我知道 5÷8 不是等于 0.618，等于 0.625。我算给你看！"说着便拿起粉笔在黑板上写了起来。更让我意外的是，他不是机械地写一个竖式，而是借着"8 个人来分 5 元钱"这样一个具体的情境，把"每人分到多少，还剩下多少，再每人分到多少"分的过程说得清清楚楚。一个本不要求掌握的问题，能在他脑子里生根，想上好几天，并能够坚持把它想明白，这是多好的品质啊！淘气的他，竟然也能如此可爱！我在心里悄悄撕下了贴给他的"不学无术，哗众取宠"的标签。

三、"语不惊人死不休"

后面的日子，小蒋并没有时时处处和我对着干，但他上课有一搭没一搭地插话依旧，时不时追求"语不惊人死不休"的效果。当我追问为什么时，他会来上一段顺口溜"因为所以，科学道理，要想知道，去问蚂蚁"；当我们说两条直线相交时，他会怪腔怪调地说"相交——香蕉奶昔"；一名学生名叫万众一，无论谁点到他的名，小蒋都会哼上句国歌"我们万众一心"……我尝试着改变这个局面，和他订立了合同，包括一些奖惩措施。当时有点效果，没过几天他又故态复萌。长时间和他的斗智斗勇让我疲惫不堪，然而收效甚微。有一天课后，他又被我带到了办公室，当我看到被我责令写反思的他不时参与老师们的谈话，并试图用他的"蒋氏幽默"来逗乐大家，我意识到我的失败。对付他的"顽疾"，我用的是常规的"抗生素"，没从根本上治好病，反而提高了耐药性。可是，除了"抗生素"，我还有何药可用？

思考半天，无果。我开始了另一种选择。说不定可以淡化处理？说不定他本无意为之，反而是我坚持不懈追究的精神强化了他的行为？说不定全班同学都可以对此做到不加理睬，既不影响大家又让他自讨没趣？阿Q一点想，他的各种插话不也是课上听了的结果？……我十分艰难而又痛苦地降低着我的底线，决定尽量无视他课上的那些言论，试图从别的方面寻找突破口。

四、"每日一题"

每天我都会布置一道和当天知识有关并超出所教难度的"每日一题"，学生可以选做，一周一判，并在网上公布解题思路及"数学思维之星"的名单。小蒋本身喜欢动脑的，而且他妈妈也抓得紧，所以"每日一题"一期不落，他的名字次次都能上榜。慢慢地，我把公布解题思路的任务交给了学生，变成"好思路，共分享"，把学生好的方法、与众不同的方法以及有问题的方法拍成照片，让大家欣赏讨论。小蒋虽然写的字歪歪扭扭，有些做法也显得繁琐和原始，但正因为如此，才能看出他的思考。好几次他的作业都传到了网上，我还帮助他把想法变成"精彩2分钟"，在课堂里展示。本不爱写字的他"每日一题"的过程写得详细了，常常用很独特的图表和语言表述想法，学期中进行作业评比时，因为小蒋"每日一题"做得出色，我给他颁了奖。

寒假里，我接到了小蒋的信息："施老师，我今天参加学而思杯奥数复赛，不知考得如何，但我喜欢数学，喜欢您！想您！寒假愉快！"

开学第一天，一见到我，就飞奔而来。"施老师，告诉您一个好消息，我拿了迎春杯二等奖！"

如今，对于"每日一题"，我早就取消了公开评比，因为担心会对不擅学数学的孩子造成某种压力，所以我只负责出题，学生自己交，我判后与学生私下交流。小蒋仍然是坚持天天做的那一个同学，对于他来说，他已不需要这些外在的过程了，因为思考已成为他的习惯或者是一种乐趣。

五、他竟做不完随堂练习

小蒋每天的作业都能准时上交，但是随堂练习常常完不成，课后单独留下来补时，除了慢一些，也没有不会的。我和家长交谈之后了解了原委：小蒋动作协调性不够，写字很费劲，不爱做作业，到医院诊断有注意力方面的问题。于是，妈妈特别上心，每天回家都全程陪同、监督做作业，恨不得孩子写的时候，妈妈读题、帮助分析，画线时递上直尺，写错了妈妈来擦。一旦没有一对一的监督，小蒋就会一边写一边玩，10分钟的作业甚至能做上三四个小时。这个问题是相当严重的。在我看来，学习时的专心、投入是非常重要的，1小时的半心半意不如5分钟的全心全意。我要求他妈妈必须放手，并建议从"明松暗紧的盯"开始，在课堂上有动笔写的环节，我便经常走到小蒋身边稍稍关注一下，随后情况有所好转。

有一节课学的是"观察图形"，我让学生当堂完成几道匹配题，"谁先做完了谁先交，每组第一个全对的便是'小老师'，可以判其他组员的作业。"出乎意料的是小蒋是全班第三个，小组第一个完成的。看他给同学判作业时的那副严肃认真的模样，我忍不住心头涌上笑意。看来，他很在意"小老师"这个称呼，在意在同学中的地位，加上图形匹配不需要写字，只需连线，而需要的空间想象能力恰恰是他擅长的。在既有强烈动机，能力又胜任的情况下，他表现出了不同寻常的"好"。

第二天，我一进班，他就迎了上来："施老师，今天能不能再学图形？再评'小老师'？"

当然，我不可能为了他而在并不需要的地方原地踏步，但是在课的最后5分钟时，我又布置了要求当堂完成的作业，也选出"小老师"，并把原计划的3道题减少为1道。果然，他又一次做得飞快。

他真的不是不求上进，只是平常的作业需要他付出的努力太多才放弃的。因为他的注意力能集中的时间较短，加上写字又慢，对一般学生来讲正常的作业量对他而言是一个巨大的负担。可如果就着他的水平来给他布置作业的话，那样的练习量明显是不够的，熟练程度也会影响他后面的发展。思考之后，我和小蒋有了新的约定，他在学校做的作业，每做完一道，就让我判一道，只要做对，我就给一颗星。我和他妈妈商量，在家的作业，分成几个部分，每完成一部分，就休息一会儿。作业分解之后，他完成地快多了。

六、装鬼吓唬人之后

有一次小蒋的表现堪称"惊艳"。那天他被美术老师送到我办公室。他的样子吓了我一跳：脸上、手上都是五颜六色的水粉颜料，舌头上涂满了蓝墨水。原来他上课突发奇想，装鬼吓唬人，全班同学大呼小叫，课都上不下去了。我顾不上批评他的行为，心里尽想着那些墨水、颜料对人的危害，立刻把他带到了水池边，给他洗脸、洗手、洗舌头。光手上肥皂就擦了四五遍，洗下来好几盆的水都是黑乎乎的。"这些都是有毒的，你知道吗？"在这期间，我只说了这一句，他看似有些后怕，从头到尾都很安静、顺从。清洗完毕，他乖乖地站在我身边，等待我的语重心长或声色俱厉。该说的已经说的很多了，再多说又有何用呢？他当然做错了，但是不一定让他说出来才表示他知错了，也不见得我不说就代表我接受这样的行为吧！我一看时间，美术课也快下课了。"行了，美术课上不了了，这点时间也别白白浪费了，干脆你就提前把回家的作业写了吧！"他摊开了作业本，破天荒地整整 20 分钟埋头做作业！

那天临走时，我大力表扬了他 20 分钟专注做作业的行为。当然我不会天真到以为他自己真就能做到这一点。事实上，在这之前，我说的每一句话好像都不是对他说的，但其实都是说给他听的！

老师们推开办公室门，要说些什么，我做了个手势："声音小一些，我们小蒋正在做作业呢！"赶在小蒋要张口之前堵上了他的嘴。

正值放学之际，办公室开始有老师和学生进出，电话铃声也不断响起。他刚有抬头搭腔的苗头时，我便对大家说："你们看，小蒋多专心！不管你们讨论的多热烈，他一个字都没听进去，注意力全都在作业上呢！"老师们都认识他，听我这么一说，大家都三言两语地夸着他的进步。小蒋立即目不斜视，坐得更端正了。

进来一个一年级的小朋友，"这是三年级 7 班的小蒋哥哥，周围环境再吵闹，都不会影响到他。你听说过毛主席小时候闹市读书的故事吗？那是书上的榜样，小蒋哥哥就是你身边的榜样！看看哥哥是怎么做作业的，咱们也要做到这样！"低年级小朋友崇拜的眼光，胜过老师和家长的监督。此后的20分钟，他的眼睛再也没有离开过书和本！

如果我说"从此以后小蒋就彻底变了一个人"显然太假了，老实说，在我的印象里，之后他也没有这么好过。但是他至少向我证明了：小蒋的有意注意也完全可以集中在20分钟以上！只要我能寻找到合适的契机，就可以让好的现象再次出现，出现多了，不就成习惯了吗？我对此很是乐观。

七、第一次按时完成综合测试

期末复习期间，各科都会做一些综合练习，一般都用整节课或一小时，任务一重，小蒋边做边玩的毛病就重新表现了出来。一张卷子，他只写几个字便开始玩了，老是单独留下来补考不是个办法。于是在一次练习时，我干脆把要判的作业放在一边，搬了把椅子，坐在小蒋的斜对面，期间不断用眼神手势提醒激励他，终于他第一次，在规定时间内完成了一次综合测试，他看着试卷上鲜红的优很高兴。过了几天，我抱着试卷进教室时，把他叫了过来，问他："这回你是还想让施老师坐旁边呢，还是说不用老师看着，就靠自己也能完成？"尽管我知道他不见得能管住自己，但我相信孩子的自尊心和好胜心都会让他选后者，我准备决心夸他的同时，也会在考试时暗暗关注他，并给他点激励。他的选择坦白得可爱："施老师，您还是坐我边上吧，要不然我肯定做不完！"老这样可不行。我想了想说："我坐在你边上，考得好的同学们也不会服气。这样吧，我把你的座位换到讲台前，这样，你离我比较近，一抬头就能看到我，而同学们也不知道，同时施老师也可以判判作业，行吗？"隔着一个讲台，离得远了一些，但也没少和他眼神的交流。考完后，我把他叫了过来，"小蒋，今天你很自觉，施老师也判了一大摞作业呢！"就这样，一点一点地，我撤离了监督他的目光。

到了四年级，可能是他长大了，也可能是自身能力提高了，他开始在乎学习成绩了（哪怕只是在乎分数了），我相信应该也有我帮助他获得成功体验的因素吧！总之，无论他坐在什么位置，无论谁监考，哪怕题量很大，他的数学测验再也没有不完成的情况了。

八、抖空竹

不知是年龄还是性格的原因，我好像和学生拥有很少的共同爱好，有时候也觉得自己挺没趣的。他们会的我不会，但好在我会一点——欣赏。小蒋艺术选修课学了空竹，于是没完没了地开始抖空竹，有一次甚至数学课上都抄起了抖空竹家伙，被我收走了。后来的课间、中午，我都让他抖给我看，新年联欢会上，还鼓励他表演这个节目。小蒋很兴奋，"新年联欢会可不可以到操场开呀！教室屋顶太矮了，我的一些绝活没办法展示了！"看到窗外冰天雪地的场景，我摇了摇头，从他的眼里我看到了失望。"小蒋，你可以拍一段录像，把最精彩的部分剪辑下来，到时候在教室里你表演简单的，屏幕上同时展示你的绝活，怎么样？"办法总是有的！

拿着空竹到我办公室表演成了小蒋的保留节目，而这学期更绝的是，小蒋一边抖空竹，一边回答数学题。"0.3里有几个百分之一？""3x+8=20，3x+10=？"……老师们饶有兴趣地出着题，小蒋对答入流，手上依旧忙碌着。

之后我正好看了一本书，说有些好动的孩子，你让他安安静静规规矩矩坐着时，他的脑子也无法转动。反而在他活动的时候，脑子转得更快，真有意思！是不是以后我可以和体育老师合作，上体育数学课？

九、金秋杯，"我要坐中间"

小蒋课上仍然会不停地插话，当我对此更为宽容时，似乎刺耳的话反而少了。而到了公开课时，他会比平时更为积极，当然，说的还是让你不知该如何应对但也无伤大雅的带有"蒋氏特征"的话语。只是，这节课，我们俩都爆发了。

金秋杯录像课比赛兼家长开放课，电教室里济济一堂，前、后、侧共安装了三台摄像机。刚入座，小蒋就跑到讲台前和我提要求："我坐得太靠后了，看不清！"我一看，第三行，不算远。"可我前面的同学个子太高了，挡着我了！"是比他高一些，不过不至于挡着视线。但既然他提出来了，也算有理由，"那你和前面同学商量商量，把座位交换一下！"这样，小蒋就换到了第二行。

可换好座位小蒋又来找我了，"我想坐在中间，我不想坐在边上！"

"为什么呢？"

"我想老师多叫我发言！"他理直气壮。

"你坐在那里仍然可以多发言的，我看得到你！"我好言相劝。

"可是摄像机是对着中间的！"他显得很委屈。

看不见只是借口，原来还是要出风头啊！"小蒋，你是学生，不是演员。演员表演时分主角和配角，学生学习时，只要认真、专心，坐在哪里都是主角！根本不用管那个摄像机。"我开始了谆谆教诲。

"我想坐小赵那儿可以吗？"他坚持着自己的无理要求，指着第一排中间的那个位置。

"小蒋，班里同学之间是平等的，如果有同学每次都坐正中间，那么必然就有同学每次都坐边上，这样就不公平了，所以大家要轮流坐！"我耐住性子解释。

"那我和小赵商量一下行不行？她同意就换，不同意就不换！"他又冒出了个新主意。

我看了看温顺的小赵，又看向鬼精的小蒋，忍不住一股怒火涌上心头，凭什么？就因为你特别，大家就得让着你、迁就着你？我有点气愤，挥了挥手，"就算小赵同意，我也不答应，没什么商量的！"一看怎么样都没戏，小蒋嘟着嘴，怏怏而去。

刚上课时，尽管不快，他还是拼命地举手。可是大家都在举手，我为什么一定要照顾你呢？我是不是更应该照顾一下内向的、弱一些的孩子？回头看我当时的表现，我也分析不出究竟是冲动的结果，还是仔细考量后的理性行为，反正一开始我肯定是有意地晾着他。两个问题没叫他，他便失去了耐心。当一个学生的发言得到我的肯定时，他来了一句："有什么呀？'学而思'早就学过了！"

"'学而思'学的，不稀奇；通过自己的'学'和'思'理解掌握的，那才了不起呢！"我反应超快，之所以有这一明显带有情绪和倾向性的评价，首先，是我对那些超前课外班本来就有一些想法；其次，小蒋的随便特别让我有收拾他的冲动。

显然他没想到在这么多人面前我如此不给他面子，接下来的课，他疯了……
我的问题还没问完，他就从座位上站了起来，"叫我发言，我来说！"
点了别的同学发言，他特别不服气地喊着："凭什么叫他，不叫我！"
一位同学的精彩发言后，大家报以热烈掌声，我很清楚地看到他用手势做了一个鄙视的动作，甚至嘴里还带着脏字。

于是，当着一教室的老师和家长，对着三台摄像机，我打住了进行中的讨论，就小蒋的行为狠狠地批评了一番。我看到他的脸青一阵红一阵，出现了很少有的沉默不语。

没有了小蒋的吵闹，之后的课进行得顺风顺水，但是快下课时，他突然嚷嚷着："我要上厕所！"平时上课，任何学生任何时候想去上厕所，我一直是无条件答应，一般学生提要求是小声的，我的应允也是悄悄的。而他的嚷嚷明显带有向我宣战的意味，我瞪了他一眼，他不吱声了。但没过一会儿，他更大声地叫嚷："我要上厕所憋不住了，为什么不让我去？"……

那节课，我上得多郁闷可想而知。带着同学们排队回班途中，经过洗手间，不少同学陆陆续续进去了，小蒋则没事一样在楼道里玩开了。我彻底抓狂，老鹰捉小鸡般把他拽到卫生间门口，"你不是憋不住了吗？怎么又不去了？啊？"我的粗鲁行为把他吓傻了。

那节课在"金秋杯"是否得奖，我已经完全不在意了，我自认为我是为了心中正义而殉道的悲情英雄，以后很长一段时间，我也一直认为我做得没有错。

事实上，后果没有我想象的严重。听课的老师和家长也赞同我的行为，"公开课就应该这么真实，应该直面学生的问题，该管就得管"；我的那一句关于"学而思"的评价，教研员甚至把它作为教师课堂机智反应的一个案例，在全区教师培训会上做了介绍。上交的录像基本没加处理，依然获得了好评。对小蒋而言，可能因为我那天的爆发和平时的温和之间，以及连续几天对他的冷落与平时对他的关爱之间形成了特别强烈的反差，让他真正意识到了自己的问题，在此之后，他居然收敛了不少。

然而，如今回头再看，我发现在这节课上，我有许多次机会，如果换一种处理方式，完全可以避免这种不可收拾的局面，并且同样可以达到教育的效果。教师的公平和法官不同，并不意味着时时处处采用完全一样的方式对待不同的学生，教师的公平应该服务于每一个学生的最好发展，而每个学生都是独一无二的，这决定了教师需要不断思考，刷新自己。好在，我醒悟了。

十、接待课，"温度计要爆掉了！"

海淀区骨干教师培训班的接待课，学习"负数"，在新电教室。

"同学们想想，你在哪里见到过负数？"

"发动机的马达上有！"小蒋的答案总是那样独树一帜。我和在场的每个人一样困惑。

"你是说电池吗？"我试探着和他对话。

"不是电池，就是发动机，我们科学实验课上做的……"打住打住，再这么下去该成科学课了。

"这样，小蒋，你明天把你的马达带给我们大家看一看，让我们也见识一下上面的负数，好吗？"我当机立断，他倒也通情达理，点点头没再纠缠下去。

一组同学到黑板上画了个温度计，表示"-2度"。因为只要求表示这一个度数，他们画的温度计比我们通常看到的都要短，最大的刻度就到3度。

小蒋举着手，急于发言。

"这个温度计要爆掉了！"见我们没有反应，他解释道："温度计里的水银，温度超过3度，水银，水银柱再往上升，温度计就要爆掉了！"可能是他眼前已经有了温度计爆掉的画面，他又急又结巴，还夹杂着嘻嘻的笑。

是不是和要学的负数毫无关系？我是不是该斥责他的胡言乱语？可显然这是他当时最真实的想法了，我开始寻思着。

"小蒋很有科学素养，知道热胀冷缩的原理，"我先肯定了他，紧接着话锋一转，"生活中的温度计总有适应的范围，只要温度超过这个范围都是会爆掉的。我们这节是数学课，数学上的温度计是不会爆的。大家知道，数学是最强调简洁的，用数学的眼光来看看，这个图里的哪些就可以省去不画了？"经过我的提示，孩子们七嘴八舌地讨论，温度计上只留下了一条直线和一些刻度线，这不就是抽象出来的数轴吗？听课的老师们都觉眼前一亮。

由他的发言引发的深入讨论，应该是对他行为最大的激励，那节课，他始终投入而守纪。宽容是一个境界，而把它转化成教育教学的资源，是更高的境界。并且，只要多思考，许多情况都可以处理得很艺术啊！

十一、偷看课外书

小蒋最近迷上了看书，桌斗里常常藏着一本课外书偷偷看。提醒之后假装收好，你一离开他又开始看。少了小蒋的声音，课堂清净了不少。"让他看呗，反正他的学习也不算差，不听也不太要紧，最主要的是大家都能更正常地上课了。"老师们放任他是有理由的。可是，课堂常规呢？上课就得参与，这是每个学生必须做到的最起码的一点！放任他如此，小学学的东西并不多，还可以课后补，以后呢？对其他同学的影响呢？我不允许这样的行为出现。所以在几次提醒无效之后，我按事先订好的规则，把他的书收了上来。

下课后，他开始向我保证，想要拿回书，我坚持让他用行动来保证：至少一天的专心听讲，放学时才可以拿回书。他软磨硬泡耍了一会儿无赖，发现不奏效，只好离开。

什么书让他如此着迷？我仔细地翻看。从形式上看，全是天真可爱的漫画，很少有文字，而细看文字，竟然是一些三角恋啊！情敌之间决斗之类的庸俗不堪的内容，我好像明白了小蒋嘴里不时冒出粗话脏话的原因。我可不能放任不管，孩子本身都是天真无邪的，但是他的阅读会决定他将会变成什么样的人。我把书没收了，并和小蒋妈妈通电话说明情况以得到她的支持。放学时我明确告诉小蒋，这书不适合他看，被我没收了；而因为他一天表现不错，我另外送给了他一本精心挑选的数学漫画书——《数学幻想大战》……

我也问我自己，小蒋课上随便插话，大家都忍不了的，我却宽容甚至还欣赏；而他看本课外书，别人都放过了我却不依不饶。这是为什么呢？

我想，可能我把握的原则是，通过努力他能不能做得到。随便插话，是他长久以来的习惯，实践告诉我要想一步到位，是不可能的。那么我就选择让他慢慢改，如果我能想到好办法，这一缺点就可以自然地萎缩。而要做到不看课外书，则是他自己完全可以控制的，那就不容商量。

回顾两年来的点点滴滴，我感慨良多。人们说，当老师，你得兼顾学科和儿童。无论是尊重了学科背叛了儿童，还是迁就了儿童远离了学科，都是教育的灾难。现在我看来，老师，尤其是小学老师，儿童永远是第一位的。并且，在我看来，儿童与学科，从来就不是两个独立的维度。真正走进了儿童，就不可能背离学科。

原来，关于最近发展区，我只会想到认知方面的最近发展区。现在看来，行为、态度、情感……各个方面，每个孩子都有自己独特的最近发展区。当教师，就需要全面深入地了解孩子，找到他们每个方面的最近发展区，教育只有在最近发展区着力，才是有效的，也才能最大限度发掘孩子的潜能。

补　记

本文初稿写于 2013 年暑假，一下笔就刹不住车，两天写就一万字。一开始我还为此自我检讨：离专业的数学教学研究仿佛越来越远，我是不是在不知不觉中退步？联想到霍懋征老师，因为内心强烈的使命感，从教数学到语数全包并做班主任；李吉林老师的"情境教学"到"情境教育"；李烈校长的《我教小学数学》到《给生命涂上爱的底色》……我想，一个好老师，尤其是从事基础教育的，大抵都会从教好一门学科开始，最终都会执着于做人的教育。这一发现，让我释然，并看到了未来前进的方向。

参 考 文 献

蔡金法，江春莲，聂必凯. 2013. 我国小学课程中代数概念的渗透、引入和发展：中美数学教材比较. 课程、教材、教法，（6）：57-61.

曹培英. 2004. 小学数学教学改革探析. 北京：人民教育出版社：50.

曹一鸣. 2012. 十三国数学课程标准评介（小学初中卷）. 北京：北京师范大学出版社.

曾小平，刘长红. 2011. 谈谈算术与代数的本质与区别. 小学教学（数学版），（11）：51-53.

陈省身. 2001. 九十初度说数学. 上海：上海科技教育出版社：33.

陈希孺. 2000. 机会的数学. 北京：清华大学出版社.

菲利克斯·克莱因. 2008. 高观点下的初等数学. 舒湘芹，等，译. 上海：复旦大学出版社.

龚昇. 2001. 数学历史的启示：数学普及讲座及交流系列上的演讲. http：//www.cnki.com.cn/404.htm?aspxerrorpath=/Article/CJFDTotal-SXXJ200104000.htm. ［2001-11-19］.

谷超豪. 1992. 数学词典. 上海：上海辞书出版社.

胡作玄. 2008. 数学是什么. 北京：北京大学出版社：176.

金生鈜. 1997. 理解与教育——走向哲学解释学的教育者哲学导论. 北京：教育科学出版社：130.

夸美纽斯. 1984. 大教学论. 付任敢，译. 北京：人民教育出版社：33-34.

李俊. 2003. 中小学概率的教与学. 上海：华东师范大学出版社.

李忠. 2012. 数学的意义与数学教育的价值. 课程教材教法，（1）：58.

林崇德. 1992. 中、小学生能力发展与培养. 北京：北京出版社.

刘加霞. 2013. 以多种方式体验变量关系为发展代数思维积累经验. 小学教学，（7-8）：83-85.

刘兼，孙晓天. 2002. 数学课程标准解读. 北京：北京师范大学出版社.

刘晓玫. 2007. 小学生视图能力的测试分析及其对几何课程设置的启示. 课程·教材·教法，（3）.

史炳星. 2004. 从算术到代数. 数学教育学报，（5）：79-81.

夏征农，陈至立. 2009. 辞海（第六版）. 上海：上海辞书出版社：0385.

小威廉姆·E. 多尔. 2000. 后现代课程观. 王红宇，译. 北京：教育科学出版社：227.

徐文彬. 2003. 试论算术中的代数思维：准变量表达式. 学科教育，（11）：6-10.

许燕，张厚粲. 2000. 小学生空间能力及其发展倾向的性别差异研究. 心理科学，（2）.

张丹. 2006. 学生需要做实验吗？小学青年教师，（1）.

张丹. 2012. 如何理解和发展代数思维. 小学教学（数学版），（11）：5-7.

张奠宙. 2013. 张奠宙数学教育随想集. 上海：华东师范大学出版社：8.

张景中. 2007. 数学家的眼光. 北京：中国少年儿童出版社：27，178.

章勤琼，徐文彬. 2011. 新课程背景下中澳两国数学教师教学能力的比较研究——以加强数与代数学习之间的衔接为例. 课程·教材·教法，（11）：59.

郑毓信. 2011. 算术与代数的区别与联系. 小学教学研究，7：11-14.

中华人民共和国教育部. 2012. 义务教育数学课程标准（2011 年版）. 北京：北京师范大学出版社.

C R 劳. 2004. 统计与真理——怎样运用偶然性. 北京：科学出版社.

D A 格劳斯. 1999. 数学教与学研究手册. 上海：上海教育出版社.

Vernon F Jones，Louise S Jones . 2002. 全面课堂管理——创建一个共同的班集体. 方彤，罗曼丁，等，译. 北京：中国轻工业出版社.

Blanton M，Kaput J. 2011. Functional Thinking as a Route Into Algebra in the Elementary Grades. *In* Cai J. Early Algebraization. Berlin：Springer：7.

Devlin K. 2011. What is algebra.http：//profkeithdevlin.org/2011/11/20/what-is-algebra/［2011-11-20］.

Herscovics N，Linchevski L. 1994. A cognitive gap between arithmetic and algebra. Educational Studies in Mathematics，（27）：59-78.

Kieran C. 2007. Learning and teaching algebra at the middle school through college levels. // F K Lester Jr.（Ed.）. Second Handbook of Research on Mathematics Teaching and Learning. Charlotte，NC：New Age Publishing

Radford L. 2012. Early algebraic thinking epistemological semiotic，and developmental issues. The 12th International Congress on Mathematical Education. Seoul，RL3-12，675-694.

Radford L. 2014-7-20. The progressive development of early embodied algebraic thinking.

Radford L. 2011. Grade 2 Students' Non-Symbolic Algebraic Thinking//Cai J. Early Algebraization. Berlin：Springer：308.

Ronda E. 2009. Algebra *vs* Arithmetic Thinking.http：//math4teaching.com/2009/10/13/arithmetic-vs-algebra/.［2009-10-13］.

Stacey K，MacGregor M. 1999. Learning the algebraic method of solving problems. Journal of Mathematical Behavior，（18）：149-167.

Subamaniam K，Banerjee R. 2011. The Arithmetic-Algebra Connection：A Historical-Pedagogical Perspective//Cai J. Early Algebraization. Berlin：Springer：93.